本书编委会

主　　编　许　俊

执行主编　郭志民　傅治平

副 主 编　陆　明　任俊华

编　　委　许　俊　郭志民　傅治平　陆　明

　　　　　　任俊华　江彩云　刘望道

编撰人员（以姓氏笔画为序）

　　　　　　王延辉　王瑾锐　王恒扬　江彩云

　　　　　　刘兴林　刘　伟　刘荆洪　刘焕明

　　　　　　刘振荣　刘望道　任俊华　成秋英

　　　　　　李一鸣　宋可玉　佘三元　肖　军

　　　　　　杨　显　陆　明　郑力乔　范晓明

　　　　　　娄瑞雪　徐立新　傅治平

中国人的根与魂

中华优秀传统文化通识

许俊　主编

人民出版社

海南出版社

目　录

CONTENTS

下　编

序

增强文化自信　延续精神命脉

《中国人的精气神——社会主义核心价值观国民读本》2014 年 10 月由人民出版社出版后，在社会上引起良好反响。有读者反映，社会主义核心价值观作为中国人的精气神，来源于何处？它与中华传统文化有何关系？这激起编者寻根溯源的思考。

习近平总书记在中共中央政治局第十三次集体学习时指出，"培育和弘扬社会主义核心价值观必须立足中华优秀传统文化。牢固的核心价值观，都有其固有的根本。抛弃传统、丢掉根本，就等于割断了自己的精神命脉。博大精深的中华优秀传统文化是我们在世界文化激荡中站稳脚跟的根基。"他强调："要讲清楚中华优秀传统文化的历史渊源、发展脉络、基本走向，讲清楚中华优秀传统文化的独特创造、价值理念、鲜明特色，增强文化自信和价值观自信。"2016 年 5 月，习近平在哲学社会科学工作座谈会上再一次强调指出，"我们说要坚定中国特色社会主义道路自信、理论自信、制度自信，说到底是要坚定文化自信。文化自信是更基本、更深沉、更持久的力量。""中华民族有着深厚文化传统，形成了富有特色的思想体系，体现了中国人几千年来积累的知识智慧和理性思辨。这是我国的独特优势。"

用心体会习近平总书记的系列重要讲话精神，我们愈发觉得，当代中国人站稳"根基"，传承与弘扬中华优秀传统文化使命重大、意义深远。因此，在《中国人的精气神——社会主义核心价值观国民读本》一书的基础上，编者进一步展开对中国人"根"与"魂"的探根溯源。夙兴夜寐，历时经年，数易其稿，终有成焉。作为姊妹篇，《中国人的根与魂——中华优秀传统文化通识》，试图回答习近平总书记提出的"两个讲清楚"，厘清中国现代文化与中华优秀传统文化的传承关系。最终研究成果可以归结为两句话：中国人的精气神，凝聚于中国上下五千年的悠久文明里；社会主义核心价值观，植根于中华优秀传统文化的沃土中。

一、中华优秀传统文化具有无穷魅力

中华优秀传统文化指中华民族在长期的发展过程中产生、形成和传承下来的具有稳定形态的中国文化。它一般指 1840 年鸦片战争以前中华民族在漫长的历史长河中通过不断沉淀、积累而形成的中国古代文化，也有人把时间下限定位于中国近代史的结束，即中国古代文化和中国近代文化的统称。

中华优秀传统文化植根于中国辽阔的土地上，在中国人心目中世代相传，并产生广泛的国际影响。至今大家还在津津乐道，2008 年 8月 8 日在北京举办的第 29 届奥运会开幕式，以奇妙的设计、壮丽的场景、磅礴的气势、绚丽的色彩，把中华优秀传统文化的底蕴和神韵演绎得淋漓尽致，将一席精美的文化盛宴呈现在世界亿万观众面前，展示了中华文化的和谐内涵，震撼了中国，震惊了世界。

中华优秀传统文化的影响力极强。五千多年来，中华优秀传统文化一直深刻影响着中国人的精神世界和行为规范，如春风化雨渗透到人们生产生活的方方面面。如历代圣贤提倡的民为邦本，制民之产，仓廪实而知礼节，衣食足而知荣辱等，以伦理道德引导、修正国家与民众的行为规范；再如"大一统"的国家观念，"民贵君轻"的民本思想，家国同构的制度设计，经世致用的人生价值等，深刻影响着我国社会政治进程；又如文化自身的更新、递进与演绎，开创出富有中国特色、中国风格、中国气派的话语体系，丰富着国人精神生活，提升着当代中国的文化软实力……

中华优秀传统文化为人类社会的进步和发展作出了不可磨灭的贡献，在国际社会产生着广泛的影响。中国的'四大发明'不仅对中国古代的政治、经济、文化的发展产生了巨大的推动作用，而且经由各种途径传至西方，对世界文明产生重大影响。享誉世界的"丝绸之路"，在汉武帝时期，就把中国的丝绸、茶叶等产品和生产技术带到世界。明代郑和先后七次出访亚非各国，沿途进行经济贸易和文化交流，撒下了和平的种子。中国始终带着真诚的笑容走向世界，世界由此认识了一个儒雅、友好的民族。

17—18世纪的欧洲曾出现了一股"中国热"，许多思想家对中国文化表现出浓厚的兴趣。发明二进制计算法、设计数码计算机的德意志数学家、哲学家莱布尼茨，就对中国文化非常关注和尊重。他高度称赞儒家道德及其影响下的社会秩序和国家统一，并说"中国应派传教士来教我们自然哲学的宗旨与实行，好像我们派传教士教他们由神启示的哲学"。他对《周易》图形的解释和对汉字的评价，深刻影响易学和汉字研究，对中西文化交流产生了深远影响。

季羡林先生曾提出，"21世纪是东方文化的时代"。英国学者汤恩比说，21世纪是中国人的世纪，如果有来生，他将在中国。孔子被列为世界十大思想家和文化名人的首位，这一排名获得了联合国教科文组织的确认。1988年1月，75位诺贝尔奖获得者在法国巴黎发表的一份共同宣言中写道：如果人类要在21世纪生存下去，必须回头2500年，去汲取孔子的智慧。如今，我国政府实施的"汉语桥"工程已结出硕果，遍布天下的孔子学院已成为外国人学汉语、了解中国，促进中外文化交流的重要平台。

中华优秀传统文化在当今世界焕发出越来越迷人的魅力！

二、中华优秀传统文化是中国人的根与魂

中华优秀传统文化是中国人根之所系、魂之所附，成为中国人世代相袭、挥之不去的精神依托。中华民族的繁衍、中华文明的进步、中国人的精神命脉，其渊源归根到底是传统文化。中华传统文化的形成和发展，从文化意识的萌生开始，经历了文化元素的衍生，文化差异、文化冲突和文化认同，文化形态的进化，文化遗产的传承等过程，几千年形成的文化积淀，成为中华之根、民族之魂。

文化意识萌生在炎黄时代。炎黄时代是中华文化的开端，龙文化是中华文化的源头之一。在最早记录龙的书《易经》中，有"飞龙在天""龙跃于渊"的记载。中国是"龙的国度"，中华民族被称为"龙的传人"。当张明敏身着龙纹长袍演唱《我的中国心》时，对秀美长江和壮丽黄河的神往、对东方巨龙的讴歌，激荡着世界亿万龙的传人

的心灵。

在中国先秦时期的百家争鸣中，通过不同思想的交流、交锋、碰撞和切磋，形成了对后世产生重大影响的儒家、道家、墨家、法家、名家、阴阳家、纵横家、杂家、农家等百家学派和学说。其中，儒家思想更是成为中华传统文化的基本价值体系主干，成为古代中国社会的立国之本。自孔子开始，儒家历经坎坷而经久不衰。在佛学、道学漫长的历史发展过程中，经过长期传播发展，形成和发展了具有中国民族特色的中国佛教和本土道学。在儒、佛、道的长期交融中产生的和谐文化，其价值观绵延几千年。如在人与自然关系上的"天人合一"；在人与社会关系上的"礼之用，和为贵"，"天时不如地利，地利不如人和"；在人与人关系上的"仁者爱人"，尊老爱幼，"己所不欲，勿施于人"；在国家、民族关系上的"协和万邦"，"和而不同，和平共处"；在家庭关系上的孝敬父母，"家和万事兴"；在经商交往中的"和气生财"、童叟无欺；等等。在中国，有着其他国家不曾见到的文化现象：孔子、太上老君和观音菩萨可以共处一室而安然无恙，不论有何种宗教信仰者可以坦诚相见而把手言欢。有人说，中国人很幸福，往往得意时是儒家，失意时是道家，绝望时是佛家——中国人在任何情况下都能从传统文化中获得精神慰藉。这是中华传统文化的幸福观对中国人的影响，也说明儒家、道家、佛家在中国人心目中的分量。

中华优秀传统文化遗产是中国文化的传承，中外瞩目的世界文化遗产是它的突出表现。世界文化遗产是人类文明的结晶、代表和见证。资料表明，中国作为世界著名的文明古国，自1985年加入《保护世界文化和自然遗产公约》，截至2015年7月，已有48处世界遗产被联合国教科文组织列于《世界遗产名录》，仅次于意大利（51处），居世界第二位。其中，世界文化遗产 30 项，世界自然遗产 10 项，世界文化和自然双重遗产 4 项，世界文化景观遗产 4 处。2004 年，十届全国人大常委会第十一次会议通过了关于中国政府参加联合国教科文组织《保护非物质文化遗产公约》的决定。截至 2013 年底，我国共有 38 项非遗遗产进入人类非遗名录，其数量堪称世界之最。中国这些宝贵的世界遗产、世界非物质文化遗产、地上地下不可移动文物，具有不可磨灭的历史价值和永恒的生命价值，既显示中华优秀传统文化的深厚底蕴，也昭示其顽强生命力。

中华优秀传统文化的顽强生命力有史为证。据英国历史学家汤因比计算，在近 6000 年的人类历史上，出现过 21 种文明形态（另一说 26 个），14 个已经绝迹，6 个暮气沉沉，唯独中国文化长期延续发展且生命力依然旺盛。马克思曾经把建立在封建自然经济之上的社会结构，形象地比喻为"一袋马铃薯"，虽然装在一个口袋里，却是彼此分离的。那么，是什么样的强大力量把中华民族牢牢地凝聚起来？中外学者为破解这个"大一统"之谜绞尽脑汁。有专家形容说，中国地图像一支引颈高歌的雄鸡，在儒家文化领唱下，才能"一唱雄鸡天下白"。20 世纪 70 年代初，汤因比在与日本学者池田大作的对话中指出："就中国人来说，几千年来，比世界任何民族都成功地把几亿民众，从政治上文化上团结起来。他们显示出这种在政治、文化上统一的本领，具有无与伦比的成功经验。"

传统文化是中华民族的血脉，它不会因为人们穿着的变化、时代的变迁而改变。即使发生变化，变化的也只是外衣、表象和载体，其核心精神不会随风而蚀，特别是文化记忆符号不会随年代消失而磨灭。中华文化是一棵参天的古树，其根延伸到过去、今天、未来；中华文化是一颗精魄，永远为中华民族的生存、发展提供着不竭的能源。

三、让中华优秀传统文化焕发时代青春

"观今宜鉴古，无古不成今。"传统文化是源，现代文化是流。对于中华传统文化，毛泽东说："从孔夫子到孙中山，我们应当给以总结，承继这一份珍贵的遗产。"2013 年 3 月 1 日，习近平总书记在中共中央党校发表重要讲话时强调，"学史可以看成败、鉴得失、知兴替；学诗可以情飞扬、志高昂、人灵秀；学伦理可以知廉耻、懂荣辱、辨是非。"中华传统文化并非十全十美，精华和糟粕并存。我们要去其糟粕，取其精华，用新思想、新观念和新的表达方式，赋予传统文化新的生命和活力。在 21 世纪建设中国特色社会主义的征途中，我们要不断增强文化自信和价值观自信，进行文化创新，让中华优秀传统文化的精华焕发时代的青春。

旧瓶装新酒，是文化创新的一个重要方面。旧瓶装新酒，比喻在推陈出新时用旧的形式表现新的内容，或对旧的内容给予新的解释（有人认为是"类创新"）。旧瓶中的新酒富有现代社会时代气息的新内容，延伸了传统文化的基因。它在文化范畴、文化层面、文化样式等方面都要有所表现。例如，《管子》最早提出"以法治国"的概念："威不两措，政不二门，以法治国，则举措而已。"这是古人对法治作用的深刻认识，但它治理的对象是人民群众，体现的是把法律作为"人治"的工具。今天我们提出全面推进依法治国，是对"以法治国"内容的批判与发展。"依法治国"与"以法治国"，虽然只有一字之差，其内涵却有本质的区别。"依法治国"的主体是人民，治理的对象是有可能滥用国家权力的当权者，这就是从"人治"到"法治"的转变。又如社会主义核心价值观的提出，是结合中国特色社会主义实践，汲

取了中华优秀传统文化精华，借鉴了人类文明成果，实现了对传统核心价值观的世纪转换，升华了中国传统伦理文化。

新酒赋新意和新瓶装新酒，是文化创新的又一个重要方面。文化创新的新酒赋新意和新瓶装新酒，最突出的表现是原发性理论创新（另一说为"真创新"）、发掘性理论创新和方法性理论创新，是在对中华优秀传统文化的挖掘和阐发中，努力实现中华传统美德的创造性转化、创新性发展。如，在民族精神的发掘上，中华民族形成了以爱国主义为核心的团结统一、爱好和平、勤劳勇敢、自强不息的伟大的民族精神。这种民族精神在新的历史条件下和时代精神交织在一起，得到发扬光大。在民主革命时期，形成了井冈山精神、长征精神、延安精神、抗战精神、西柏坡精神等。在社会主义建设时期，形成了大庆精神、雷锋精神、"两弹一星"精神等。在改革开放新时期，形成了抗洪精神、抗击"非典"精神、青藏铁路精神、载人航天精神、抗震救灾精神等。

继承中华文化的优秀传统，把根留住，需要增强文化自信和价值观自信。文化自信是对文化生命力的信心和信念，是对文化的自知之明。文化自信是在文化自觉的基础上对中华民族文化生命力的理想信念的坚定与坚持，是坚持道路自信、理论自信、制度自信的根本。有了文化自信，我们就能对历史传统文化、红色革命文化、民族民间文化、当代中国文化进行理性的审视，就能对世界历史文化、现代文明成果予以包容借鉴。从而形成对文化道路、文化方向、文化灵魂的正确把握的基础，使文化创造、文化传播、文化事业和文化产业发展、文化人才队伍培养协同推进，实现文化自强。

价值观自信是文化自信的集中反映。增强文化自信和价值观自信，在当前集中体现为对社会主义核心价值观的自信。价值观指人们在处理普遍性价值问题上所持的立场、观点和态度的总和，是文化的深层表现。社会的核心价值观是社会的特有文化和文明赖以维系的精神支柱。党的十六届六中全会《中共中央关于构建社会主义和谐社会若干重大问题的决定》提出了社会主义核心价值体系概念，党的十八大提出了社会主义核心价值观。培育和践行社会主义核心价值观，成为增强文化自信和价值观自信的主要途径。

增强文化自信和价值观自信，必须反对历史虚无主义和民族虚无主义。历史虚无主义和民族虚无主义矮化、丑化中国文化，实际上否认了中华民族对人类文明的伟大贡献。古往今来，还没有哪个民族自我丑化、全盘否定自己的传统文化。相反，世界各民族都会重视自己的历史，善待自己的历史遗产。反对历史虚无主义和民族虚无主义，一是要正确看待传统文化。要充分认识传统文化的巨大历史作用，摒弃那种蔑视传统、数典忘祖的做法。要坚持古为今用的方针，继承优秀传统文化的精华。二是要理性认识外来文化。要以广阔的世界视野、海纳百川的胸襟、兼收并蓄的做法，坚持文化开放，不作井底之蛙，不能夜郎自大。要坚持洋为中用的方针，吸收外来文化的精华，进行文化创新再造。三是挖掘中国文化的世界价值。中国文化不仅属于中国，而且属于全世界、属于全人类。要在文化交流中迸发中华民族文化的活力和魅力，影响世界、影响人类。

上 编

　　讲清楚中华优秀传统文化的历史渊源、发展脉络、基本走向，讲清楚中华文化的独特创造、价值理念、鲜明特色，增强文化自信和价值观自信。

——习近平

第一章
中华优秀传统文化的历史渊源

　　五千年的历史告诉我们：中华民族之所以能战胜各种自然灾害、外敌侵略、内部分裂，推进生产发展、科技进步、社会繁荣，并始终巍然屹立于世界民族之林，一个重要原因是得益于中华优秀传统文化的精神滋养。中华优秀传统文化既是中华民族共有的精神家园，又是每个中国人的安身立命之所。不论古人、今人，都能上溯历史，从传统文化中找到自己的民族之根，找到自己的民族之魂。

一、从"传统""文化"二词说起

　　"传统文化"是近年来热度很高的一个词汇。在这个词汇里，主旨是"文化"，"传统"只是对"文化"一词的修饰、限定和强调。在探讨中华传统文化的历史渊源之前，且先来解读"文化"与"传统"的内涵。

1. 传统：世代相传，深蕴历史

关于"传统"，《辞海》的解释是这样的：传统是世代相传、从历史沿传下来的思想、文化、道德、风俗、艺术、制度以及行为方式等，对人们的社会行为有无形的影响和控制作用。

传统的一个最大特征，是其历史性。即所有被称之为"传统"者，都是从老祖宗那里传承下来的，有着深厚的历史底蕴。而且这个有深厚底蕴的传统，也必然是被老祖宗普遍认同的东西。既然能够形成传统而被传承下来，证明其传承的东西必有一定的价值——不仅在当时有着一定的意义作用，而且能够为后代提供一定的帮助，甚至决定着后人的思维方式和行为方式。例如，一些地方的饮食、衣着习惯，或者是地方上的节庆，都有着长久的影响力。有的时候，人们受着传统的影响却不自知。而且，一些传统似乎成了本能，成了不需要别人教诲而自然遵循的行为。少数民族能歌善舞，每逢喜庆的场合，就会情不自禁地"手之舞之，足之蹈之"，就是由传统而转化为一种近似本能的行为。

当然，由于时代的发展变化，传统也有积极和消极之分，应一分为二地对待。例如：爱国主义的光荣传统、自强不息的民族精神都是积极向上的好传统；例如，每年清明祭祖，就是一个表达后代不忘祖辈的好传统，这些是可以继续发扬的。而传统中的一些消极因子，却是需要正确看待并加以扬弃的，比如男女授受不亲的礼教、子不言父过的孝顺、求神拜佛的迷信活动，都是与社会进步格格不入的。由此，对于传统的取舍、改造和更新，让优秀传统世代传承下去，也就成为每一代中国人应该担当起的社会义务和责任。

由于"传统"时常与"文化"一词连在一起使用，以至于一些人把"传统"当成"传统文化"。从"大文化"的概念来看，人在社会里所创造的一切，人在社会化过程中的一切行为方式，包括意识形态的精神生活，都被视为文化。但"文化"前面冠以"传统"，实际是将"文化"的外延缩小到"被人们一代代传承下来，且为众所认同"的文化范畴。从这个意义上说，所谓传统，就是从历史传承下来，并获得社会上相对统一认同的文化。

接下来，我们来谈谈"文化"。

2. 文化：观乎人文，化成天下

在中国古代，"文化"一词有"文治和教化"的意思，"文"与"化"并联使用，较早见之于战国末年儒生编辑的《易·贲卦·象传》：刚柔交错，天文也。文明以止，人文也。观乎天文，以察时变；观乎人文，以化成天下。文化是人类创造出的文明成果。这方面的例子很多。比如人们发明了文字，有了更好的思想交流的工具。同时，文字又是文化的载体，有了文字，可以突破时间的限制，记录历史，积累文化知识，才使得后人能从前人那里获得生产经验、文化科学知识；有了文字，才突破了空间的限制，使不同地域文明得以交流和交融。再比如人们发明了金属工具，这促进了社会经济的发展和社会分工的进步，推动了社会的变革，便利了人们的生活，同时也促进了文化的繁荣。这样的例子都表明人类在文化的推进作用下，从蒙昧状态向上不断提升的过程。在这样一个过程中，人不仅改造了自然界，同时也改造了人自身。

"文化"这个概念是哲学、社会学、人类学、政治学等多门学科所研究的对象，对这个概念的定义也是五花八门、莫衷一是。文化（culture）一词，英语是源于拉丁文 Cultura，它的本义是土地耕耘和作物培育，指的是农业耕种和园艺栽培之类的物质生产活动。随着人类社会的进步，这一本义被加以引申，也指人的精神生产活动，如人的心灵、智慧、情操、德行和风尚的培养教育等等。当然，后来文化的含义又被进一步拓宽，泛指一切知识乃至全部社会生活内容。

到了当代，文化一词成为人们在生活和学术活动中使用最多的词语之一，人们从不同的角度对文化作了不同的定义，即使是在同一学科中对它也会有不同的定义。1952 年，美国学者克鲁伯和克拉克洪在他们合著的《文化、关于概念和定义的探讨》一书中，共收集了1871—1951 年间人们对于文化概念的定义 164 种。迄今，文化一直是学术界讨论的热门话题，关于文化的定义就更多了。

从不同的角度、不同的学科和不同的语境对文化加以理解，可以得到文化的不同定义。而我们所要论述的文化，既不是广义上的文化，也不是日常语义中的文化，而是指人类在改造世界的物质活动中以知识为载体的思想、观念、精神、价值系统。季羡林先生曾指出，中国深义的文化也就是中国文化的特性，最明显的表现就是其伦理色彩，它所张扬的三纲六纪（六纪：一是诸父，即父亲的兄弟姊妹；二是兄弟；三是族人；四是诸舅，即母亲家的人；五是师长；六是朋友），以及解决人与人之间的关系的精神。这是中国文化区别于世界其他国家文化的最显著特性。梁漱溟先生也说："中国人把文化的重点放在人伦关系上，解决人与人之间怎样相处。"

3. 传统文化：民族的，也是国际的

明确了"文化"的各种说法，我们就大致对"传统文化"有了一种认知。传统文化就是文明演化而汇集成的一种反映某一民族特质和风貌的民族文化，是民族历史上各种思想文化、观念形态的总体表

文化的广义与狭义

文化（culture）是一个非常广泛的概念，难以给它下一个严格和精确的定义。不少哲学家、社会学家、人类学家、历史学家和语言学家试图从各自学科的角度来界定文化的概念。然而，迄今为止仍没有获得一个公认的、令人满意的定义。

文化有广义和狭义之分，因而具有不同的内涵和外延。

从广义上讲，文化就是"人化"，人类实践活动各种不同的类型和形式不仅可以看作是文化，而且世界上一切打上人的痕迹的事物，均可以称为文化。从这种意义上讲，文化是指人的社会实践和人在社会实践过程中所创造的物质财富和精神财富的总和。同时，文化也用来表明一定的历史时代、社会经济形态、具体社会、氏族和民族的物质和精神的发展水平（例如，古代文化、社会主义文化、玛雅文化），以及专门的活动或生活领域（劳动文化、艺术文化、生活文化）。

文化虽然可以体现在物质、制度上，从而出现人们所说的"物质文化""制度文化"，但物质文化并不是物质本身，制度文化也不是制度本身，而归根结底是人的一种内在精神、思想理念和价值体系。因此，人们也把这样的文化称之为"人文社会科学"。应该说，就是狭义的"文化"。它指以知识为载体的思想、观念、精神、价值系统，它既包括了作为人类认识成果的知识，也包括了人类所从事知识创造活动的内在的精神世界。直到现在，我们提到文化的时候，仍然会特别地感受到它侧重于精神与心灵的属性。"文化"在这种语义上，同"政治""经济"并列，是一种精神活动、价值体系和思想观念。

"文化"除了具有"广义"和"狭义"的理解之外，还有大众话语上的理解。"文化"被看作是知识，说一个人"有文化"，就是说这个人有知识；或被看作由一定的习俗、观念和行为规范约束所形成的某一群体的生活方式和行为模式，诸如大陆文化和港台文化、乡村文化和市民文化等等，都是在这一语义上使用的。

征。相对当代文化和外来文化而言，其内容应为历代存在过的种种物质的、制度的和精神的文化实体和文化意识。例如说民族服饰、生活习俗、古典诗文、忠孝观念之类，也就是通常所说的文化遗产。每一个历史悠久的民族、国家，都有其独具特色的民族传统文化。且民族、国家的历史越是悠久，其积淀的文化传统就越是深厚，对后来的文化影响就越大。

在文化领域，有一句流行话：越是民族的就越是国际的。这句话告诉我们，任何一种文化，其本土特色越是鲜明，其国际性也就越强。在不断趋同的世界大环境下，才更显现出各自存异的文化的珍贵。当然，一个民族的传统文化能否具有国际性，还有一个大前提，即其传统文化与其他国家的文化没有冲突，与社会现代化没有冲突。否则，即使其民族文化再独特，也难以得到国际的认同，其国际性也就只是一个自我假设而已。这就像中华传统文化中一个重要的概念——和合。和而不同，才能有机相合。不同文化相和合，才能获得持续发展的活力。如果都是雷同的，最终只会落得"不继"的结果。这是早在西周末年，中国先贤就提出的一个命题——"和实生物，同则不继"。

延伸阅读

中国文化符号

所谓"中国文化符号"，就是能代表中国文化的突出而具高度影响力的象征形式系统。文化软实力正是通过文化符号表现出来。以北京师范大学王一川、董晓萍教授为首席专家的国家社科基金重大项目——"我国文化软实力发展战略研究"课题组提出了"中国文化符号调查报告"的阶段性成果。这项历时近半年的全国大学生调查结果显示，在270项候选中国文化符号中，前19项分别是：汉语（汉字）、孔子、书法、长城、五星红旗、中医、毛泽东、故宫、邓小平、兵马俑、黄河、《论语》、圆明园、文房四宝、敦煌莫高窟、《史记》、造纸术、古典诗词和京剧。

二、世界四大古文明今何在？

说到这里，我们不妨来追溯一下，世界四大古文明的存续状况，并由此体会，中华民族的传统文化在世界文明史和文化发展史中的突出地位与存在意义。

人类进入文明时代，是以城市、金属制品和文字的产生为主要标志的。古巴比伦、古埃及、古代中国、古印度是人类文明最早诞生的四个地区，因而称为四大古文明。尽管对古文明缺乏准确的文献记录，其具体诞生时间学术界也存在争论，但人类今天所拥有的很多哲学、科学、文学、艺术等方面的知识，都可以到这些古老文明追根溯源。

1. 两河文明，文明摇篮

古代两河流域是人类文明的摇篮之一，也是西方文明的发源地之一。古希腊人把两河流域称为"美索不达米亚"，意思是"两条河中间的地方"（两河指的是幼发拉底河和底格里斯河）。两河流域大致以今天的巴格达城为界，分为南北两部分，北部以古亚述城为中心，称为西里西亚，或简称亚述，南部以巴比伦城为中心，称为巴比伦尼亚，意思为"巴比伦的国土"。巴比伦尼亚又分为两个地区，南部靠近波斯湾口的地区为苏美尔，苏美尔以北地区为阿卡德，两地居民分别被称为苏美尔人和阿卡德人。美索不达米亚文明最初就是由苏美尔人创造出来的。在汉谟拉比王统治时期，古巴比伦王国达到全盛，统一了两河流域，所以，人们又习惯称古代两河流域文明为巴比伦文明。

在两河流域间，诞生了世界上最早的城市、最早的学校、最早的文字、最早的图书馆。特别是可以载入世界文明史册的一件事情，便是出现了人类历史上第一位改革家和立法者。经由这位改革家和立法者之手，创立了人类历史上最早的法典——《汉谟拉比法典》，这也是迄今所知最早的保存完整的一部古代法典。此外，这里还产生了最早的谚语、神话和史诗，发明了数学 10 进制和 60 进制，等等。特别是公元前 6 世纪，巴比伦王国的尼布甲尼撒二世在巴比伦城为其患思乡病的王妃安美依迪丝修建的空中花园，被称为世界八大奇迹之一，这座被称为"悬苑"的空中花园是如何建造起来的，至今仍是一个谜。两河文明里跌宕起伏的历史、绚烂多彩的文学、神秘的宗教、神圣的法律、辉煌的建筑、五彩斑斓的艺术、丰富多彩的日常生活、成就显著的科学技术，都令人们惊奇和感叹。

公元前 8 世纪两河文明达到鼎盛时期，亚述王国因扩张而成为一个庞大的军事帝国。巴比伦被它征服了，叙利亚、腓尼基、巴勒斯坦、小亚细亚、埃及，也都先后归入它的版图。除了希腊和意大利，地中海沿岸几乎都被它占领了。公元前 612 年，居住在巴比伦的迦勒底人联合东边的米堤亚人进攻亚述。他们手执带血的长矛和盾牌冲进了尼尼微。全城居民遭到屠杀，甚至连儿童也不能幸免。亚述最后一位国王辛沙立希孔和他的宫殿一起被烧成灰烬。从此，这个庞大帝国连同它的首都就从地面上消失了。直到 18 世纪以后，经过考古学家、人类学家、文字学家和历史学家持续不断地发掘和研究，才使巴比伦这一人类历史上最古老的文明得以重见天日。

2. 埃及文明，世界奇迹

一提起四大古文明之一的埃及，人们就会自然而然地想到世界八大奇迹之一的金字塔。那一座座矗立在尼罗河畔的宏伟建筑，凝聚着古埃及人的智慧，也是古埃及文明的象征。数千年前，生活在尼罗河畔的埃及人以自己的聪明才智，创造了灿烂的古代文明。埃及文明的历史长河流淌了五千余年，从尼罗河畔人类的出现开始，到公元642年埃及被阿拉伯人征服为止，经历了曼涅托所划分的31个王朝和希腊人、罗马人的统治时期。西方史学界把这上下五千年历史称为埃及文明时代。但习惯上埃及文明一般指公元前3100年至公元前332年这一段时期，即通常所说的法老时代文明，"法老"本义为"大房屋"，在古王国时仅指王宫，新王国时始用于国王称呼，因当时埃及人不便直呼国王之名，故有此称。现在习惯上把埃及国王通称为"法老"。法老对臣民拥有至高无上的权力，其意志就是法律。

正是法老时代的埃及人，创造了人类历史上辉煌的文明：神妙的象形文字、璀璨的文学、独特的宗教风貌、举世闻名的金字塔，以及以石造庙宇为代表的建筑奇迹、以雕刻和绘画为代表的不朽艺术、以木乃伊制作为代表的独树一帜的医学、了不起的天文学和数学成就等等。

公元前332年，马其顿王亚历山大征服埃及，结束了波斯人的统治。从那以后，再没有一位统治埃及的国王是埃及人血统，延续了近三千年的埃及法老时代终于结束了。法老的子孙长期成为希腊、罗马统治下的臣民。公元642年，尼罗河畔升起了新月旗，埃及——这个人类文明的发祥地从此进入了伊斯兰文明的范围之内。所以，今天埃及的全称是"阿拉伯埃及共和国"。

3. 印度文明，佛教故土

印度是世界四大文明古国之一，也是世界最早的文明发祥地之一。原来说印度有五千年的文明史，但根据水下最新的考古发现推断，印度的文明史可能会上推到八千到九千年前，这很可能超过埃及。早在公元前 2300 年，印度河流域就出现了城市国家，产生了灿烂的哈拉巴文明（亦译作哈拉帕）。至公元 4 世纪笈多王朝兴起，古印度文明经历了 2600 多年的发展过程。历史悠久的古印度文明，在世界文明史上占有十分重要的地位：这里是棉花的故乡，也是佛教的诞生地，有独特的种姓制度和奴隶制度、发达的手工业和商业、博大精深的文学艺术、造型独特的佛教建筑、令人瞩目的数学成就、发达的天文学、别具一格的医学。

古印度区别于其他文明最显著的特点是城市的设计。古印度的城市规划很有特点，不仅规模宏大，而且市区和卫城界限分明。卫城不仅有高高的城墙作为防范设施，还有备战的粮仓和公共设施；市区布置井然有序，街道极其宽阔，能同时行驶好几辆马车，而且几乎每条街道下都有排水系统；房屋有大有小，大部分配有水井、浴室、废物排放管道等生活必用设施。不得不提的是，城市所有建筑的材料均是窑内烧的砖，这比古埃及（古埃及用石头）和两河流域（用自然晒干的砖）的文明先进很多。

历史上的印度饱受外来势力的侵扰，而且绝大多数侵略者往往是进去了就不想走。比如 16 世纪末，西方列强向东方扩张，荷兰、葡萄牙、法国、英国都入侵过这个国家。最后是 18 世纪 60 年代英国人打败了法国人，独占印度达 190 年之久。尽管印度遭受过无数次外族入侵，受到各种外来文化的冲击，但印度的文化始终有一条绵绵不断的主线——印度教文化。印度教包括吠陀教、婆罗门教、印度教。印度内部文化的不断丰富和外来民族文化的不断融入，促成了印度文化的多样性。在世界经济全球化的今天，印度更表现出传统与现代、贫穷与富有、宗教与世俗、落后与先进的巨大反差。

4. 华夏文明，活力绵延

在世界四大文明古国中，中国是唯一一个文明发展进程和文明传统没有中断的国家。

早在 1 万年前，湖南道县玉蟾岩人就开始驯化稻米（近年来，有学者说 1 万多年前居住在广西隆安的古骆越人最早驯化水稻，参见《人民网·知识产权》2012 年 11 月 19 日），这可以看作是中华文明的发轫期。约在八千年前，我们的先民就会制作玉器，并刻画符号，这标志着汉字的起源。至少在七千年前，先民就使用了漆器，并开始冶炼金属。及至夏朝建立，中国正式进入文明时代。而从商朝开始，中国就有确切文字记载的历史，至今从未间断过。

历史上，中国人民创造了以四大发明为代表的灿若群星的科技、文化成就，为人类文明作出了重大贡献。如今，四大文明古国当中，其他三个国家的古代文明早已断裂，只有中国历史时间最悠久、文明最稳定。史家认为，唐虞三代①是中国文化的发生发展期，而传说则把中国文化的发生推延到更远，即 5000 年之前的炎帝、黄帝时代，这个时代就已经创造了灿烂的文化，如发明指南车、尝百草创医学等等。虽然炎帝、黄帝时代无史可查，但中国人始终认定自己都是炎黄子孙，且炎黄子孙组成的华夏民族，一直扎根在中国本土，坚守着老祖宗创造出来的本土文化，并不断光大。

这里特别值得一提的是周文化。因为中国文化发展到这一时代，

---

① 所谓唐虞三代，指尧、舜两个部落联盟首领与夏、商、周三代，其间"三代"就有两千多年历史。

已经相当完备。而且，这一时期的文化奠定了之后中国两千多年的封建文化的基础（此后历代文人都为恢复周代文化为己任）；先秦时期出现了中国历史上第一次思想大解放的浪潮，学术思想空前活跃，产生了强烈的人文意识，更是奠定了中华传统文化的基本格局；中华民族思想文化的统一是在秦汉时期，经济发展，科技发达；唐宋是中国封建社会的极盛期，也是中华传统文化的成熟期——至 15 世纪以前，中国的科技一直处于世界的领先地位；元明两代至清朝中期是中国封建社会的没落期，亦是中华传统文化的总结期；鸦片战争后由于西方列强的入侵，在西学东渐和中西文化激烈碰撞下，中华传统文化进入转型期。中华文化历经磨难，但始终没有丢掉本土文化的根与魂。

三、上下古今中华人文绵延

为什么我们的民族叫"中华民族"？关于"中华"一词的缘由，有两种说法。一种说法是，中华的最初定义指的是黄河的中部，山西和陕西交接的地方有两支山脉，一支是中条山，历史上三皇五帝中的尧、舜、禹、汤都曾活跃于此。还有一支是陕西境内的华山，是中华民族文化的发祥地之一。这两座山连在一起，被称为中华。另一种说法是，"中华"一词最早见于古代文献，是在魏晋时期。《晋书·刘乔传》记载刘弘上表给晋惠帝，表文中有："今边陲无备豫之储，中华有杼轴之困。"《晋书·陈传》记载陈于东晋初上书给王导，说："中华所以倾弊，四海所以土崩者，正以取才失所……"，这里以"中华"对"边陲"，是指郡县地区与全国而言。至南北朝，裴松之在《三国志·蜀志·诸葛亮传》注中评论说："若使（亮）游步中华，骋其龙光"，必不出曹操诸谋士之下。这里是以中华称中原地区。把"中华"一词用于政治领域，在古代要首推朱元璋。他在吴元年（1367）十月命徐达等北伐后发布告谕中原各地人民的檄文中，提出了"驱逐胡虏，恢复中华"的口号，并且说："归我者永安于中华，背我者自窜于塞外。"清末，以孙中山先生为代表。他在同盟会纲领的"民族主义"中，借用了"驱除鞑虏，恢复中华"的口号。后来孙中山先生领导推翻了满清王朝，建立"中华民国"。

1. 炎黄子孙，同根共源

为什么我们都是炎黄子孙？这是每一个中国人都应该了解的基本常识。

炎帝神农氏和黄帝有熊氏，代表中华民族的祖先，是中华民族的人文初祖。炎黄子孙是指中华民族的后代，亦作"黄炎子孙"。传说的几位古帝王一直到夏商周帝王，都被认为是黄帝的直系子孙，连蛮、夷也被纳入这个系统。后世的帝王也声称他们是黄帝的后裔。几乎所有的姓氏都将自己的远祖追溯到炎帝、黄帝或他们的臣子。而接受了华夏文化的少数民族（如匈奴、鲜卑、契丹等等）也声称自己是黄帝子孙、炎黄子孙。在清朝末年，这个观念随着中国民族主义的建构更加广泛地流传。面对西方列强的侵略和蚕食，包括少数民族人士在内的有识之士号召打破族群界限，以"炎黄子孙"为旗帜凝聚中华。在面对外国强敌侵略而处于亡国灭种的危机下，"炎黄子孙、黄帝子孙"的概念，成为以祖先崇拜为基本文化的中国人构建民族凝聚力的符号。抗日战争时期，"炎黄子孙"的称谓在抗敌烽火中定型为中华民族的指代符号，成为号召与激励海内外华人共同抗战的一面旗帜。中共中央在给中国国民党的电报中称："我辈同为黄帝子孙，同为中华民族儿女，国难当前，唯有抛弃一切成见，亲密合作，共同奔赴中华民族最后解放之伟大前程。"蒋介石在《告抗战全体将士书》中指出："我们大家都是许身革命的黄帝子孙。"国共两党同祭陕西黄帝陵，毛泽东亲撰祭黄帝陵文，蒋介石亲题"黄帝陵"三字，他们都以"炎黄子孙"自居。学者们纷纷以笔代枪，弘扬炎黄二帝伟绩，激励军民抗战士气。陈子怡先生在《中华民族，黄帝子孙，一耶？二耶？》一文中指出，"非黄帝子孙者，皆纳入黄帝子孙之中，而无论何姓，皆黄帝子孙矣"；"所以后世之人，咸谓中华民族皆黄帝子孙也"。国学大师钱穆先生在《黄帝》一书中认为，"我们自称为'炎黄子孙'，是很有道理的。"表达了对"炎黄子孙""黄帝子孙"称谓的认同。

时至今日，"炎黄子孙"称谓与其说是一个血缘符号，不如说是一个文化符号。海内外华人自称"炎黄子孙"，实际上是对中华文化的认同，是"文化寻根"和"文化自觉"的需要。因此，只要这种认同心理继续存在，"炎黄子孙"称谓就会继续使用下去。

2. 炎黄子孙，百姓一家

炎黄子孙这个名词强调的是血缘与文化的统合，这也是我们从古至今历史人文绵延的体现。中国上下五千年，炎黄部落联盟到华夏民族再到中华民族，相互通婚、融合，文化相互交流学习，炎黄的血脉流淌在我们彼此的血液里，这也是我们自称炎黄子孙的依据。

著名姓氏文化专家、曾担任河南省中原姓氏文化研究所所长的谢钧祥，对中原姓氏做过专门研究。他的研究结果表明，在有来源可考的 4820 个姓氏中，起源于河南的姓氏共有 1834 个，占 38%；在按人口多少排列的占汉族人口 90.14% 的前 120 个大姓中，全源于河南的姓氏有 52 个，部分源头在河南的姓氏有 45 个，起源于河南的姓氏，人口数量占汉族人口的80%以上。据谢钧祥的研究结果表明，不管是在"姓"起源的原始社会母系氏族制时期，还是在"氏"起源的父系氏族社会，河南都是人类活动的重要地区；从血缘关系上说，当今120个大姓分别属于三个族系，即黄帝族、炎帝族、东夷族，河南是这三族长期活动的中心。在姓氏发展时期的夏、商两代，河南均是国都所在地。夏、商时期，从奴隶制兴起到全盛，也是中华姓氏得以发展的时期，而这两个朝代活动的中心地带均在今河南境内。

延伸阅读

《百家姓》的由来

《百家姓》是我国流行最长、流传最广的一种蒙学教材，读者可从中了解百家姓的起源及其深远影响。其成书和普及要早于《三字经》，自公元十世纪北宋朝代起就广为流传。但是谁创造了《百家姓》？何时初具规模？何时出版？这些问题直到今天还是个谜。目前发现的最早的印刷体《百家姓》是在元朝（公元十四世纪初）出版的，它根据汉字和蒙古字的语音、笔画对应而成。但是元朝的版本并不完整，流传已久的《百家姓》直到明朝才算收录完整。它总共记录了400多个姓氏，其中408个是单姓，有102行组成，38个是复姓，编成15行。最后一行是百家姓终，即百家姓完结篇，由118行构成，共有472个字。

3. 炎黄子孙，价值认同

作为炎黄子孙，我们共同恪守、共同追求的道德境界是仁、义、礼、知（智）、信，孝、忠、诚、宽、和。这包括了很广泛的文化内涵。仁，指处理人与人之间关系的基本原则，要"爱人"，给所有人以关爱；义，基本内涵是"善"或"美"，指每个人的个体行为应当有益于他人，有益于社会；礼，指人们在社会生活中共同遵守的行为规范，是立身处世之本，也是立国安邦之本；知，在古代读作"智"，其真正内涵有三个层面的含义，即知己、知人、知事；信，就是真诚无欺之意，诚而守信、诚而有信即是对"信"的最好诠释；孝，即人们通常所说的"孝顺"，其本义是指善待父母以及亲属长辈，最基本的内涵是赡养父母，既在物质生活上"养亲"，又要在精神生活上"敬亲"；忠，本义就是尽心、无私，表明真心实意、尽心尽力；诚，是真实无欺；宽，指宽大、宽裕、宽松、宽容、宽宏等；和，即适合、协调之意。

作为炎黄子孙，我们还有共同恪守、共同追求的文化精神：实事求是、一切从实际出发的科学精神；天人合一、与大自然和谐相处的人文精神；大胆实践、勇于创新、刚健有为、自强不息的奋斗精神；仁义为重、诚信为本、贵和尚中、讲究礼仪的伦理精神；忧国忧民、淡泊名利、大局为重、无私奉献的爱国主义和集体主义精神。

从表层的角度来看，我们炎黄子孙还有互认共守的一些信物和文化图腾符号，比如，我们的祖先创造了龙图腾，过中国传统节日时，就会有舞龙灯等活动。龙，是由中华民族先人根据对自身的要求和心高志远的理想创造出的，能上天下地、腾云驾雾、呼风唤雨、翻江倒海。龙图腾表达出中华民族拥有崇高的品格和心高志远的理想。

再比如，我们中华民族历来对于平安、吉祥、幸福等有着不变的追求，和这些追求相配合，也对许多物品赋予了很强烈的象征意义，蕴含着难以割舍的复杂情感。像吉祥红火的中国结，过节时悬挂的红灯笼，大门上贴起的红福字，国画中常选用的题材梅兰竹菊、富贵牡丹……这些都是中国人理想追求的内涵体现。

就如《我的中国心》里所唱的一样："我的祖先早已把我的一切，烙上中国印。"无论走到哪里，只要是中华民族的后裔，他们就会通过这些带有浓烈中华文化色彩的符号，紧紧联系在一起。

四、多民族融汇的文化共同体

当今的中国，是一个统一的多民族大家庭。中华文化的根系发展过程中也少不了各个民族文化的融合发展。56个民族，共同繁荣，才形成了今天枝繁叶茂的中华民族文化大树。

1. 56个民族，56枝花

"56个民族，56枝花"——中华民族大家庭就由56个各具特色的兄弟民族组成。各民族的文化既有共通之处，又有各自鲜明的特色，也正是缤纷多彩的少数民族文化，使我们整个中华民族的文化更加异彩纷呈，美不胜收。

让我们举一些例子来领略一下各民族文化上的丰富多彩。

汉族的图腾是由一条龙与一只凤组成，意思代表阴阳，也就是男女。龙飞凤舞，是中原地区与南方地区的民族标志。汉族是历史上多数政权的建立者，在吸收其他民族文化的基础上创造了灿烂辉煌的文化。

居住在海南岛的黎族，创造了形式活泼、题材广泛、内容丰富、世代相传的口头文学和歌舞。黎族织锦工艺更是独具一格，有纺、织、染、绣四大工艺，构成奇花异草、飞禽走兽和人物等丰富图案，在春秋时期就有盛名，堪称中国纺织史上的"活化石"，入选联合国教科文组织"急需保护的非物质文化遗产"。

生活在青藏高原上的藏族人民创造了灿烂的民族文化，中国现存规模最大、保存最完整的古代宫堡式建筑——布达拉宫就是其中的杰出代表。

能歌善舞的彝族，他们的服饰种类繁多，色彩纷呈，是彝族传统文化和审美意识的具体体现。2006年，"彝族海菜腔"和"彝族烟盒舞"入选第一批中国国家级非物质文化遗产名录。

纳西族的聚居区有着丰富的文化遗产。2003年，纳西东巴古籍文献被纳入世界记忆遗产。2006年，纳西东巴画、纳西族手工造纸技艺被列为中国国家级非物质文化遗产。

土家族龙船调是世界25大民歌之一。土家织锦又称"西兰卡普"，土家语的意思是"花铺盖"，以其独特的工艺和美妙的构图被列为中国五大织锦之列。

羌族是中国西南地区的古老民族，羌寨一般建在半山处，故而羌族被称为"云朵中的民族"。羌族是中国境内历史最为悠久的民族之一，甲骨文中已提到羌人。羌族乐器中最著名的首数羌笛，已有两千多年的历史，乐曲内容相当广泛。唐代诗人王之涣诗作中就有"羌笛何须怨杨柳，春风不度玉门关"的名句。

目前有七千人左右的独龙族，仍然保持房屋多数不装门锁的传统，到外面参加劳动或过夜时，最多也只是用两根棍子卡住或随便关一下门，不用担心有人会偷。他们认为盗窃是一种可耻的行为，有这种行为的人将受到族人的轻视和惩罚。因此，独龙族有"路不拾遗、夜不闭户"的良好社会道德风尚。

壮族的布洛陀神话已被纳入中国非物质文化遗产名录。布洛陀是壮族先民口头文学中的神话人物，壮语的意思是"无所不知的老人"。壮族人能歌善舞，有定期不定期的歌圩比赛。

寨子里别致的鼓楼、横跨小河的风雨桥是侗族最具特色的建筑。侗族大歌起源于春秋战国时期，已有 2500 多年的历史，是中国侗族地区由民间歌队演唱的一种多声部、无指挥、无伴奏、自然和声的民间合唱音乐。1986 年，在法国巴黎金秋艺术节上，贵州黎平侗族大歌一经亮相，技惊四座，被认为是"清泉般闪光的音乐，掠过古梦边缘的旋律"。

维吾尔族有自己独特的文化艺术，最具代表性的是木卡姆艺术。这种集歌、舞、乐于一体的大型综合艺术形式，于 2006 年列入中国首批国家级非物质文化遗产名录。

历史悠久的蒙古族留下了丰富的精神财富，以蒙古族最古老的史书《蒙古秘史》和被誉为中国少数民族三大史诗之一的《江格尔》为代表……

中国有一句俗话说，"一娘生九子，九子九个样"。从上述列举的一些例子看出，在中华民族大家庭里，任何一个民族都有自己独特的地方。正是各民族文化自有的特色，才使得中华文化摇曳多姿、熠熠生辉。

2. 56 个民族，共有一个家

56 个民族共有一个家，这个家的名字叫"中国"。

"中国"一词出现于春秋时期，原为表示地域的概念，最早是指

延伸阅读

中华民族的族体构成

由 56 个民族组成的中华民族大家庭，人口最多的是汉族，有 11 亿多人，其他 55 个民族人口少，合起来有 1 亿多人，约占全国总人口的 8.41%，所以习惯上被称作"少数民族"。55 个少数民族之间的人口相差也很大，人口最少的几千人，多的超过一千万人。其中壮族人口最多，有 1700 多万。人口超过 100 万的少数民族有 18 个：蒙古族、回族、藏族、维吾尔族、苗族、彝族、壮族、布依族、朝鲜族、满族、侗族、瑶族、白族、土家族、哈尼族、哈萨克族、傣族、黎族。人口在 10 万—100 万之间的少数民族有 15 个：傈僳族、佤族、畲族、拉祜族、水族、东乡族、纳西族、景颇族、柯尔克孜族、土族、达斡尔族、仫佬族、羌族、仡佬族、锡伯族。人口在 1 万—10 万之间的少数民族有 15 个：布朗族、撒拉族、毛南族、阿昌族、普米族、塔吉克族、怒族、乌孜别克族、俄罗斯族、鄂温克族、德昂族、保安族、裕固族、京族、基诺族。人口在 1 万以下的少数民族有 7 个：鄂伦春族、赫哲族、高山族、塔塔尔族、独龙族、门巴族、珞巴族。

周天子的直属区及其周围的晋、郑、宋、鲁、卫等黄河中下游地区的诸侯国，秦汉时期扩大到渭河流域的关中地区。长期以来，"中国"的概念始终是模糊的。直到晚清，西方殖民势力入侵，"中国"才作为国家概念明确起来，但当时仍称"大清国"。1912 年 1 月中华民国建立后，"中国"正式成为国家的简称。1949 年 10 月中华人民共和国成立后，继续沿用"中国"的简称。

中国虽然是一个表示地域的概念，但也是一个社会共同体的名称。在这个社会共同体里所包含的民族则有 56 个。在这个多民族共同生活的大家庭，每个民族各有自己的生活方式，因而有不同的民族文化。冯友兰先生说："一个民族的文化，是一个民族精神活动的结晶。"每一国家、每一个区域的人们，都有自己的生活方式，因而皆形成自己的文化或文化传统。但是，不同的民族，在大家庭中和睦相处，共同生活，需要有共同的心理素质和认同感，从这一意义上说，尽管各有不同的民族文化，但最终是统一于中华大家庭的文化之中的。这种统一是包含着不同个性、丰富多彩的统一，这也是中华文化追求的境界——和而不同。

3. 56 个民族，共创中华文化

在中国境内，56 个民族从古至今所共同创造的文化，称作"中国文化"。由华夏族演衍而来的汉族，是中华民族的主体民族，汉文化也就成为中国文化的主体文化。汉族在其发展过程中融合了历史上出现过的许多少数民族，汉文化吸收了许多其他民族的文化。少数民族文化除了与汉文化相互融合外，也有自己的民族特色。因此，中国灿烂辉煌的文化，是以汉族为主体的中华民族共同创造的民族文化，也可以称作"华夏文化"或"中华文化"。

在漫长的文化历史进程中，北方和南方少数民族地区都是各民族的杂居之地，由于历史上的迁移，使得汉族和少数民族的生活方式、政治制度、风俗习惯、宗教信仰等文化形式互相影响。同时，通过迁移、聚合、贸易乃至战争，中华各民族进行了多方面的交汇和融合。比如中原农耕文化与北方游牧文化的交融，中原农耕文化与南方山地游耕文化的交融等。与此同时，少数民族的文化贡献也功不可没，北方少数民族和南方少数民族对中国文化的贡献是多方面的。我们现在许多衣食住行和歌舞娱乐的方式都是从少数民族地区传过来的，像黄瓜（原名胡瓜）、核桃（原名胡桃）、石榴等蔬菜瓜果品种，就是经由西北少数民族传入中原的，还有羊肉串、烧饼等食品和葡萄酒、烧酒酿制等技术，也是来自西域或少数民族，甚至日常起居用的最初坐具也是从游牧民族引进的"马扎子"。

在音乐、舞蹈方面，少数民族有一个共同的特点，就是能歌善舞。从近几年出土的乐器来看，西北和西南少数民族的乐器，历史久远，种类浩繁。青海东都发现的新石器时代的石磬，云南楚雄发现的战国铜鼓，都是极好的实物例证。此外，像羌族人的笛子，维吾尔族的手鼓，壮族和苗族的笙，还有箜篌、琵琶、铜钹、唢呐、胡琴、马头琴等乐器，几乎都是中国民族乐队中不可或缺的乐器。

舞蹈是独特的民族文化。几乎每个民族都有传统的、世代相传的宗教祭祀舞蹈、民族风俗舞蹈、古典娱乐舞蹈等。在中国文化艺术的舞台上，如果没有了少数民族的载歌载舞，那将是多么单调和乏味。

在文学方面，我国现有 55 个少数民族，其中除回族、满族人使用汉语外，其余 53 个民族都有本民族的语言，不少民族还有自己的文字，且创作了众多的文学作品。藏族有着悠久的文化传统，藏文创始于公元前 7 世纪，是一种拼音文字，与汉文并称汉藏语系。《格萨尔王传》是世界上最长的英雄史诗。蒙古族也有长篇史诗叫《江格尔》，填补了汉族缺少英雄史诗的空白。维吾尔族有长篇韵文巨著《福乐智慧》和家喻户晓的《阿凡提的故事》。

中国是一个统一的多民族的国家，在历史的长河中，各个民族都为中国文化的发展作出了应有的贡献。从民族的本质上来说，就是一个民族——中华民族。中华民族，包括汉族和其他民族，作为炎黄子孙，龙的传人，世代相承，声威远播，始终保持数典崇祖、不忘根本的高尚节操。以炎、黄为代表的中华祖先那种开天辟地、艰苦创业的精神，是鼓励各族人民团结凝聚、奋发向上、积极开拓、自强不息的力量源泉。

第二章
中华优秀传统文化的发展脉络

　　文化是人类社会活动的结晶。在一个生命悠久而持续发展的民族，长期的文化积淀与传承，形成了传统。形成传统的文化宛如一条长河，缓缓流淌了几千年，让今天啜饮文化的人们，仍然可以感受到历史的沧桑与甘甜，仍然能够从这条历史的河流中汲取丰富的精神营养。

一、先秦时期：文化发轫与百家争鸣

　　对中国文化的分期，一般将秦统一时期之前的文化统称为先秦文化。这一时期文化的发展，又可以分为三个阶段：原始时期、夏商周时期、春秋战国时期。

1. 原始时期：文化初萌

　　《吕氏春秋》有关于最初先民绘画的记述，说明在我国绘画艺术早已有之。在母系氏族公社繁荣时期，彩陶上约植物、动物和几何形装饰性图案已十分匀称美观，既有写实性的，又有抽象装饰性的图案。大汶口出土的象牙梳和象牙雕筒，可以看出已具有较高的雕刻艺术。陶器精品更多，如大汶口出土的红陶兽形器，拱鼻、张口，表情十分丰富。

我国古代有关于"结绳记事"和"契木为文"的传说，后来的一些考古发现证实了这样的传说。西安半坡出土的陶器中约有 32 种刻画符号，而类似的符号在许多遗址出土的陶器等文物上都有发现。在大汶口和良渚文化的陶器上发现的图形符号笔画整齐工整，被认为是中国最早的图像文字。后来这种象形图画演变成象形字，并越来越符号化，逐渐脱离图画，形成汉字。至商朝，汉字已形成完整体系。

对原始社会的音乐与舞蹈的认识，只能根据史书记载、出土乐器和一些原始绘画来了解。《世本》称"夷作鼓"，可惜没有保存。《路史》称"庖牺灼土为埙"，"伏羲削桐为琴"，"伶伦造磬"，埙、磬等古乐器时有出土，证明这些传说并非虚造。许多出土文物和远古壁画上，都有描绘舞蹈的图画。我国马家窑出土的彩陶盆上，便有 15 个跳舞人的形象。

在原始社会里，先民们就有着虔诚的自然崇拜、图腾崇拜、祖先崇拜。中国古人的自然崇拜主要有对太阳（日）、月、山、石、火、水、土地、天、星辰以及自然现象风、雨、雷、电等。而图腾崇拜则起于初民对自我的寻根溯源。图腾崇拜在母系氏族时期十分盛行，人们相信氏族起源于某种动物、植物或无生物，并将其视作族徽，图腾还被看作氏族的祖先、氏族的保护神。祖先崇拜根植于初民的灵魂不灭的观念。母系氏族社会盛行女性祖先崇拜。传说中"炼石补天、抟土造人"的女娲就是女权时代的崇拜对象。父权制确立后，男性祖先备受尊崇，传说中开天辟地的盘古、创造八卦教民嫁娶的伏羲、创造华夏文明的炎黄二帝，便是父权时代的崇拜对象。对祖宗的崇拜在中国尤其受到重视，构成中国人传统观念的重要部分。原始巫术是一种宗教信仰行为，也是一种原始文化。这种行为以谋求控制自然力、沟通鬼神为目的，形成一定的仪式。在原始宗教初期，还没有专门的巫师，也没有专门的祭司，仪式通常由部落中的长老来主持。后来，随着宗教的进一步专业化、精致化，分化出一些专门人员，由他们负责和神秘的超自然界交往，他们被称为法师、巫师、祭司或萨满。这些人主要从事最初的文化活动：记史、占卜、医疗，是知识文化人的前驱。

2. 夏商周时期：文化勃兴

根据中国社会科学院古代文明研究中心主任李学勤主持的商周断代工程，及其发布的《夏商周年表》显示，公元前 2070 年，大禹建立我国历史上第一个王朝——夏，都城在阳城（今河南登封）。夏朝的建立，标志着中国走过了"三皇五帝"的原始社会，成为中华文明史上一个重要的里程碑。

夏朝历经 470 年，共传 14 代，17 个王。公元前 1600 年，商朝建立，历经 554 年，传 17 代，31 个王。公元前 1046 年，商灭周兴，西周经历 275 年，传 11 代，12 个王。

夏商周三代文化最大的特色即为宗法制度。宗法制度萌芽于夏朝，完备的宗法制度确立在西周，是在晚商的长子继承制的法则上加以严格规范与执行。其标志为嫡长子继承制、土地分封制与严格的宗庙祭祀制度。在宗法制度下，"礼仪"对每个宗族成员有极大的强制性和约束力，实际上宗法制度已经成为一种未成文的习惯法。在宗族范围内宗庙里祭祀辈分之亲疏，即规定了地位的高下。宗庙里的谱牒，即是政治上的名分。在宗法体制下，"国"与"天下"是以"家"做原型扩大的，"家"的精神乃成为各级政治秩序的基型。宗法制度在西周末期已开始瓦解，但宗法制度的影响却长期笼罩着中华社会。西周的宗法封建制度留给春秋战国时期士人"天下只有一个共主"的观念，这种思想也为秦汉帝国的建立与统一奠定基础。而宗法制度的影响不仅是政治层面的影响，也不仅限于统治阶级，它在后世也演绎成平民社会宗族概念的基础而普遍传承。

古史记载"夏有乱政，而作《禹刑》"，这是中国历史上的第一部法典。制订《禹刑》的，是尧、舜、禹时皆为法官的皋陶。古史传说，"皋陶造法律""皋陶作刑""皋陶造狱"等。因此，皋陶被后世奉为刑狱之祖，即狱神。传说皋陶处理狱讼，遇到疑难，就用形似牛羊的独角神兽"獬豸"决断。"獬豸"拥有很高的智慧，能辨是非、识善恶、知忠奸，因而也就成为古代司法勇猛、公正的象征。汉唐时期法官戴"獬豸冠"，明清时期法官补服用獬豸图案。现在法庭上用的"法槌"仍然雕刻着独角兽的兽头，象征公正执法。"獬豸"已成为几千年来中国法政文化的一个显著徽帜。

尧舜禹时代，议事多沿用原始民主风俗。相传，尧设敢谏之鼓，舜设诽谤之木，禹设五乐（鼓、钟、铎、磬、鞀），以便老百姓击鼓敲钟，登堂陈述自己的意见或诉说冤情。这些古风后世逐渐消亡，只有告状时在衙门外"击鼓"的做法流传弥久。

商周时期的礼器，以青铜器和玉器为主要代表。据传，夏朝就有完备的青铜器制作技术，大禹曾铸九州鼎，为镇国之重器。鼎是贵族身份的象征。典籍载有天子九鼎、诸侯七鼎、大夫五鼎、元士三鼎或一鼎的用鼎制度。此外，鼎也是国家政权的象征，《左传》有载："桀有昏德，鼎迁于商；商纣暴虐，鼎迁于周"。现存最大最重的青铜鼎司母戊方鼎是商后期即约公元前十四世纪至公元前十一世纪的铸品。这个鼎标志着中国的青铜冶炼技术在商朝时已达到了先进成熟的阶段。周代手工业种类增加，分类更细致，因此有百工之说。

商周时期发展成熟的阴阳五行学说也成为中国最早对自然现象的归纳方法。五行八卦学说更成为中国人的思维模式之一。夏代创造的夏历《夏小正》，记载有一年中的物候、天象知识；到商代，已经有专司天文的人员，并在夏代天干记日的基础上发展出干支记日法；周代发明了圭表测影的方法后更确定了部分节气与十二时辰。商朝卜问的工具多为龟甲或骨头，而周人卜问的工具已经转为由阴阳符号组成的八卦及扩充而来的六十四卦来表示吉凶。而记载八卦的著作，称为《易经》。它被视为"中华文化之本源"，"东方智慧之渊薮"，还有人称之为"宇宙代数学"。《易经》比《圣经》还古老，自从孔子删定"六经"以来，《易经》即被列为群经之首，独尊于世两千多年。

用于占卜的龟甲，在商代还有一个用途，即用来在上面刻字记事写文章。目前发现的最早文字是商代的甲骨文，距今已有三千三百年的历史，甲骨文记载的文字，奠定了中国主体字形声字的基础。因为文字的产生，到商周时期产生了不少知名的文学作品。

商朝末期，统治者腐败暴虐，导致民怨沸腾。居住在西北的周人，在文王的德政治理下，逐渐崛起，天下归心，形成三分天下有其二的局面。周公旦摄政后"制礼作乐"，制定一系列维护统治的政治准则、道德规范和典章制度，这是中国传统人文精神的重要开端。

这些礼乐制度和思想，经过后人的补充完善，形成具有鲜明特色的礼乐文化与礼乐文明，对历代中国文化都产生巨大而深远的影响，也使中华民族历经数千年天灾人祸、内忧外患却始终保持很强的凝聚力。

3. 春秋战国时期：百家争鸣

随着周王朝的衰落，各诸侯国经济政治势力的发展，旧的思想观念、旧的礼乐制度不断崩溃。探讨社会变革的思想主张和理论观点日益活跃，形成了"百家争鸣"的局面。这是中国历史上第一个思想文化繁荣鼎盛的时代。

这一时期，学在官府的教育格局已经打破，"有教无类"思想观念在形成。这种文化环境使知识分子——"士"阶层发展、活跃起来。

"士"是中国古代"四民"——士、农、工、商中一个很特殊的阶层。"士"在中国起源较早，商周时代，既泛指包括诸侯在内的各级贵族，又专指贵族中的最低等级，在许多时侯主要指政府部门的中下级官吏。宗法制发生动摇后士阶层发生很大变化，逐渐成为知识阶层的通称。他们大多受过礼、乐、射、御、书、数六艺教育，有一定的文化素养。春秋战国时，士队伍扩大，主要来源有两个方面：一方面是旧贵族及其子弟在社会变革中门庭衰败，他们发奋攻读以求再度崛起；另一方面来源于庶民阶层或地位更低的众、皂、隶中的人，他们通过"积文学，正身行"（《荀子·王制》）而上升为士。这时期的士特别活跃，他们与旧士不同，较少受宗法关系的束缚，行动比较自由，"今日齐国为卿，倏忽他日吴国为相"。

百家争鸣，一般指儒家、道家、墨家、名家、法家、兵家、纵横家等学术流派的观点大论争。据《汉书·艺术志》记载，参与这一时期争鸣的，其有名者共有 189 家，4324 篇著作，后来约有 10 家发展成了学派。各家皆著书立说，议论政治，既互相影响，又互相批判，从而出现了文化上百花齐放的壮观局面。

下面略举几家——

墨家，墨翟是墨家的创始人，其生活年代约在公元前 468—前 376 年之间。墨翟早年曾研读儒家思想，后抛弃儒学，创立墨家学派，成为儒学最强劲的反对派。墨子最主要的思想是"兼爱"和"非攻"。企图用"兼相爱，交相利"的原则作为救世药方。墨子思想影响之大，曾被儒家学者视为洪水猛兽。

儒家，由孔子创立。儒以重血亲人伦、重现世事功、重实用理性、重道德修养而独树一帜。儒家以继承和发展西周的礼乐传统为己任。"仁"是孔子最高的理想境界，是儒家伦理思想的核心。孟轲是孔子学说的直接继承人，被后人尊称为"亚圣"。孟子思想的主要内容是"兴王道"，行"仁政"，力主"法先王"，并提出"性善论"。儒家另一位继承者荀况，糅合儒法两家，在提倡儒家的礼治、孝悌、任贤思想的基础上，又融合了法家军权、法后王、统一等思想，力主性恶论。

道家，老子与庄子是道家代表人物。老子的思想保存在《道德经》一书中。老子提出了一个超绝一切的虚无本体，叫作"道"，又叫"大"。"道"是老子哲学思想的核心。老子的社会政治和人生主张是"无为"，认为"无为"方可"无不为"（《道德经》第二十五章）。庄子（公元前 369—前 286 年）承袭了老子的思想，他对老子所讲的"道"作了进一步的说明。庄子的学说载于《庄子》。道家的"出世"与儒家的"入世"共同构筑了富于中国特点的人生态度。士大夫进可"入世"，治国平天下；退可"出世"，归隐山林。统治者既可用儒家学说求得文治武功，又可用道家学说确保休养生息。"儒道互补"，组成中国文化的基本框架与基本特色。

法家，起源于春秋的管仲、子产，前期的代表为战国初期的李悝、吴起和商鞅，其思想的主题是"变法"，力主以今法取代古礼，声言"治世不一道，便国不法古"（《商君书·更法》）。后期的代表为战国末年的韩非子，他是荀子的学生，又继承老子法术和前期法家的刑名法术之学，提出以法为本。韩非子主张的是极端的君权主义思想，比较适合当时的形势需要。而中国第一个统一帝国——秦王朝，就是以法家代表作《商君书》和《韩非子》提供的专制主义中央集权政治蓝图建造的。

除儒、墨、法、道四家外，先秦其他一些学派也皆有建树。例如，阴阳学派发展了原始五行学说，主张五行相生相克，把人间的一切事情都和阴阳五行作比附，以确定吉凶祸福。名家代表邹衍用五行相生说来解释朝代的变更，创立了五德终始说。这既是神学，也是神秘的历史循环论。但邹衍首创"九州"说，熔天地人于一炉的宏观思维方式对后代影响较大。

诸子各派学术思想虽然各不相同，但都是融合各个区域文化的重要力量，都有相同或相近的主题，那就是论述"天道"与"人道"的关系，也即"天人关系"，综合辩证地论述自然宇宙（天地）的来源和法则，以及人类自身完善并与自然和谐相处的道理。这与古希腊等西方哲学思想以经验知识为基础，关注科学、求知识爱智慧，是有明显区别的。

先秦诸子争鸣不论是在自然科学、生产经济、社会治理领域，还是在政治主张、法政伦理、教育思想等方面，都取得了丰硕的成果，对后来的中国思想文化发展产生极大影响。

春秋战国时期的区域文化

　　春秋战国时期百家争鸣的主要人物，大都集中在争霸称雄的大国里。或者说，那些大国之所以争霸称雄，有诸子百家很大一份功劳。由于这些国家的群贤毕集，从而形成了富有特色的区域文化，主要有齐鲁文化、楚文化、三晋文化和秦文化等。

　　齐鲁文化　齐鲁是殷的故地，所以备受周王室的重视。上溯到原始社会，这一地区曾创造过较为发达的大汶口和龙山文化，是中国文明发达最早的地区之一。春秋时期华夏文化中心东移至齐鲁。齐鲁大地成为最早的各家思想荟萃之地，聚集了儒、墨、道、法、名、兵、阴阳、纵横诸多学派的学者争辩切磋，形成高潮。这在其他各国未曾有过。

　　楚文化　春秋中期以后，楚文化异军突起，领异标新，与中原文化并驾齐驱，使华夏文化分成了南北两支。楚文化的内涵包括：青铜器的冶铸工艺、丝织工艺和刺绣工艺、髹漆工艺、老庄哲学、屈骚宋赋、美术乐舞等。

　　三晋文化　"三晋"即韩、赵、魏三国，故地是原周初分封的晋国，其地居中原，包括今山西及河南中北部、河北中南部。强调法制是三晋的传统，且是法家思想的实践者，韩国的公子韩非子更是法家的集大成者。秦汉以后，三晋文化中的精髓与齐鲁文化、秦文化、楚文化共同凝聚整合为华夏文化。

秦文化　秦人的祖先原是黄河下游夷人的一支（也有学者以为是西戎嬴姓部落的后裔）。西周时迁到西部的黄土高原，至秦穆公时，国势强大，开疆拓土，在许多方面并不比东方六国落后，如都江堰和郑国渠等。秦文化注重功利色彩特别浓烈的法家，所以法制思想兴起于三晋，却在秦国得到了重视并加以推广，使之成为秦统一中国的思想武器。

此外，还有吴越文化、巴蜀文化也极具特色。吴越文化起源石器时代太湖钱塘江流域古文化，与中原文化略有差异，如盛行土墩墓，崇奉鬼神的习俗，"断发文身"的习俗，并有自己的特色方言——吴语。巴蜀文化，以今四川为中心，包括陕南、鄂西及云贵的一部分地区。巴、蜀既是族名，又是地名，也指巴族和蜀族为主分别建立的巴国和蜀国，其文化亦有别于中原地区的区域文化。

二、秦汉时期：中华原创文化的昌盛

公元前 221 年，雄才大略的"千古一帝"秦王嬴政扫灭六国，统一全国。随后，秦始皇采纳李斯的意见，全面推行郡县制，建立起中国历史上第一个封建专制主义的中央集权国家。朝廷设三公（丞相、太尉、御史大夫）九卿（奉常、郎中令、卫尉、太仆、正宗、典客、少府、治粟内史、廷尉），废除世卿世禄制，实行朝廷任命制。废除分封制，实行郡县制。郡设郡守，县设县令。县下为乡，乡下有亭，亭下有里，邻里连坐，组成严密的垂直统治网。秦朝虽然在二世就灭亡了，但其所确立的专制主义中央集权制度却影响久远，为后世历朝所沿袭，在中国存续了两千多年。至于文化上，后人多因为秦始皇的焚书坑儒，而认为他导致了文化的倒退。其实，在文化上，统一了中国的秦朝虽然短暂，但也有很多可以载入史册的建树。

1. 江山归一，文化一统

春秋战国时期，由于诸侯割据，战争频繁，各自为政，各项制度皆不统一。秦统一以后，雷厉风行，推行一系列文化发展的新举措，使统一的文化共同体得以形成。主要措施有：统一文书，即"书同文"。中国文字经过长期的演变，至晚周逐渐出现文字分歧的现象。文字的不同，给政令的推行和文化交流带来障碍。秦始皇令李斯主持"书同文"的工作，李斯把六国文字加以整理，将繁难的大篆创改为匀圆整齐的"小篆"（即秦篆），作为标准文字，用于公文法令。与此同时，狱吏程邈根据民间流行的简化字，创制出比篆体更简化的隶书，作为日用文字在全国范围推广。"书同文"为文化传播和发展作出重大贡献。统一货币。战国时各国货币形状、大小、轻重各异，计算单位也不同，价值不等，换算困难。秦统一后，规定货币分为黄金和圆形方孔铜钱。黄金为上币，以镒为单位；圆形方孔铜钱为下币，以半两为单位。统一度量衡，颁布统一度量衡诏书，推广统一的度量衡制度，铭刻在度量衡器上，并定期检查，确保计量器具准确统一。统一律法。在秦国原有刑法基础上，吸纳六国有关法律条文，制定统一的法律制度，"明法度，定律令"，推行至全国。从云梦出土的秦简所见的部分《秦律》条文中可知，秦律繁杂详细，是一部较为完整的封建法典。

秦朝统一文化的举措，虽然以强化专制君主集权为目的，但客观上增进了人们社会生活乃至文化心理的同一性，为中国文化共同体的形成奠定了坚实的基础。而促使中华全民族心理认同的，还有一件事，那就是修筑万里长城。为抵御北方游牧民族的侵扰，秦始皇把战国时期秦、赵、燕三国在边境修筑的长城连接起来，从甘肃临洮到辽东郡碣石绵延万里。从此，"万里长城"成为中国的象征。一条蜿蜒的巨龙盘亘静卧于崇山峻岭之间，雄伟壮观，气势非凡，俨然是中华民族不屈的脊梁。每当国家处于危难之际，中国人就会第一个想到"用血肉筑成长城"。如今，长城被列为世界八大奇迹之一，也是世界十大文化遗产之一。

2. 推崇黄老，独尊儒术

秦王朝的短命，给从亡秦的废墟中冲杀出来的刘邦集团以深刻教训，致使统治者们不断反思，如何才能长治久安。刘邦入关之初，即宣布约法省禁，"悉除去秦法"（《史记·高祖本纪》）。建立政权后，刘邦采用刑德相辅、无为而治的"黄老之术"，把恢复生产、稳定秩序放在首位，实行与民休息的政策，分配土地，安置流民，减少租役，推行"什五而税一，量吏禄、度官用，以赋于民"；在政权巩固上，推行郡国并行制，以柔克刚、以守为攻，消灭有严重分裂倾向的异姓王势力，并分封子弟，扩大和巩固统治基础。同时，采取和亲政策，减轻匈奴对汉朝边防的压力。这些措施，使汉初经济得以复苏与发展。刘邦继任者发扬光大黄老之术，进一步成就了历史上著名的"文景之治"兴盛时期。

所谓"黄老之术"，是改造后的道家学说，即道家中的两派。"黄"指黄帝之学，"老"指老子学说。两者的根本区别在于黄帝之学不止讲道，还讲法。黄老之术的特点是强调"无为而治"，主张减少统治者对人们自然生活状态的干预，让人民安居乐业。汉初的黄老思想主要集中在《黄帝四经》（也称《黄老帛书》）、淮南王刘安组织编撰的《淮南子》、陆贾注释的《新语》等著述中。

黄老之术治国理政有利有弊。"和亲"不能根除匈奴之患，分封导致地方割据，特别是诸侯王的势力急剧膨胀，相继发生了济北王刘兴居叛乱、淮南王刘长起兵和吴楚七国之乱等，对汉政权构成极大威胁。建元元年（公元前140年）10月，刚刚继位不久的汉武帝刘彻，诏举方正直言极谏之士，来京师应对"当今治道"。董仲舒的三次对策（即"天人三策"）所强调的"独尊儒术"的主张，深受汉武帝的赏识。其后，武帝设立五经博士，在京城设立太学，郡县设学校，专门教授五经。通过设明堂，兴礼乐，以儒术取上，尊儒兴教，制度软化等一系列措施，确立儒家的一统地位，并将教育、考试、选官三者结合起来，逐步把儒学推向国学的地位，从而形成了儒学独尊的局面。儒学也第一次成为官方认同的治国理政之术。

董仲舒在提出独尊儒术的同时，还用儒家精神改造阴阳五行说，建构起天下一统的宇宙论系统图式。董仲舒的核心思想是"天人合一""天人感应"说，认为宇宙万物皆由天所生，天意与人事密切相关，天以祥瑞灾异影响人，人的行为也能感动天。这些思想为两汉时期的谶纬学提供了理论依据。

西汉昭帝始元六年（公元前81年），辅政大臣霍光召集重臣和国内贤良方正之士，举行了盐铁会议。会议名义上是围绕罢废盐铁专营、酒类专卖和平准均输等问题展开辩论，实际上是对汉武帝时期的各项政策进行总体评价和总结。辩论中贤良文学以儒家思想为武器，讲道德，说仁义，反对"与民争利"。会后，国家政策发生了转变，结束了多年的战争攻伐，重新转入休养生息的状态。后来，桓宽根据官方记录，加以"推衍"整理，辑成《盐铁论》。书中推崇董仲舒的新儒学，赞赏贤良文学的崇义贬利，进本退末、安贫乐道思想，从而使儒家思想更加全面系统，形成中国封建社会口占统治地位的经济思想。

董仲舒的"新儒学"，其实是"今文经"学。所谓"今文经"，是指经历秦时的焚书坑儒，典籍被毁，至汉初之时，靠儒士背诵并用隶书记录下来的儒家经典。后来陆续发现了用古文小篆书写的经典，时称"古文经"。二者不但书写形式不同，对经典释义也不同，两派争论不休。为调和经学研究中的分歧，西汉甘露三年（公元前51年），宣帝在长安未央宫北的石渠阁召开了儒家经学会议，专门讲论"五经"异同。石渠讲论的奏疏辑成《石渠议奏》一书，又名《石渠论》。经过此次辩论，儒家经典得以统一。

到西汉末年，儒学思想神学化，谶纬神学广泛流传，毒化了整个思想学术领域。尤其在王莽时期，图谶更成为他攫取最高统治权力的工具。东汉建初四年（公元79年），章帝刘炟在洛阳白虎观召开会议，对经学重新审定。会议成果经班固整理成《白虎通德论》，又称《白虎通义》，将谶纬迷信和儒学经典糅合在一起，加以系统化、完整化，作为官方经典公布。从而使儒学进一步神学化，孔子也由此变成了神人。

纵观两汉时期，古文经一直受到今文经流派的排斥，今文经一直是官方的主体指导思想。东汉时期，古文经学虽仍未立学馆，但因其简单明了，谨守经义，不牵强附会，逐渐得以发展，许慎、马融、郑玄、班固、王充、贾逵、张衡、桓谭等古文经学大师辈出。至东汉末年，古文经与今文经趋于合流。

3. 两汉文学，多元发展

在汉代，更具有文化象征意义的文学有了新的发展。一种新的文体——赋，产生并流行开来。在两汉四百年间，一般文人都致力于这种文体的写作，使之盛极一时，后世把它看成是汉代文学的代表，在文学史上有所谓"汉赋"专称。汉赋受到战国后期纵横家的散文和新兴文体楚辞的巨大影响，赋的文体早期为骚体赋，其后流行散体赋。汉赋辞藻华丽，手法铺张，词汇丰富，描写的多为上层社会繁华盛景，在形式与技巧上对后世文学作品有一定影响。早期的赋家有贾谊、枚乘等。贾谊的赋以《鹏鸟赋》《吊屈原赋》最为有名，枚乘的《七发》更是辞藻华美，结构宏阔，富有气势，甚至有学者认为，汉赋的正式成立应当从枚乘《七发》开始。汉代的散体大赋推向全盛时，产生了著名赋家，如司马相如、杨雄、东方朔等，其中尤以司马相如最负盛名，其代表作《子虚赋》《上林赋》等皆成传世之作。

乐府民歌是两汉文学中的瑰宝，以乐府诗的形式流传于世。乐府是武帝时期主管音乐的官署，负责采集民歌加工成乐府歌曲。乐府诗囊括了鼓吹曲辞、相和歌辞、杂曲歌辞等，既有汉族歌曲，也有少数民族和边疆地区歌曲，内容丰富，语言朴实，体裁多种多样，有三言、四言、五言、七言等多种形式，著名的有《战城南》《东门行》《妇病行》《十五从军》等。这些民歌反映了当时底层民众的情感和心声，在文学史上占有重要地位。东汉时出现了模仿乐府诗形式的五言诗，典型作品有《古诗十九首》中的一些篇章。汉代散文也很有特色，大多纵论时政，文采飞扬，剖析入理，语言精练。代表性作品还有贾谊的《过秦论》《治安策》《陈政事疏》；晁错的《贤良对策》《言兵事疏》《论贵粟疏》；刘向的《说苑》等。鲁迅称之为"西汉鸿文"，对后代散文、议论文的影响甚大。

西汉司马迁的《史记》，是中国第一部纪传体通史。作为一部中华民族的百科全书式的通史，《史记》不仅在两汉，甚至在整个古代文学史上都是罕与伦比的散文杰作。班固的《汉书》，则是继《史记》之后一部卓越的历史散文著作，它开启了我国断代史的先河。西汉刘歆在其父刘向《别录》基础上，所著的《七略》不仅是中国目录学的开端，也是一部宝贵的古代文学史。此外，东汉赵晔编的《吴越春秋》，无名氏撰写的《越绝书》开创了编写地方志的先河；荀悦则编写了编年史体裁的《汉纪》。

两汉时期的艺术也达到了相当的高度。特别是绘画、雕塑富于写实，技法多样，刻画生动，线条朴素，简洁流畅。有帛画、壁画、漆画、画像石、画像砖、石刻雕塑等大量作品遗存于世，题材广泛，涉及奇禽怪兽、神仙人物、神话传说和战事、渔猎、宴饮、日常起居、车马出行等社会生活的各个方面。两汉时期的建筑艺术也有了长足发展。上林苑、长安城和殿宇建筑雄伟宏大，对后世的园林、城市和屋宇建筑具有较大影响。

汉代的表演艺术分雅乐与散乐。雅乐是官方乐舞，较为刻板。散乐则是民间乐舞，活泼生动，内容丰富多彩，又称为"百戏"，包括杂技、歌舞、武术、音乐和戏曲多种形式。汉代杂技艺术为后世中国杂技艺术的发展奠定了坚实的基础。

西汉末年，佛教开始传入中原地区。哀帝元寿元年（公元前2年），西域大月氏使者伊存到长安口授浮屠经，佛教自此逐渐传播开来。明帝时曾派蔡愔到大月氏求佛经，蔡愔与大月氏僧侣用白马驮回佛经，在洛阳兴建了中国历史上第一座佛教寺院——白马寺。东汉末桓帝和灵帝时期，西域名僧安世高和天竺僧人竺朔到洛阳翻译佛经。此后，从中亚、印度来中国的僧侣逐渐增多。佛教初入中国时，统治者基本采取了鼓励和包容的态度，因而有了后来佛教在中国的发展和流行。

汉朝文化博大开放，影响深远，不仅改变了华夏族的精神世界和思维方式，而且对周边少数民族地区以及东亚、西亚乃至欧洲大陆都产生了重要影响。周边许多少数民族逐渐接受汉朝的物质文明，并与中原文化相融合，开始对国家和文化有了高度的认同与自信。特别是随着丝绸之路的开通，西部少数民族直至中亚、西亚和欧洲，都与汉

延伸阅读

汉代中国创造的世界之最

汉代的科学文化取得了辉煌的成就，使中国站在当时世界文明古国的前列。西汉时，人们发明了用废旧麻料制成原始型的植物纤维纸，东汉的蔡伦改进造纸技术，扩大原料来源，制造出质量较好的植物纤维纸，人称"蔡侯纸"。西汉时就有了世界上最早的关于太阳黑子和新星的记录，东汉张衡创制了世界上第一台观测地震的地动仪。汉代的张仲景莫定了中医辨证施治的基础，华佗在世界上最早施用全身药物麻醉等。

朝有密切的经济文化联系，并深受汉文化的影响。至于对东亚、东南亚等地区的影响，则更直接更久远，包括朝鲜、越南等，都有设立隶属汉朝的郡。汉朝文化在对外传播与发挥影响的过程中，也引进和吸收外来的精神文化，进一步丰富和促进了汉文化的发展。

三、魏晋南北朝时期：文化承前启后的再争鸣

魏晋南北朝是社会的动荡时期，统治阶级的封建桎梏相对削弱，加上北方劳动人民的大量南迁，促进了南北方经济的交流与发展，因而科技进步、异域文化发展、思想进一步解放。史称这一时期为"文化承上启下时期"。

1. 玄学兴起，专注名理

东汉后期，经学日渐衰败。随着汉朝的瓦解，儒学的统治地位受到动摇，社会批判思潮涌现，需要对人生与社会理想进行新的探索。有人崇尚老庄，潜心研究黄老思想；有人热衷于探讨名家、法家，形成了名理学。玄学思想也就应运而生。

玄学主要经典有《老子》《庄子》和《周易》，这三部书被称为"三玄"，玄学由此得名。玄学是一种糅合儒学和道学的新的思想体系，玄学名士以清谈形式，谈玄论道，热衷于讲兑本与末、有与无、名教与自然等哲学问题。东晋史家袁宏将玄学的发展划分为三阶段：夏侯玄、何晏、王弼为正始名士；竹林七贤阮籍、嵇康、山涛、向秀、刘伶、阮咸、王戎为竹林名士；裴頠、王衍、王承、阮修、卫玠、谢鲲为中朝(即西晋，往往特指元康年间)名士。当然，后来有学者认为，

东晋也自成一个阶段。曹魏时期玄学的主要思想是贵"无"，认为自然是本，名教是末，名教出于自然，主张人君应无为、人臣应有为，反映了门阀望族垄断政权的要求。之后的嵇康和阮籍等，对司马氏企图篡权不满，又不敢公然反对，于是标榜老庄，谈说玄虚，抨击名教，蔑视礼法，认为名教与自然根本对立。西晋之后，一些清谈名士转向依附司马氏，主张名教和自然一致，"礼法名教、君臣上下、富贵贫贱"都是"天理自然"，玄学思想演变成维护统治秩序的理论。

魏晋玄学是一种与两汉儒学不相同的学术思潮，是从儒家失落中生长出来的新的哲学思潮。它以探求理想人格的本体为中心课题，开始超越政治、道德伦理范畴来认识宇宙本质。玄学们专注于辨析名理，以清新思辨的论证来反对汉代烦琐的注释，以抽象的思辨抛弃支离破碎的章句之学。理性的思辨之风对魏晋学风，对中国哲学都产生较大影响。被认为是"中国周秦诸子以后第二度的哲学时代"（宗白华《美学散步》，上海人民出版社 1981 年版）。

2. 多元碰撞，江海同归

三国两晋南北朝历时近 400 年，是继春秋战国之后又一个政治大动荡、文化大交融的时期，不同民族、不同发展程度的文化在这一时期碰撞、交融，极大地丰富了中国的传统文化，也带动了境内众多民族的发展。有一些民族从此融入汉民族，有的则因此进入高一级发展阶段。各族与汉族的融合，走的是"自然同化"的道路，有些少数民族上层人物，有意识地采取推进汉化的措施。例如，北魏孝文帝拓跋宏 24 岁时开始亲政，由于深受祖母冯皇太后汉化改革的影响，整顿吏治，颁布俸禄制，立三长法，实行均田制；并将首都从山西大同迁到河南洛阳，全面改革鲜卑旧俗：以汉服代替鲜卑服，以汉语代替鲜卑语，将迁居洛阳的鲜卑人的籍贯改为洛阳，其鲜卑姓改为汉姓。魏孝文帝自己也改姓"元"，并鼓励鲜卑贵族与汉士族联姻。又参照南朝典章，修改北魏政治制度，严厉镇压反对改革的守旧贵族，处死太子元恂……汉化改革使鲜卑经济、文化、社会、政治、军事等方面大大的发展，缓解了民族隔阂，史称"孝文帝中兴"。

魏晋南北朝时期，影响我国最深的外来文化，是天竺佛教文化。把天竺文化介绍到我国来的，大都是西域人和天竺人。前者是我国国内的少数族人；后者是外籍友好人士。他们之中的许多人既通晓汉语，又通晓梵文。天竺的佛教典籍，都是通过他们翻译过来的。魏晋以来，佛教经典大量翻译成汉文。伴随佛教的流传，南亚、中亚等地的思想、文化、艺术、科学成果纷纷传入中国，推动哲学、逻辑学、音韵学以及音乐、绘画、雕塑等艺术的发展，大大丰富中国传统思想文化的内容。佛教在魏晋南北朝间的广泛流传，形成了重要的物化成果，其一是寺院的广为兴建；其二是大批巨型石窟寺的建造，最著名的有敦煌莫高窟、大同云冈石窟等。而到了南朝时期，佛寺遍布。后人有诗曰："南朝四百八十寺，多少楼台烟雨中。"

相较佛教，道教作为本土宗教具有更有利的存在和发展条件。道教与世界上其他宗教不同，它不信天命，不信业果，力抗自然，讲究归本反朴的养气健身之术，画符驱鬼、炼丹修真，企求去病消灾、延年益寿。魏晋时期，道教一方面吸收佛学，另一方面又与儒学糅合，逐渐完善自己的体系，衍化出轮回成仙说、天堂地狱说、善恶报应说，将伦理道德与长生成仙术结合起来。这样道教作为一种宗教就显得完善和具有生命力了。但是，道教的教义理论比较杂乱，远不如佛教系统、完善，其影响和势力也不如佛教大。

儒、释、道的信徒们经历了六七百年的漫长岁月，最终在南北朝开始选择调和合流的道路。表现在互相吸引、不断完善、模仿吸取对方经义，互为所用。其中，道教逐渐系统化、理论化，更多地吸取了佛教的"营养"；佛教则在内容上发生变化，为适合封建士大夫的口味（以禅宗为甚），始而玄学化，进而儒学化，佛教的教义中溶进了儒家孝道、忠义，甚至纲常的内容，佛教逐渐成为中国式的宗教。而传统的儒学到宋时，随着程朱理学的形成，也吸取了佛道和某些因素成为官方的儒学。正如《南部新书》所说：三教讲论的格式是"初若矛盾相同，后类江海同归"。形成以儒学（理学）为主，三位一体的思想体系。

3. 文史洒脱，书画盛行

魏晋南北朝时期儒学衰落，文学艺术从儒家纲常的禁锢中解脱出来，文学的现实主义精神得到了充分体现。以建安文学为代表，从一开始就给人耳目一新的感觉。建安文学"三曹"（曹操、曹丕、曹植）、"七子"（孔融、陈琳、王粲、徐干、阮瑀、应场、刘桢）继承了汉乐府民歌的现实主义传统，普遍采用五言形式，以风骨遒劲而著称，并具有慷慨悲凉的阳刚之气，形成了文学史上"建安风骨"的独特风格，被后人尊为典范，"风骨"一词也成为中国文学批评史上一个重要的概念。

晋宋之际，以陶渊明的田园诗、谢灵运的山水诗给人一股清新的感觉。陶诗朴实亲切，充满生活的气息，其《桃花源记》，以浪漫主义的手法虚构出一个理想社会的模型，被认为是"古今隐逸诗人之宗"（《诗品》卷中）。无论是思想内容，还是艺术风格，对后代都有深远的影响。谢灵运开创了山水诗派。山水诗的出现扩大了诗歌题材，丰富了诗歌表现技巧，使晋代占统治地位的玄言诗趋于败落。南北朝时期，还出现了两部著名的文学选集，梁昭明太子的《文选》和徐陵的《玉台新咏》，创文学选体。另有两部著名的文学理论著作，即刘勰的《文心雕龙》和钟嵘的《诗品》，在此前有曹丕的《典论》，是文学批评之端。这说明，中国文学逐步摆脱经学的附庸地位，进入"自觉"时代。

这一时期，因经学的衰落，史官也"失其常守"，官府控制史学的局面被打乱，从而为博达之士编撰史书以及史学的兴盛开启了方便之门。纪传体、编年体的史学也被突破，一些新的体例、新的门类出现了，涌现出一批知名的历史学家。陈寿的《三国志》、范晔的《后汉书》、沈约的《宋书》、萧子显的《南齐书》、魏收的《魏书》五部正史，它们各有特色，体例上有新的突破。中国史学开始进入蓬勃发展的阶段，成为传统文化结构中仅次于经学的重要组成部分。

魏晋南北朝的书法是中国历史上的一个高峰，尤其是晋，在书法上几乎是群星灿烂。唐朝孙过庭《书谱》开篇即言：夫自古之善书者，汉、魏有钟、张之绝，晋末称二王之妙。孙过庭列举的四大书法家：钟繇、张芝、王羲之、王献之，时人并称为"四贤"，或将钟繇、王羲之并称为"钟王"。他们皆为书坛的领军人物，也代表了中国书法的最高水平。

两晋时期对诗、文、书、画的研究颇为重视，而对书法的研究有过于诗、文，更为深邃、精妙，涌现出卫恒、索靖、成公绥、卫铄、王羲之、王珉等众多的书论家，他们书、论具佳，理论的视角各具特色，精深的书学理论，进一步推进了两晋的书法创作。在魏晋南北朝，书法艺术不仅用来书写碑文、表章记事、歌功颂德，从写碑转入以写帖为主，已经同诗、画、音乐一样，跻身于当时士大夫阶层的爱好之列，更发展成为人们文化生活的一个组成部分。

六朝自然科学的承前启后

魏晋南北朝时期，科学技术有了显著进步，在数学、农学、地理学、天文历法、机械制造、冶炼技术、医学等许多方面多有创新。数学家刘徽提出了计算圆周率的方法（"割圆术"），为计算圆周率和其他相关问题建立起相当严密的理论和完善的算法。祖冲之则更进一步精确推算了圆周率，求出圆周率的值在 3.1415926 和 3.1415927 两个数值之间，并提出其约率 22/7 和密率 355/113，这在世界科技史上竟千年无人超越。直到 16 世纪中期以后，德国数学家奥托、荷兰数学家安托尼兹，才先后分别求得密率，西方数学界还把密率称为"安托尼兹率"，其实他比祖冲之要晚一千一百年。此外，贾思勰撰写的《齐民要术》，是我国现存最早的完整农书，集中、系统、全面地反映了中国古代农学成就，尤其是总结了魏晋南北朝时期北方的生产经验。在地理学方面，西晋裴秀、北魏郦道元都是对后世有很大影响的地理学家。裴秀绘制了《禹贡地域图》，并提出了绘制地图的六项原则，即著名的"制图六体"。郦道元《水经注》是中国古代一部全面系统的综合性的地理学专著，三国时出现的《水经》记载了 137 条河流，只有一万多字，而《水经注》补入一千多条，文字也扩充了几十倍，内容涉及面更广，不仅河道、水文，还包括河道流经地域的历史变迁、经济状况、自然景观等诸多方面，而且文笔生动流畅。此外，三国曹魏马均创造指南车，西晋王叔和撰写出最早的脉学著作《脉经》，西晋皇甫谧撰写的《针灸甲乙经》，东晋葛洪的《抱朴子》等，都代表了当时自然科学的最高成就。

魏晋南北朝绘画艺术的变化虽然不像书法那么显著，但是社会风气的变化，崇佛思想的上扬，都让本来简略明晰的绘画进一步变得繁复起来。曹不兴创立了佛画，他的弟子卫协又有所发展。作为绘画走向成熟的标志之一，南方出现了顾恺之、戴逵、陆探微、张僧繇等著名的画家，北方也出现了杨子华、曹仲达、田僧亮诸多大家，画家这一身份逐渐地进入了历史书籍的撰写之中，开始在社会生活中扮演愈来愈重要的角色。

四、唐宋时期：文化跃上巅峰

在中国文化史上，唐宋被赞为中国最灿烂辉煌的两个时代。在这期间，盛唐的大一统把封建经济、文化推向新的高峰；经过五代十国的分裂割据，北宋王朝实现了局部上的统一，促使封建经济、文化得到新的发展。

1. 道佛并尊，儒索道统

在唐代，儒、释、道三教并尊。但不同时期，所尊的次序有别。因为道教尊奉的老子姓李，唐皇室也姓李，所以便尊老子为始祖，自称为老子后裔，特别崇奉道教。武德三年（620年），唐高祖诏改羊角山为龙角山，并建老子庙；七年（624年）亲至终南山谒拜老子庙；八年（625年），下诏叙三教先后，以道教为首，儒教次之，佛教最后。贞观十一年（637年）唐太宗颁《道士女冠在僧尼之上》，乾封元年（666年），唐高宗尊封老子为"太上玄元皇帝"。后来的唐玄宗对道教更加崇奉和扶植。他迎司马承祯入京，并亲受法箓，成为第一个取得道士资格的皇帝。同时令五岳各置老君庙，亲注《道德真经》，又令士庶家藏《老子》一本，并把《老子》列入科举考试范围。随后，又赠封庄子为南华真人，文子为通玄真人，列子为冲虚真人，更桑子为洞虚真人，其四子所著之书改名为真经，还把老子的地位进一步提高，追赠为"圣祖大道玄元皇帝"，再升为"大圣祖高上大道金阙玄元天皇大帝"。玄宗以后，肃宗、代宗、宪宗、穆宗、武宗、宣宗等不少皇帝都继续崇奉和扶植道教。可以说，在唐朝近300年的时间里，唐帝王以道教为"本朝家教"（或谓"皇族宗教"），促使道教在教理教义及斋醮仪式等方面均有较大的发展。

唐代是中国佛教文化进一步发展的时期。唐代出现了众多的佛教宗派，如天台宗、华严宗、法相宗、禅宗、真言宗、净土宗、三论宗、律宗等。其中以天台宗、华严宗、法相宗和禅宗影响最大。在中印佛教文化的交流中，值得一提的唐代名僧有二位：玄奘和义净。由于唐代高僧们的苦心传教，以及当时帝王的大力提倡，佛教在盛唐时呈现一派兴旺景象。闻名于世的卢舍那大佛高达17.14米，也是该时期的杰作。到了晚唐，礼佛更是盛极一时，几个皇帝都是佛教的信仰者，对佛教的信仰几乎排在了道教和儒教前面。以至于晚唐一些儒学尊崇者提出反佛的意见。如元和十四年（819 年）唐宪宗要迎佛骨入宫内供养三日。韩愈听到这一消息，写下《谏迎佛骨》，上奏宪宗，列举历朝佞佛的皇帝"运祚不长"，"事佛求福，乃更得祸"。但是，奏章未能阻挡宪宗迎佛骨，韩愈还险些丧命。

唐代佛教与道教的冲突激烈，继北魏太武帝和北周武帝毁佛之后，唐武宗时期再次发生了灭佛事件、大规模拆毁佛寺，强迫僧尼还俗，佛教又一次遭受了沉重打击。直到唐宣宗继位后，方下令修复佛寺，扶持佛教。

至于儒学，在唐代则被道学与佛学掩没了光辉。唐朝的儒学，能说得上的事情，只是两点：一是唐初官方主修的"五经正义"，一是韩愈、李翱等人发起的所谓"中唐儒学复兴运动"。即使被称为"文起八代之衰，道济天下之溺"（《韩文公庙碑》）的韩愈，也主要是编出了儒家学说的传承谱系，也即宋代朱熹所说的"道统"。正因为有"道统"学说的启迪，宋代儒家学者继续扛起"传道"的大旗，创建了一个新型的儒家学说，即理学。

2. 理学兴起，儒家刷新

理学亦称道学，是两宋时期占统治地位的哲学思想。它是以儒家思孟学派为基础，渗入佛家和道家思想以后形成的一个新儒家学说。宋代理学的直接渊源是"宋初三先生"。宋初三先生胡瑗、孙复、石介不重训诂而重义理，揭开了后来理学家借用儒家经典以创立自己理论体系的序幕。

理学的真正奠基人是周敦颐和张载。周敦颐以儒家经典《易传》

《中庸》为主，参考道家思想和五代时道教徒陈抟所传的无极图，提出了宇宙万物起源的学说。与之同时的张载，在理学基本框架构建中，一是区别了"天地之性"和"气质之性"，并提出"立天理""灭人欲"的命题；二是提出"理一分殊"①的思想，成为后来程、朱以"理"为宇宙本体的张本；三是提出了"穷神知化"与"穷理尽性"的认识论，成为程、朱"格物致知"论的重要来源。

理学体系形成于程颢和程颐。二程是亲兄弟，他们把"理"或"天理"视作哲学的最高范畴，认为无所不在，不生不灭，不仅是世界的本原，也是社会生活的最高准则。二程学说的出现，标志着理学思想体系的正式形成。

宋代理学的集大成者是朱熹。朱熹继承和发展了二程的思想，并吸收张载关于"气"的学说，建立了一个完整而精致的客观唯心主义的思想体系。与朱熹同时代的另一位理学大师陆九渊，是宋明理学中"心学"一派的开创者，对理学的发展也作出了重大贡献。他将儒家学说和佛教禅宗思想结合起来，并承袭程颢"天即理即心"的观点，认为"心"是天地万物的本源。理学发展至朱熹与陆九渊，达到了成熟的阶段。

3. 唐诗宋词，星汉灿烂

历史长河流入唐代，扑面而来的就是群星璀璨的唐诗。唐诗是中国文学史上的灿烂篇章之一。清人编《全唐诗》，收录了 2300 余人的诗作 48900 多首，后来又有补遗的《全唐诗外编》，增录唐诗 2000 余首。其诗人之众、作品之多、内容之丰富，以及风格流派之多样，远

---

① 理一分殊：天地万物变化遵循同一规律，而每一事物分开，又各自有各自的发展规律。

远超出了以前的任何一个朝代。而诗歌的水平，堪称"前不见古人，后不见来者"。

唐诗的发展一般可分为初唐、盛唐、中唐和晚唐四个时期：

在唐太宗贞观年间至武后当政期间，出现了王勃、杨炯、卢照邻、骆宾王"初唐四杰"。他们反对颓靡媚俗的"上官体"，提出轻"绮碎"重"骨气"的文学主张，并对创制七言歌行和发展五律、五绝作出了重要贡献，唐代诗风的转变由此而始。对此，后来的诗圣杜甫写诗点赞说："王杨卢骆当时体，轻薄为文哂未休，尔曹身与名俱灭，不废江河万古流。"

在盛唐诗人中最负盛名的是李白和杜甫。李白是屈原之后又一位伟大的浪漫主义诗人，后人推崇为"诗仙"。李诗气势磅礴，诗情豪迈，笔势灵活，充满了大胆的夸张和惊人的想象。李白浪漫主义的诗风以及诗中所反映的强烈的爱国热情和杰出的艺术成就，不仅在当时和中晚唐有巨大的影响，而且一直被后人尊敬和效仿。与李白齐名，且关系密切的诗人杜甫，则是中国文学史上伟大的现实主义诗人。杜甫生活的时代，正是唐朝由盛而衰的时期。在颠沛流离的贫困生活中，杜甫深刻感受到了统治阶级的腐朽和百姓的痛苦，因而其诗风格沉郁雄浑，内容深刻，语言凝练，叙事严谨，真实地反映了广阔的社会现实生活，有"诗史"之称。由于诗歌创作上的杰出成就，杜甫被尊为"诗圣"，杜诗也成为后人竞相学习的范本，乃至出现千家注杜的局面。

中唐的著名诗人，贞元、元和年间，出现了白居易、元稹等人倡导的新乐府诗歌运动，将唐诗推向了"中兴"的高潮。这一时期的著名诗人还有柳宗元、孟郊、韩愈、卢纶、李贺、李益、刘禹锡、贾岛、张继、韦应物、张祜、杜秋娘、张籍、戴叔伦、顾况等。这一时期的诗歌，且不说白居易的《琵琶行》那样的佳作，即使是苦吟诗人"郊寒岛瘦"，也有不少脍炙人口的诗作。如孟郊的《游子吟》，几乎是蒙学必诵的作品。"慈母手中线，游子身上衣。临行密密缝，意恐迟迟归。谁言寸草心，报得三春晖"。淳朴素淡的语言中，饱含着浓郁醇美的诗味，饱含着母子相依为命的骨肉深情，千百年来拨动多少读者的心弦，引起万千游子的共鸣。而贾岛的"僧敲月下门"，更成为文人创作参考的范例。

晚唐的诗坛感伤气氛浓郁，诗歌已失去了盛唐的气象和中唐的格局。但也有一些杰出诗人，如并称"小李杜"的杜牧和李商隐，皆有不少佳作。另外皮日休、聂夷中、杜荀鹤等继承了白居易新乐府的现实主义传统，写下了一些反映民生疾苦的佳作。

从唐到宋，乾坤定矣，文学又迎来了一个新的高潮。

宋朝文学主要涵盖了宋代的词、诗、散文、话本小说、戏曲剧本等，其中词的创作成就最高，诗、散文次之，话本小说又次之。

宋朝的文学作品在北宋初期秉承了晚唐风格，用词浮艳，常作唱和酬答之用。随着朝廷偏重儒学，文学作家开始注重儒家说教功能。直到欧阳修带起的第二次古文运动，文人才以平实的语言来创作，加上内容多反映生活时弊，雅俗共赏，文学创作进入了高峰期，取得巨大成就。当时的各种文体，互相影响，有破有立，而且派别林立，题材众多，并受到儒释道的影响，文坛有长足的发展，散文创作达到炉火纯青的境界。至南宋偏安江南后，文人多以作品抒发爱国情怀，多了一种慷慨悲壮的意味。

宋朝诗歌创作十分繁荣，数量空前。北京大学正在编纂的《全宋诗》，据初步统计所收作者不下九千人，为《全唐诗》的四倍。且宋代多高产诗人，陆游自谓"六十年间万首诗"，现留存诗篇有九千三百多首。据说，杨万里写过两万多首，但只留存了一小部分。宋与唐的时代气象与氛围不同，诗家又勇于创新，因而形成与"唐音"殊异的"宋调"，但很多时候，注重"以理入诗"，使诗歌多了议论，少了情致。

宋朝最富特色的文学样式是词。在中国文学史上，人们习惯将宋词与唐诗并称。词是曲子词之简称，它承袭汉魏乐府，受到外来音乐影响，是一种既可合乐歌唱又有独特体制的诗歌体。它源于民间，在唐末兴起，经五代至宋而达到鼎盛阶段。宋代著名词人众多，词作数量巨大。近人唐圭璋编《全宋词》，著录词人1330多家，作品有19900余首。后蜀时期的赵崇祚编纂了《花间集》，宣告了千年词史上第一个流派——花间词派的诞生。《花间词》集中了晚唐五代一批重要词人的佳作，奠定了"词"作为一种新兴诗歌形态的体式规范，展现了"别是一家"的独特的美学价值。以"花间派"为代表的西蜀词和以李煜为代表的南唐词，对宋代词坛影响甚深，直到柳永、苏轼之后，才渐渐摆脱五代的遗风，有了新的发展。

欧阳修不仅散文、诗歌成就斐然，词的艺术造诣也很深，尤其是对长调慢词的发展功不可没。他的咏史词，联系现实，有感而发，开创了反映现实词的先河；他的即景词清新明晰，情致隽永；他的爱情词则形象饱满，情深意挚。柳永是北宋词坛上影响很大的词人，创作了大量适合于歌唱的新乐府（又称慢词）。这种慢词与小令相比，属于繁音纡节的长调，更宜于表达人物的情感。柳永善以民间俚俗语入词，作品充满了浓厚的市民气息，深受下层百姓的喜爱。南宋叶梦得评价他称"凡有井水处，皆能歌柳词"。苏轼是宋代诗、词、文、书法兼备的文学家。在词创作中，苏轼冲破了传统藩篱，在风格、题材、立意、手法等方面大胆创新，极大地石展了词的意境和表现力，使词从"花间"走到了"人间",对词的发展作出了重大贡献。他的词富有幻想,意境雄浑,表现出豪迈奔放的性格及乐观处世的态度。苏轼也因此成为宋词豪放派的代表人物,在中国词史上占有特殊的地位。

南宋时期,词坛的精神面貌在强烈的抗金气氛和爱国主义浪潮中焕然一新。反映时代矛盾和社会现实题材,抒发爱国主义和英雄主义豪情,成为这一时期词坛的主流。陆游、辛弃疾等词坛巨擘的出现,使宋词的发展达到了高峰。陆游、辛弃疾等都亲身参加过抗金斗争,他们将热爱和平、反对战争、舍身报国的民族精神和爱国情操淋漓尽致地体现在词作中,思想性、艺术性、技巧性高度统一,在中国文学史上享有崇高地位,成为中华民族宝贵的精神财富。此外,享有盛名的还有女词人李清照。李清照早年生活优裕,南渡后夫亡家破,境遇孤苦。早期词作多写其悠闲生活,后期则多悲叹身世,流露出对中原的怀念之情。她作词强调协律,崇尚典雅,词风以委婉含蓄、清新秀丽著称,后人视之为婉约派的正宗。

4. 建制修史,史家辈出

在隋唐史学繁荣的基础上,两宋史学有了新的发展。其突出标志是史官制度更为完善,史学名家辈出,史书体裁呈现了多样化的特色。两宋史官制度,就其组织庞大和内容丰富而言,实为前代所不及。朝廷先后设置了起居院、日历所、实录院、国史院、玉牒所和会要所,任命官员记录时政、编撰史书,形成了一整套的史官修史制度。

两宋是知名史家辈出的时代,所著史书在中国史学史上占有重要的地位。其中知名史家及其史学名著有:司马光的《资治通鉴》,马

唐宋科学文化

　　唐代民生科技高度发达，上至天文，下至地理，现实生活中有用的科学技术，均得到了应有的发展。

　　唐朝"一行和尚"（俗姓名张遂），于公元724年建造第一架用来观测日、月位置及运动情况的黄道游仪，发现了恒星位置移动现象（比英国天文学家哈雷的观点早了一千年）；并设计出用来测量北极高度的仪器"复矩图"，测出地球子午线的长度。公元727年，他编制出新的历法《大衍历》。

　　唐朝数学家王孝通撰写的《缉古算经》，首次提出三次方程式正根的解法，能解决工程建设中上下宽狭不一的计算问题，比阿拉伯人早三百多年，比欧洲早六百多年。

　　世界最早的印刷术是雕版印刷，出现于唐朝。7世纪中期，唐朝有了雕版印刷的佛像，咸通年间的《金刚经》则为雕版印刷的精品。8世纪，作为商人纳税凭据用的"印纸"出现。文宗大和年间，四川、江淮一带已经出现雕版印刷的日历在市场出售。北宋的毕昇进一步发明了活字印刷术。印刷术作为中国古代四大发明，它的出现促进了文化的传播与典籍的保存留世。

　　唐代医学也十分发达。"药王"孙思邈著的《备急千金要方》《千金翼方》（两部著作简称《千金方》），总结了历代医家的医学理论和治疗经验，收集 5300 多个药方，提出一方治多病或多方治一病的复方方法，并对药物的采集、炮制专门作了记述。苏敬等人编修的药物学专著《唐新本草》，收集药物 844 种，是世界上第一部国家药典。

在中国的陶瓷史上，唐三彩是一个划时代的里程碑。在唐以前，最多只有两色釉的并用，到了唐代以后，两彩的釉色变成了三彩，从而让器皿制作变得更加绚丽多彩起来。

宋朝沈括的《梦溪笔谈》，介绍了指南针的人工磁化方法、磁偏角的发现和指南针的架设方法。

端临的《文献通考》，王应麟的《玉海》《困学纪闻》和《汉艺文志考证》，李焘的《续资治通鉴长编》等。两宋时期，各种新史体和新史书的出现，也较前代为多。这也是宋代史学发展的一个重要标志。如袁枢的《通鉴纪事本末》，开创了史书纪事本末体的先河；年谱一体，也是到了宋代才正式成形。此外，宋代的历史哲学也十分发达，金华学派中的吕祖谦、陈亮，永嘉学派中的陈傅良、叶适等人，都曾提出了独树一帜的历史哲学，对中国史学的发展产生了重要影响。

五、辽夏金元时期：多元文化的冲突与融会

宋代自立国之初，就与辽、西夏等游牧民族对峙。游牧文化与农耕文化的冲突与交融，产生了双重文化效应。一方面，汉人被动挨

打，忧患情绪渗透到文化的各个层面。另一方面，契丹、党项、羌、女真等游牧民族从汉文化中吸收到丰富营养。公元 13 世纪，从蒙古高原席卷而来的成吉思汗旋风震荡着欧亚大陆，中华大地上的金、南宋和西夏王朝，在成吉思汗及其子孙的扫荡下逐一崩溃。蒙古人以剽悍的游牧民族作风入主汉地，导致政治的、军事的、民族的剧烈冲突，同时也促进了各民族文化的深刻交融。

1. 武拓天下，儒治社稷

12 世纪末 13 世纪初，铁木真征服鄂嫩河、克鲁伦河、图拉河三河源头的游牧部落，建立起统一的蒙古汗国，并被推举为大汗，尊号成吉思汗（史书也称元太祖）。成吉思汗和他的继任者长期西征南伐。西征横扫欧亚两洲，灭掉西辽、跨越天山、征服中亚、占领西南亚，前锋抵达现今的波兰、匈牙利等地。南伐相继消灭西夏、金，大举侵犯南宋。蒙古铁骑所到之处，给社会生产生活造成极大的破坏，给当地人民带来深重的灾难。1260 年，成吉思汗的孙子忽必烈即大汗位。1271 年，忽必烈取《易经》"大哉乾元"之义，定国号为元，并于 1276 年灭亡南宋。元朝是中国历史上第一个由少数民族建立起来的统一的封建王朝。

元朝的统一，结束了北宋以来长期积弱不振、多个政权并立的局面，使中国的疆域进一步扩大。西藏正式划入我国的行政区划，台湾、澎湖纳入中国版图，在云南设立行省。大一统的格局促进了国内各地区经济的相互调剂和各民族文化的相互交流。但元统治时期，实行民族歧视制度，阶级压迫和民族压迫严重，社会矛盾和危机加剧，抗元斗争和起义此起彼伏。为强化专制统治，忽必烈遵用汉法，从制度设置、意识形态、学校教育到官员队伍建设，采取儒化政策。政治上建立以传统中央集权为基础的体制和制度，中央设三省六部和司农司等专司机构，地方设行中书省，使用汉人来统治人民。而在文化上，任用儒臣，建立儒户，恢复科举制度，尊崇孔子，并将儒家学说的程朱理学作为官方思想。

在这样的政策刺激下，儒家文化的社会地位进一步提高。在元朝，不仅孔子被封为"大成至圣先师文宣王"，孟子等历代名儒也获得了崇高的封号，愿意读书的儒生还可以免去各种劳役。因此，元代的民众普及教育超过了前代，书院达到400余所，州县学校的数量最高时达到24400余所。当然，儒生在元朝也受到了一定的歧视，"九儒十丐"亦从此时起。不过，其中的"儒"非指当官的儒生，而是指那些教蒙学的私塾先生。

2. 宗教自由，文化创新

在宗教和文化方面，元朝采用相对宽松的多元化政策，尊重各个民族的文化和宗教，鼓励各地区文化交流和融合。

元朝是中国封建历史上唯一明确提出宗教信仰自由的王朝，对各种教派一视同仁。虽然元朝历代君王在宗教信仰上有侧重，但没有干预其他宗教的发展。世界上几乎所有的主要宗教都在中国有活动场所和信徒，尤以佛教、道教影响深远。佛教徒公开参与政治活动，八思巴被封为国师。

元朝对文化兼容的氛围，为中国文化的发展提供了良好的环境。元曲就是在这样环境下形成的，被视为中国"戏剧史和文学史上的重大事件"。今人把元曲与唐诗、宋词并列，称之为中国文化的瑰宝。

元曲包括杂剧和散曲。杂剧是戏曲（剧曲），散曲是诗歌。杂剧的形成是我国历史上各种表演艺术发展的结果，也是时代的产物。人们在反抗阶级压迫和民族压迫的过程中，需要战斗性和群众性较强的文艺形式。而杂剧能充分反映当时的社会现实，受到人民群众的广泛喜爱，因而呈现出我国戏曲史上辉煌灿烂的一页。据说，元朝创作的剧目不少于 500 部（保留下来的至少 160 部戏剧），许多城市有几十座剧场。关汉卿、白朴、马致远、郑光祖等"元曲四大家"，更是将元曲的发展推向高峰。关汉卿的名作《窦娥冤》，以及以包拯为主角的一系列清官戏，如《蝴蝶梦》《鲁斋郎》《陈州粜米》等，便表现了13 世纪中国人民的郁闷与愤懑之情。

元朝出现的散曲，产生于金词，最初的来源是民歌俚谣，早期为文人墨客小试才情的遣兴之作。后来成为作家潜心专攻的文学样式。据统计，有记录的元代散曲作家约 200 余人，作品 4300 多首，其中小令 3850 余首，套曲 450 余套。由于正统的文学观念不重视散曲，以往少有人搜集编次成册，散佚作品当不在少数，真正的作品远不止上面列举的数字。

3. 跃马扬鞭，走向世界

除了中国各民族的交流融合之外，元朝中西文化交流也达到新的高度，东方与西方的交通，呈现发达的景象。海路到达非洲海岸，陆路往来直抵西欧。史称"适千里者，如在户庭；之万里者，如出邻家"。忽必烈即位后，元朝一些藩王属国，如金帐汗国与伊利汗国逐渐独立，但仍然与元朝保持着政治、经济和文化的联系，商人、教士与使节的往来十分频繁。

元朝优惠的通商政策、通畅的商路、富庶的国度、美丽的传说，对西方和阿拉伯世界产生了巨大的吸引力。上都、大都、杭州、泉州、广州已具有国际化都市的色彩，泉州港更是成为国际最大的对外贸易口岸。旅行家、商人、传教士、政府使节和工匠，由陆路、海路来到中国，他们当中的部分人长期旅居中国，有些人还担任朝廷官员。这些国际友人归国后的一些记录，使西方人第一次较全面地了解中国和东方的信息。如马可·波罗的《马可·波罗游记》，向西方人描述了一个美丽、富饶和繁荣的帝国。从此，东方的中国成了西方人心目中遥远的梦，与中国的交往也更加密切。据历史记载，元朝通过"丝绸之路"进行经贸往来的国家和地区由宋代的50多个增加到140多个。

元朝时期，中国与亚洲的高丽、日本经济文化交流频繁密切。忽必烈即位，即嫁公主于高丽国，相互建立了十分友好的关系。两国商人、学者和僧侣将本国的大批书籍运入对方境内，程朱理学传入高丽，成为太学讲授的课程。忽必烈曾两次征伐日本，休战后开始商贸文化交流，两国僧人互相访问极为频繁。程朱理学和禅宗学说融为一体，长期成为日本统治阶层的思想武器。

元朝中国对外部世界的开放，在外域文化输入中国的同时，中国文化也向外传播，不仅四大发明的火药、印刷术传向国外，而且历法、数学、瓷器、茶、丝绸、绘画、算盘等通过不同途径，在世界广为传播，为世界文化的辉煌灿烂作出了贡献。

六、明清时期：文化衰落中寻找复兴

明清时期，中国社会发生重大变化，中国社会进入封建社会后期阶段。这一时期，中国君主专制走向极端。表现在文化领域，就是严格控制思想文化走向与发展。但随着社会形势的影响，新的思潮不断涌进。新旧文化、中外文化的冲撞，为新文化的产生拉开了序幕。

1."文字狱"兴，儒学仍崇

明清的皇帝是个矛盾体，一边重儒学，一边大兴文字狱。从朱元璋的以"文字之过"而大量残害儒生，到"清风不识字，何故乱翻书"的清代文字狱。统治者在文化上推行文化恐怖政策，此举对中国文化的危害不亚于秦始皇的"焚书坑儒"。不过，纵览明清的文字狱所有案例，明清皇帝所兴的文字狱，并不是对儒学内容的否定，而是对当时一些文人的文字产生过敏性反应，认为对当政者有所讥讽、有所影射。从另一角度上讲，对儒士还是相当重视的。明朝的内阁大臣，大多是进士出身，来自平民，几乎没有皇族和外戚，他们大多数是儒学中的精英。清朝皇帝同样如此，他们当皇太子时都让大儒教习汉文，当上皇帝时，也重用儒生。特别是乾隆，在位时的文字狱最多，但他又酷爱汉文，勤于写诗，留下了约 42613 首各体诗作，并指定专人编纂了《四库全书》，为清理和总结中国历史文化遗产作出了重大贡献。也就是说，尽管明清实施了文化专制政策，但中华传统文化一脉，并没有在明清时代中断。

2. 文化集成，蔚然大观

明清时代虽有令人压抑的文化专制，但却是中华传统文化大总结的时代。

第一，史学较前代有了更大的发展。明朝出现了官修和私修著名史籍的新格局，呈现出四个特点：一是私人著述增多。绝大部分的史书是明朝正德年间以后的私人著述，并涌现了一批知名的史学家，如郑晓、王世贞、焦竑、胡应麟等。二是史学著作数量浩繁。官修的书籍有200多部。私人著述无确切统计数字，仅以文集而言，著录于《千顷堂书目》者，达5000余人的别集。三是史书体裁相当完备。如纪传、编年、纪事本末、杂记、志书、舆图、类书、丛书等，无所不有。四是史书内容丰富。在卷帙浩繁的各种著述中，反映的内容十分广泛和丰富。例如，《明实录》《元史》《明史纪事本末》《国榷》《明史》《明史稿》《续资治通鉴》《明纪》《御批通鉴辑览》等。清朝的史学发展也比较快。处于社会大变动的明清之际，许多著名的学者如顾炎武、王夫之、黄宗羲等人，同时也是知名的史学家。他们紧密联系斗争实际，记录了不少有关明清之际的人物和事件。此外，有关于方志学的研究，也达到了前所未有的高峰，出现了一些像章学诚那样的方志学大师。

第二，明清统治者亲自统领与安排典籍文物编著。先后编纂了《永乐大典》《古今图书集成》《康熙字典》与《四库全书》。《永乐大典》被公认为世界上最早、最大的一部百科全书；《康熙字典》是世界上最早的字数最多的字典；《四库全书》则是至今为止世界上页数最多的丛书。大型图书的编纂，是古典文化成熟的征象，也包含着文化大总结的意蕴。

第三，出现了一些科学技术巨著。如李时珍的《本草纲目》，在医学界代表了当时世界的先进水平；潘季驯的《河防一览》，是一部治理黄河的经验专书；徐光启的《农政全书》，总结了劳动者的农业生产经验和劳动理论，是最完备的一部农学著作；宋应星的《天工开物》，是一部称誉海内外的工艺学百科全书。此外，地理和地质学杰作《徐霞客游记》、方以智的自然哲学专著《物理小识》等，都代表了当时科学成就的高峰。

3. 学派崛起，文化复兴

明初推崇程朱理学，但因为社会形势的发展，程朱理学受到批判与挑战，出现了新的思想。比如以"致良知"之说打破程朱理学一统天下的王阳明，造成对正宗统治思想的一种反叛，成为晚明人文思潮的哲学基础。王阳明"心学"，成为中国古代主观唯心主义发展的顶峰。它强调充分发挥人的主观能动性的作用，对当时僵化的理学是有力的冲击和突破。它的体系的逻辑展开，又发展出两个主要的学派：一个是东林党，代表的是传统的儒家价值观，主张改良时政，属于社会改革派；一个是泰州学派，肯定"人欲"的价值，追求个人价值的思想，代表了商业各阶层的利益。他们的社会影响很大，动摇了农耕社会思想的基础，为明清之际启蒙思潮的兴起准备了理论条件。

鉴于晚明政治腐败、内忧外患不断，清初学者多留心经世致用的学问，排斥空谈心性的宋明理学与阳明学，推究各朝代治乱兴衰的轨迹，提出种种改造政治与振兴社会的方案，使清初学术思想呈现实用主义的风气，发展出实事求是的考据学。三大思想家：黄宗羲、顾炎武、王夫之，以及方以智、唐甄、颜元、戴震、焦循等人，更从不同侧面与封建社会晚期的正宗文化——程朱理学展开论战，有的批判锋芒直指专制君主，从而促进了清朝学术文化兴盛。其中，顾炎武提倡"经学即理学"，提出以"实学"代替宋明理学，提倡"天下兴亡，匹夫有责"；黄宗羲有"中国思想启蒙之父"的誉称，排斥宋明理学，力主诚意慎独之说；王夫之强调实际行动是知识的基础，认为历史发展具有规律性，是"理势相成"。此后，又出现以惠栋父子、段玉裁、王引之与王念孙为主的吴派和以戴震为首的皖派，以及姚鼐领衔的桐城派和曾国藩创立的湖湘派，等等。为儒学增添了许多新气象，故梁启超称清朝为中国的"文艺复兴时代"。

明代的传奇小说已达到了很高的艺术成就。这一时期出现了大量的以历史、神怪、公案、言情和市民日常生活为题材的长篇章回小说和短篇的话本、拟话本，如《列国志传》《北宋志传》《隋史遗文》《英烈传》等。创作于元末的《三国演义》《水浒传》，在明代又有了进一步的完善和广泛的流传。新创作的传奇小说中，最有代表性的是《西游记》《封神演义》《金瓶梅》和"三言二拍"。

入清以后，中国古典小说达到了极盛时期。其中最著名的有蒲松龄的《聊斋志异》、吴敬梓《儒林外史》和曹雪芹的《红楼梦》。《红楼梦》以贾宝玉、林黛玉的爱情悲剧故事为中心，描写了一个贵族大家庭由盛而衰的变迁，揭露了封建社会后期的种种黑暗和罪恶，向人们昭示了封建社会必然灭亡的历史趋势。书中博大精深的传统文化内容以及对封建社会末期生活的巨大概括力和精确表达力，标志着这部小说已达到了我国古典小说的最高峰。

七、近现代文化的转型

1840年爆发的鸦片战争，以血与火的形式把中国文化推向了一个蜕变与新生并存的新的历史阶段。

1. 内外压力，文化革命

近现代文化指1840年鸦片战争至1919年"五四"运动前夕的文化，即旧民主主义革命阶段的文化。这一阶段的中国文化，在外来文化冲击和本土文化剧变的双重压力下，开始了自我革命。

一是文学革命。清代道光、咸丰年间，中国社会内忧外患频仍，新的文学风气蔚然而兴，理论上提出了文学要为现实政治斗争服务的思想，创作实践上要求反映现实政治社会内容。歌颂广大人民和英雄人物对外国侵略者的英勇抵抗，揭露社会矛盾，在诗文方面形成了进步的文学新潮流。以龚自珍、魏源、林则徐为代表的"开明派"。同治、光绪前后，中国日益沦为殖民地半殖民地社会，资产阶级改良运动和革命运动也随之兴起，文学在观念上产生了重大变化，一方面文学上出现了"诗界革命""文界革命"和"小说界革命"以及"崇白话而废文言"的灿烂曙光；另一方面产生了一批以揭露当时的社会黑暗为主的"谴责小说"。与此同时，以柳亚子、秋瑾为代表的一群忧国忧民的诗人，慷慨高歌民族民主革命，形成了近代文学中新的文学潮流。

二是"史界革命"。所谓"史界革命"，就是批判、改造封建旧史学，建立阶级新史学。史学革命的兴起绝非偶然。其外部原因是西方史学和历史进化论的传入。19世纪后期，西方史学著作传入我国，已达数十种，客观上开拓了中国知识分子的眼界，发现中史与西史存在很大的差异。概括说来，就是"君史"与"民史"的差异。中西历史优劣高低的比较，使中国近代的史家认识到中国旧史学必须要改造。1901年，梁启超发表了《中国史叙论》，1902年又发表《新史学》等史论专著，正式吹响了中国近代资产阶级史学革命的号角。章太炎主张以进化论为指导，把通史内容归纳为制度的变迁、形势的变迁、生计的变迁、礼俗的变迁、学术的变迁、文化的变迁6个方面的内容，主张"通经致用"，进而主张"通史致用"等。夏曾佑的《中国古代史》贯彻了历史进化的观点，强调古今历史演变的趋势。王国维采用"二重证据法"，即用古代文献资料和地下实物相印证的手段，在甲骨文、金文、古器文物、汉晋木简、汉魏碑刻、敦煌文献等领域进行考证和研究，撰写了《殷周制度论》等论文，证实了《史记·殷本记》所载殷世系的可靠。他还把甲骨文和《山海经》《竹书纪年》《楚辞》等古书参比互证，证明殷周史的信而有证，从而把中华民族可信历史推到四千年以前。王国维是近代考古学的奠基人。

三是道德革命。戊戌变法时期，变法维新者对旧礼教作了最猛烈的抨击，火力集中于传统道德"三纲五常"之"三纲"，认为中国自古以来，"勇威怯、众暴寡、贵凌贱、富欺贫，莫不从三纲之说而推。"批"三纲"最力者是谭嗣同，何启、胡礼垣也是批"三纲"急先锋。到 20 世纪初，革命派成员不仅提出"三纲革命"的口号，还有人作《罪纲篇》专批"三纲"。到五四时期，道德革命形成新的高潮。集中批判的仍是"三纲"以及由"三纲"直接派生的忠、孝、节三德。传统道德"三纲五常"中的"五常"，在近代道德革命中它不仅没有受到冲击，相反倒是被不少人提倡，并使之成为新道德的组成部分。而在"五常"中，最受重视的是仁。谭嗣同的代表作《仁学》，将仁置于"天地万物之源"的地位，宣称"天地间亦仁而已矣"。

2. 西学东渐，思想启蒙

西学东渐从明朝始见端倪。明万历年间，随着耶稣会传教士来华传播基督教教义的同时，也传入西方的科学技术。主要在天文学、数学和地图学方面，以之打开中国人的视野，也触动了中国人的学术思想。1605 年利玛窦辑著的《乾坤体义》，被《四库全书》编纂者称为"西学传入中国之始"。但由于只在少数的士大夫阶层中流传，而且大部分深藏皇宫，并未普及。而且，由于雍正的禁教，加上罗马教廷对来华传教政策的改变而中断，但较小规模的西学传入并未完全中止。

19 世纪中叶，西方人再度开始进入中国。这次是以枪炮轰开中国大门强行进入的。在鸦片战争及英法联军入侵的刺激下，清朝政府痛定思痛，决心"师夷长技以制夷"，从 1860 年代开始，推行了洋务运动，采取"中学为体，西学为用"的态度，重点关注西方的先进武器以及相关的器械运输等，对西方的学术文化思想却是不屑一顾，或者还抱着抵触情绪。甲午战争以后，由于中国面临着国破家亡的命运，许多有识之士开始更积极全面地向西方学习，出现了梁启超、康有为、谭嗣同等一批思想家。他们向西方学习大量的自然科学和社会科学的知识，认为不仅科学技术要学西方，在社会政治改革上也要学西方。这一时期西方知识传入中国，影响非常广泛。特别是民国时期，更有一些知识分子干脆提出"全盘西化"的主张，从而引发了五四时期前后的关于中国向何处去的大论战，西方的各种社会思想粉墨登场，造成了很大的影响。这一波的西学东渐，一直持续到当代而未止。

近现代的西学东渐之潮，是顺着几条渠道涌来的。一是西方科学书籍的翻译和著述；二是晚清以来创办的一些期刊；三是废科举之后创办的新式学校；四是西方来华的各类人员；五是出国留学归来的人员。如撰写《西学东渐》一书的作者容闳，便是西学东渐的积极推动者。

西学东渐将西方近代各种学术上的新成果导入了中国，深深影响到各种学术的发展，许多在中国不被重视甚至不存在的学科也在此影响下得到发展，中国传统学术的基本框架"经、史、子、集"完全被打破，许多传统的学术受到西学的冲击，有的逐渐没落，有的吸收西方学术而加以改进。到民国时期，整个西方式的学术体系架构大致成型。

西学东渐的潮水，在五四前后形成高潮。中国人经过西学的洗礼，对于世界、历史发展、政治、经济、社会、自然界的看法，都有了巨大的改变。而中国传统的思想文化中的许多成分，则被以西方的标准重新估定其价值，部分诸子百家思想获得重新重视，而儒家思想及一些民间的风俗文化，则受到强烈的批判。

西方政治思想的传入，议会制、民主制度、新的国家概念、无政府主义、社会主义思想等，对于晚清中国的政治发展产生重大影响，包括戊戌维新的发起、晚清新政的推展、立宪运动的尝试、辛亥革命的爆发，民国初期议会制的推行、五四运动、联省自治运动、北伐统一，一直到后来的社会主义革命等，都受到这些西方思想的重大影响。

西学东渐在社会层面的最大影响，便是由于西学的优势逐渐超越中学，使得清政府必须废除八股文和科举制度。这种影响，使得传统社会中最顶层的士阶层，失去了其学而优则仕的管道，其所掌握的传统文化知识的作用也下降。而同时晚清西方商战思想的传入，提高了商人在社会上的地位，更加促成传统社会秩序的瓦解。这使得一批知识分子投入实业，发展民族工业，从而改变了中国传统农耕社会的经济结构。

西学东渐一个最大的影响，便是近现代最先进的社会变革思想——马克思主义传到中国，让中国人看到了一条全新的发展途径——走社会主义道路。

3. 新文化运动，开启新端

中国文化从传统走向近现代的历程中，新文化运动是个极为关键的阶段，从而使文化的物质层面、制度层面发展到观念层面，其中蔡元培、陈独秀、鲁迅等起了决定性作用。他们大力提供民主、科学，提倡新道德、新文化，对中华传统文化进行了全盘的革新。

"五四"新文化运动的一个重要内容是反对旧文学提倡新文学，反对文言文提倡白话文，实行文学革命。胡适是这次文学革命的主要倡导者之一。他在1904年发表的一篇文章中，就提出了"文学进化"观点。1917年1月，《新青年》杂志2卷5期上，发表了他那篇文学革命的开山之作——《文学改良刍议》，提出了文学革命的八点主张，并断言"白话文学之为中国文学之正宗，又为将来文学必用之利器"。1917年2月，陈独秀发表《文学革命论》，正式举起了"文学革命"的旗帜，反对贵族文学、建设国民文学；反对古典文学，建设写实文学；反对山林文学，建设社会文学。1918年4月，胡适发表《建设的文学革命论》一文，提出了"国语的文学，文字的国语"的口号。文学革命有力地促进了思想解放运动的开展，有效地配合了五四时期反帝反封建的斗争。它奠定了现代文学的思想理论基础，是中国文学发展史上一次真正伟大的革命。

1917年2月，《新青年》2卷6号上刊出胡适的8首白话诗，这是中国诗歌运动中出现的第一批白话诗。此外，还有刘半农、沈尹默、陈独秀、鲁迅、周作人、李大钊等人，致力于创立自由体的白话诗。代表新诗创始期最高成就的是创造社的主将、浪漫主义诗人郭沫若，其代表作《女神》1921年8月出版。闻一多和徐志摩也是这一时期的著名诗人。在这一时期的文学创作中，散文也很有成绩。鲁迅兼有杂文、散文之长，先后出版了《热风》《华盖集》《坟》，散文诗集《野草》等。鲁迅在小说方面也取得巨大成就。他的《狂人日记》《孔乙己》《药》等为新文学历史树立了一座丰碑，对中国作家和世界作家产生了巨大影响。

中国近现代文化是中国古代文化的延续和发展。但不是直接的延续和发展，而是在西方的冲击下，借鉴西方文化，变外来为内在，才进入近现代文化领域的。17世纪的明清之际，中国有从古代文化孕育出新文化的迹象，但没有破土就被顽梗的封建生产方式和封建政治窒息了。而西方的资本主义迅猛发展，他们相继而来，到了19世纪中期把中国纳入世界资本主义体系，开始了中国的近现代化。所以近现代的中国已不是唐宋元明清那时的中国，又不同于西方资本主义世界的近现代，中国的近现代文化处于新旧交织之中，表现为复杂和多样。但最终如前所言，则是选择了社会主义新文化。

延伸阅读

《新青年》：新文化运动的主阵地

1915年9月，陈独秀在上海创办《青年杂志》，大量发表抨击尊孔复古的文章，标志着新文化运动的兴起。从1916年第二卷第一号起，《青年杂志》改名为《新青年》，1917年初迁到北京出版。主要撰稿人除陈独秀外，还有李大钊、胡适等。此后，《新青年》的影响越来越大，成为新文化运动的主要阵地。《新青年》受到广大青年知识分子的普遍欢迎，被视为青年人的"良师益友"。他们说："青年得此，如清夜闻钟，如当头一棒。"

第三章
中华优秀传统文化的基本走向

在世界多极化和经济全球化背景下，中华优秀传统文化的基本走向是在坚守本根中走向现代化。中华文化因社会主义而复兴，中国社会主义因中华文化而富有中国特色。新世纪的文化复兴是中国梦圆的文化依托，在文化复兴中实现的中国梦将更加灿烂辉煌，富有魅力。

一、全球化背景下的中华文化发展战略

马克思说过，在大工业时代，资产阶级由于开拓了市场，使一切国家的生产和消费都成为世界性的了。物质的生产是如此，精神的生产也是如此。如果说经济全球化在资产阶级开拓市场时就已开始，世界多极化则由第二次世界大战后世界格局的演变而成。文化在全球化背景下扮演着重要角色，文化发展战略在其中举足轻重。

1. 经济全球化，文化显多元

第二次世界大战后，随着东欧剧变、苏联解体，以雅尔塔体系为基础的两极格局终结，世界格局走向多极化。在"一超多强"和多种力量并存的世界多极化格局中，资本主义的势力仍然强大。一些社会主义国家仍然顽强地坚守自己的阵地。中国因在经济社会发展上的巨大成就举世瞩目。因此，邓小平说，所谓多极，中国算一极。中国不要贬低自己，怎么样也算一极。

与世界多极化相应，世界经济全球化呈现加速发展的趋势。经济全球化主要表现为国际贸易自由化、经济组织跨国化、生产活动全球化、拳头产品生产国际化、资本流动全球化、科技攻关多国化等。随着经济的发展，分工合作越来越细，全球经济往来越来越频繁，互惠互利越来越密切。如，美国波音公司生产的1万多架客机，其中的绝大部分供应商是非波音公司独自生产或者美国国内公司提供，而是由世界各国的众多公司合作完成，用户遍及100多个国家和地区。中国航空制造业参与了所有波音机型的制造。当今世界，国与国之间、企业与企业之间的经济合作，就像波音公司与各零部件生产公司的关联一样，表现出在共同利益上更大的依赖性。这种依赖性，如同美国气象学家爱德华·罗伦兹分析的"蝴蝶效应"一样："一只南美洲亚马逊河流域热带雨林中蝴蝶，偶尔扇动几下翅膀，可以在两周以后引起美国德克萨斯州的一场龙卷风。"1997年，发生在泰国的金融风波，如一股来势凶猛的旋风，迅速扫遍整个东南亚国家，并波及全世界。2008年，由美国次贷危机引发的国际金融大风暴横扫全球，世界经济遭受重创，至今仍然难于恢复，使人谈虎色变，真所谓一损皆损、一荣皆荣。

与经济全球化相对应的，则是多元文化的交流、交融、交锋更加频繁。在世界政治多极化格局和经济全球化的发展趋势中，跨文化交流、传播和渗透达到了前所未有的地步。在文化多元化的进程中，文化冲突与共生表现突出。当美国的好莱坞大片、日本动漫、韩国言情剧、印度宝莱坞电影等流行世界、充斥市场时，中国如何面对？成为众多有识之士共同关注的问题。

2. 文化发展，战略推进

文化发展战略一般指国家关于文化发展的目标、对策措施以及实施方式，是对文化发展问题指导全局的总体发展规划。在马克思主义中国化的发展历程中，从确立文化在新民主主义革命的战略地位、构建社会主义文化建设的基本战略框架，到推动社会主义文化大发展、大繁荣，新的文化发展观指导下的文化发展战略日臻成熟。

新民主主义革命理论确立了文化在新民主主义社会的战略地位。在新民主主义的"三大纲领"中，文化成为与政治纲领、经济纲领相并列的基本纲领。新民主主义的文化纲领，是无产阶级领导的人民大众的反帝反封建的文化，即民族的科学的大众的文化。1942年，毛泽东在延安文艺座谈会上发表讲话，第一次系统地阐述了马克思主义文艺观，提出文艺是为人民大众服务的，首先是为工农兵服务的，进一步明确了文化发展的服务方向。

中华人民共和国成立后，建立了新民主主义社会，新民主主义革命的目标得到实现。在新民主主义社会实践中，面对百废待兴、文化凋敝的社会状况和封建文化的侵蚀、资产阶级文化的渗透，在医治战争创伤的同时，中国共产党确定了与新民主主义经济基础相适应、以马克思列宁主义为指导的文化发展方向，在新民主主义"三大纲领"

框架的延续中发展新民主主义文化。

社会主义建设道路探索时期，在中共八大初步形成中国社会主义发展战略后，一系列发展和繁荣文化事业的方针和政策先后制定出来，提出"百花齐放、百家争鸣"和"古为今用、洋为中用、推陈出新"的方针等，为后来的社会主义文化建设和文化发展战略的形成奠定了科学的理论基础。

党的十一届三中全会以来，在实行改革开放政策的新时期，适应国家现代化建设"三步走"发展战略的需要，勾勒了构建我国社会主义文化建设的基本战略框架，文化发展战略理论和实践得到了长足的发展和深入，提倡文化要"为人民服务，为社会主义服务"；提出了"三个面向"的文化发展战略方向，即"面向现代化、面向世界、面向未来"。邓小平指出，我们现在搞两个文明建设，一是物质文明，一是精神文明。精神文明新论断的提出，从文明角度对文化建设进行了强调。随后，党的十五大提出了经济、政治、文化"三位一体"的战略格局，文化成了建设有中国特色社会主义的重要组成部分。党的十七大，将"三位一体"拓展为"四位一体"的总体布局，并写入党章，文化建设仍列其中。党的十八大为使中国特色社会主义全面推进，将"四位一体"拓展成"五位一体"，文化成为了居中调节的灵魂。

在毛泽东《在延安文艺座谈会上的讲话》发表72年后，习近平总书记2014年10月在文艺工作座谈会上的重要讲话中强调，坚持以人民为中心的创作导向，创作更多无愧于时代的优秀作品。习近平在关于文化的系列重要讲话中指出，要坚持走中国特色社会主义文化发展道路，弘扬社会主义先进文化，推动社会主义文化大发展大繁荣，不断丰富人民精神世界，增强人民精神力量，努力建设社会主义文化强国。

综上所述，新世纪中国的文化发展战略，在战略继承上，吸收了毛泽东的文化思想，如民族的科学的大众化的文化；在战略地位上，把文化建设先后纳入中国特色社会主义总体布局的"三位一体""四位一体"和"五位一体"中；在战略方向上，是始终代表中国先进文化的前进方向；在战略重点上，是构建和谐文化，建设社会主义核心价值体系以及培育和践行社会主义核心价值观。在战略途径上，是深入文化体制改革，解放和发展文化生产力；在战略目标上，从国家角度提高国家文化软实力，推动社会主义文化大发展大繁荣，建设社会主义强国；从人的角度是实现人的全面发展。

3. 文化强国，机遇？挑战？

当今世界，思想文化领域交流、交融、交锋更加频繁，文化在综合国力竞争中的地位作用更加凸显。谁占领了文化的制高点，谁就取得了发展的主动权。在不断解放和发展文化生产力的基础上提高文化开放水平，推动中华文化走向世界，积极吸收各国优秀文明成果，切实增强中华文化的国际影响力和国家文化的软实力，任务紧迫、要求更高。

当前，全球化竞争已从单一的经济竞争走向文化软实力和综合国力的竞争。经济全球化和文化多元化的现实，使得各国的文化发展都面临着巨大的机遇和挑战。改革开放特别是新世纪以来，党坚持用社会主义核心价值体系引领社会思潮，在新的文化改革实践中大力发展社会主义先进文化，推动中国文化取得巨大成就，使中国特色社会主义事业获得了坚强的思想保证和强大的精神动力。但是，当今中国虽然已经是经济发展大国，也是一个文化资源大国，却还不是文化生产大国，更不是文化强国。中国建设社会主义文化强国，机遇和挑战并存。

中国建设社会主义文化强国面临的机遇，主要表现在以下方面：

一是和平与发展的时代主题，为中国建设社会主义文化强国提供了安定的国际大环境。当今时代主题的判断基点，是世界大战在一个相当长的时期内可以避免，我们有可能争取较长时期的和平环境。尽管影响世界和平与发展的不稳定不确定因素在增加，但从根本上说，世界的基本格局和发展方向没有改变，国际局势总体稳定、局部动荡的基本态势也没有改变。在求和平、谋发展、促合作的时代潮流中，中国建设文化强国有了可靠的和平环境保障。

二是跨文化和跨国的文化传播、交流与合作，为中国建设社会主义文化强国提供了广阔的平台。实践表明，不同文化之间的相互碰撞、冲击与融合，是世界文化不断发展和前进的动力。在中华传统文化的发展历程中，汉族和少数民族的文化交融是如此；在世界文化的发展历程中，中华文化和他国文化的交融也是如此。不同民族的文化，存在许多共同价值。如，对生命的尊重。在20世纪发生的第四军医大学学生张华为救落入粪池的老农而牺牲，引发"人生价值如何衡量"的大讨论。有人提出这是金子换石头的"献身"，不值。通过大讨论，使大家达到生命价值的共识。以1944年诺曼底登陆为背景的美国大片《拯救大兵瑞恩》，反映了为不让一个母亲承受所有的儿子都丧命于战争的悲哀，以牺牲8条生命换来年轻士兵瑞恩的生存。又如，对人情的展示，同是灾难片，《唐山大地震》的亲情和《泰坦尼克号》的爱情描述都别开生面。再如，对爱情的讴歌，虽然相隔一千多年，中国的《梁山伯与祝英台》和英国的《罗密欧与朱丽叶》异曲同工，催人泪下。一直站在人的角度上写人的中国作家莫言获2012年诺贝尔文学奖、张艺谋导演的一些电影在国际电影盛会多次获奖等，说明中国优秀文化产品在世界舞台上是大有用武之地的。

三是中华民族丰富的文化资源，是建设社会主义文化强国取之不尽、用之不竭的宝库。中华民族丰富的文化资源，扬名天下的已经不少，有待发掘的则更多。孔子的思想历数千年而不朽，如今"孔子学院"遍及全世界，对中国文化的全球普及将长期发生作用。在兵家经典《孙子兵法》中，孙子的思想和智慧，被世界一些国家用于军事谋略、政治治理、经营管理、体育竞技等领域。一想到中国古典"四大名著"之一的《西游记》，中国观众心中会浮现出 1986 年版《西游记》电视剧万人空巷的场面，它迄今已重播 3000 多次，被提交申请世界上重播率和收视率最高的电视剧纪录。在不少西方人眼中，《西游记》就是一个中国人带着两只宠物、一个仆人，去西方旅游的故事。细细品味后，他们会悟出其中的精神感染力。一部经典的影响如此之大，更多经典的影响不可估量。

中国建设社会主义文化强国面临的挑战，主要表现在以下方面：

一是西方文化的强势地位，使中国的文化安全任务艰巨。当今世界，意识形态领域斗争更加复杂。保障中国的文化安全，应该是警世通言。美国在奉行强权政治的同时，打着全球化进程的幌子实行文化霸权主义。如果以"世界宪兵"自居的美国在文化上对全球实行了美国化，那么世界就可能单极化，这将是人类的灾难。

二是文化开放水平不足，使中国文化的世界影响空间有限。中国文化的世界影响，不仅比不上西方文化的世界影响，而且落后于中国经济、政治发展方面的世界影响，与中国的大国地位并不相称。170多年前，西方列强的坚船利炮，使中国在帝国主义的铁蹄下国弱民衰，国家和人民受尽欺凌。中国的先进分子积极探寻中华民族的出路，社会主要阶级的代表人物纷纷登台表演，都没有根本改变中国贫穷落后的面貌。今天，中国已经跃居成世界第二经济大国，但文化建设相对落后，不能尽如人意。在国际文化产业竞争中，文化强国在占领文化国际市场、谋取高额利润的同时，也竭力输出自己的政治观念和文化观念，对世界各国的文化产生极为深刻的影响。很多学生看美国大片，成为时尚。西方圣诞节的热闹胜过中国的春节，年轻人喜欢取洋名，当"外黄里白"的香蕉人成为时尚。城市的中小学生很多会弹钢琴、拉提琴，但是没有多少人会弹古琴、拉二胡。至于生活习惯、兴趣爱好等方面，许多年轻人都向西方看齐。

三是在文化多元化中，公民的信仰和道德倾向有所滑坡。随着改革开放的深入发展，在当代中国发生的广泛而深刻的变革中，社会思潮变化多端、人们的社会价值多元、思想多样，在思想文化领域时有噪音和杂音。一些反马克思主义、反社会主义的不良思想意识时隐时现，对社会主义主流意识形态构成挑战。谈到信仰时，有的人对社会主义发生动摇，有的人感到茫然，有的人持无所谓态度。有人把改革开放对一些旧有、落后的传统道德观念的冲击和变革看成是对整个道德体系的否定，误以为发展社会主义市场经济可以不要和不讲道德约束和规范，把经济领域通行的市场规则通用到社会生活之中，误解了规范人们行为的道德原则。广东佛山发生的 2 岁女童小悦悦接连被汽车碾压而无人施救，陕西西安发生的大学生药家鑫驾车撞倒路人后连刺数刀致受害人死亡等事件，无不拷问着社会的良知和公民的良心，引发全国乃至世界对中国国民道德现状的关注。对此，要大力引导人们在纷繁复杂的多元文化生态中辨别主流与支流、区分先进与落后、取舍积极与消极。

此外，在中华文化的继承上，经史子集被边缘化，文化断层有所表现。有权威学者指出，一些大学的中文系教授古汉语不过关，一些文科博士生英语说得流利，却不能阅读古汉语原文。对经史子集的阅读，即使在知识精英中也不多见。这种状况表明，本民族传统文化的根基正在断裂。为此，需要我们在加快实现中华文化现代化的同时，加大传统文化的传承保护力度。

二、在坚守本根中走向现代化

中华文化是中华民族的"根"和"魂"，中华文化走向现代化要坚守本根，在继承中华优秀传统文化的基础上与时俱进，在创造性转化和创新性发展中突出时代特色。

1. 社会主义，复兴文化

在中国近现代史上，中国饱受帝国主义的各种侵略，文化渗透是其中的重要方面。有人说，鸦片战争一声炮响，给中国带来了近代文明。这是地地道道的"侵略有理"论。

鸦片战争爆发后，帝国主义文化侵略的重要手段就是传教，西方的天主教、基督教，沙皇俄国的东正教等一批传教士，披着宗教外衣，在侵略中都扮演了可耻角色。在中国内地、边疆和少数民族地区，都有外国传教士的身影。他们收集军事、政治、经济等各种情报，为帝国主义侵略服务。同时，帝国主义者还为侵略中国制造舆论，他们大肆宣扬"种族优劣论"，攻击中华民族是"劣等民族"。他们炮制"黄祸论"，即中国"威胁"论，德皇威廉二世送给俄国沙皇的油画《黄祸图》就是典型的反映。帝国主义对中国的军事侵略、政治控制、经济掠夺和企图在精神上奴役中国人民的行径，遭到了中国人民的强烈反抗，刺激了中国人民的文化觉醒。

在对国家出路的早期探索中，洪秀全发起的太平天国农民运动，吸取原始基督教教义中反映下层民众要求平等思想的一些教义和宗教形式，进行改造后创立的拜上帝教，成为组织革命力量的精神武器。太平天国后期颁布的具有鲜明资本主义色彩的改革方案《资政新篇》中，在思想文化方面有一些新的举措。但是，由于太平天国拜上帝教教义的局限甚至危害，特别是农民阶级固有的弱点，助长了封建等级观念和宗派思想，导致领导集团享乐腐化、内讧分裂，不能完成反侵略反封建的任务。同时，也因为不能正确对待中国传统儒学思想，把儒家经典笼统地斥责为"妖书"，得不到知识分子和底层群众的普遍支持，最终在中外反动势力的联合绞杀下归于失败。

指导洋务运动的"中学为体，西学为用"，对学习西方科学技术的重视，开办新式学堂，派遣官派留学生等，成为近代教育的开始。洋务运动带来的新知识使人们开阔了眼界，为中华传统文化向近代文化的转型创造了条件。洋务运动使传统的"重本抑末"等观念受到冲击，社会风气开始变化，促进了价值观念的近代转型。但是，洋务运动的局限性，不可能从根本上实现国家自强和求富的目的。

戊戌维新运动把向西方学习推进到一个新的高度。维新派"全盘西化"的主张，认为不仅要学习西方的科学技术，而且要学习他们的政治制度和思想文化。为此，他们和守旧派围绕要不要变法；要不要兴民权、设议院，实行君主立宪；要不要废八股、改科举和兴西学三个问题展开论战。论战进一步开阔了知识分子的眼界，促进了人们的思想解放，促使维新思潮向政治改革运动转化。虽然维新运动因"戊戌政变"而失败，但它举起的救亡图存旗帜、政治改良方案和思想启蒙设想等，推动了中华民族的觉醒。

　　辛亥革命高举三民主义旗帜，在革命派与改良派关于要不要以革命手段推翻清王朝；要不要推翻帝制，实行共和；要不要社会革命等三个问题的论战中，划清了革命与改良的界限，传播了民主革命思想，推动了思想解放和社会变革，促使中国的经济生活、社会风气和思想文化等方面发生了新的积极变化。但袁世凯窃取辛亥革命果实，实行军阀专制统治，复古思潮猖獗一时。

　　新文化运动提出了民主和科学的基本口号，在社会上掀起了一股反封建的思想解放的潮流。它虽然批判孔学，但没有否定中国的全部传统文化。十月革命爆发后的五四运动，成为新民主主义革命的开端。

　　1921年成立的中国共产党，以崭新的姿态开辟了中国革命的新道路，以马克思主义中国化的理论和实践成果不断刷新着中国社会主义的进程。马克思主义中国化的内涵之一，是把马克思主义的基本原理同中国的优秀历史传统和优秀文化结合起来。

　　中国共产党制定的新民主主义文化纲领，在民族的科学的大众的文化中，把"民族的"放在首位。它所强调的民族风格、民族形式、中国作风和中国气派，与中华传统文化息息相关。在社会主义建设和改革开放新时期，中国特色社会主义文化纲领的内容不断丰富和发展，新设计的文化发展战略得到确立和不断完善。在20世纪60年代所提出的"四个现代化"中，科学文化现代化是其中的一个重要方面。文化建设的"双百"方针、"二为"方向、"三个面向"等一系列方针、政策、原则，使中华文化绽放出奇光异彩，使中华文化因社会主义而复兴。

2. 中国特色，文化彰显

中国特色社会主义的辉煌现状，是中国共产党几代中央领导集体带领全国各族人民经过艰苦卓绝的奋斗而取得的。中国特色社会主义伟大事业，包括中国特色社会主义道路、中国特色社会主义理论体系、中国特色社会主义制度在内的丰富内容。其中，中国特色社会主义道路是实现途径，中国特色社会主义理论体系是行动指南，中国特色社会主义制度是根本保障，三者统一于中国特色社会主义伟大实践。

在中国特色社会主义的经济发展中，中华文化提出的经世致用、制民之产等，得到了现实运用。如确立以公有制为主体、多种所有制经济共同发展的基本经济制度和以按劳分配为主体，多种分配方式并存的分配制度，使社会各种力量致力于发展经济，进一步夯实了中国的经济基础。

在中国特色社会主义的政治进步中，中华文化奉行的"以人为本"的民主精神、"以法治国"的法治思想、中华民族"大一统"的国家观念等焕发了时代青春。《管子》一书最早明确提出"以人为本"概念："夫霸王之所始也，以人为本。本理则国固，本乱则国危。"科学发展观借用中国古代以人为本概念，并赋予新的时代内容，提出科学发展观的核心是以人为本。"以法治国"的概念也是《管子》最早提出的："威不两措，政不二门，以法治国，则举措而已。"依法治国对"以法治国"内容的发展，集中表现在从"人治"到法治的转变。为实现祖国完全统一，维护中华民族的根本利益，中国共产党创造性地提出"和平统一、一国两制"的构想，并在香港、澳门成功实践，不仅使中国统一大业迈出重要一步，而且也为国际社会以和平方式解决国家间的历史遗留问题，提供了新的范例。

在中国特色社会主义的和谐社会中，中华文化蕴含的"和为贵""天时不如地利，地利不如人和""仁者爱人"的人际关系、宽恕之道等在新时期得到了发扬光大。构建社会主义和谐社会的总体要求"民主法治、公平正义、诚信友爱、充满活力、安定有序、人与自然和谐相处"，是对中国传统"大同社会"理想的现实提炼。

在中国特色社会主义的生态文明中，中华文化"天人合一"的自然和谐、"民胞物与"的生态和谐思想的精华等在当代得到了继承。树立尊重自然、顺应自然、保护自然的生态文明理念，建设资源节约型和环境友好型社会，努力建设美丽中国，实现中华民族永续发展，为建设社会主义生态文明指明了前进的方向。

在中国特色社会主义的文化繁荣中，中华文化奉行的"万物化生"的改造、教化、培育功能，"先礼后兵"、文治武功的谋略，文以载道的手段和工具等，在当代得到了长足的发展。如，坚持马克思主义意识形态的主导地位、培育"四有"公民、倡导和践行社会主义核心价值观等。

在中国特色社会主义的理论体系中，饱含着中华文化的丰富底蕴和深厚功力。党的十八大倡导的社会主义核心价值观：富强、民主、文明、和谐，自由、平等、公正、法治，爱国、敬业、诚信、友善，随处可见中华优秀传统文化的影子，反映了中国现代文化的传统渊源。

3. 文化现代化，尚需努力

在世界文化多元化背景下，要使中华文化成为中华民族生生不息、团结奋进的不竭动力，必须实现中华文化现代化。实现中华文化现代化，需要在文化继承、文化借鉴、处理文化冲突、文化交流等方面作出艰苦努力。

一是在文化继承上要坚守中华优秀传统文化的本根。对中华文化的当代凝练，无论概括怎样的内容，运用怎样的方法，采取怎样的途径，都不能丢掉中华优秀传统文化的本根。把根留住，这是中华文化现代化的前提。在人类历史的长河中，作为四大文明古国之一的中国，文化历经五千多年不衰而保存下来，是世界上唯一没有中断过的古老文明。如果说在自然科学和社会科学的发展方面，世界各国可能出现某种程度的殊途同归，在文化现代化上也会存在异曲同工。这种"异"，是文化的差别。在世界文化多元化背景下，在世界文化的交流、冲突和互相影响中，强势文化会以其现有的实力攻城夺寨，文化坚守不力的民族会失去自己的阵地，甚至会被强势文化同化。因此，实现中华文化现代化，要坚守中华优秀传统文化的本根和精神内核，弘扬民族文化，保持中华传统文化的个性，延续中国文化蕴含的传奇和让人称叹的魅力。我国传统文化的个性，要在现代中华文化中体现出来，使人们感受到这不仅是中国文化，而且是现代化的中国文化。这对中华传统文化发新芽、萌新枝提出了更高的要求。

二是在文化借鉴上要博采世界优秀文化的长处。只要有利于改革开放、有利于生产力的发展、有利于社会主义文化大繁荣大发展，不管是西方的还是传统的，或者是两者结合的，都是我们所追求的文化，反之则是我们所不取的，这是文化开放的表现。世界各民族都有自己的优秀文化，世界文化的多样性和多元化，为吸收国外一切先进文明成果提供了条件，对世界文化的发展和共同进步意义深远。不同文化之间的不断融合，带来了文化发展的机遇和挑战。实现中华文化现代化，需要博采众长，把世界优秀文化的成果"拿来"为我所用，乐于交流、敢于吸收，使各种文化互相促进、互相推进。鲁迅关于文学的论述"有地方色彩的，倒容易成为世界的'，后演绎成越是民族的，越是世界的，被人们常常引用。这并不是说，民族文化和民族的地方文化不用借鉴别人的长处而独自成长，而是要荟萃众长，形成自己的特色。

三是处理文化冲突要反对文化霸权主义。目前，不可否认西方文化在世界文化多元化中处于主导地位，西方文化的强势不可回避，但这并不意味着西方文化将会一统天下。文化全球化并非世界文化的同质化，如果这样，世界文化将成为法国作家雨具笔下的小说《悲惨世界》。文化霸权主义是文化冲突的极端表现。一些西方发达国家，依靠强大的综合国力，在文化的意识形态领域利用多种文化产品等向全世界倾销其价值观念和行为规范，还企图充当文化的"世界宪兵"，极大地阻碍了世界文化的发展进程。世界文化应该是民主的，反对文化专制主义是题中应有之义。因此，我们要在经济崛起的基础上进行文化崛起，必须坚决反对文化霸权主义。与我国外交工作布局坚持大国是关键、周边是首要、发展中国家是基础、多边是舞台相适应，文化也应根据各国的特点，在各种文化外交中有序展开。

四是在文化交流中要尽快扩大中国文化的世界影响。推动中华文化走向世界，任务十分紧迫。针对中国文化对世界影响的短板，中国文化要在吸收世界一切优秀文化成果的基础上与时俱进，不断变革，持续创新，使中国文化在世界的影响力越来越大。借鉴德国的歌德学院、西班牙的塞万提斯学院等成功经验，中国应该坚持在世界各地继续开设孔子学院和孔子学堂，不仅普及中国的汉语，还要传播中华优秀文化。

中华文化现代化尚未成功，我辈仍需努力！

中国文化产品的产出对比悬殊

资料显示，在图书出版方面，2009年中国图书出版总印数已居世界第一位，但是真正的精品读物并不多，被译成外文介绍到外国的作品凤毛麟角。在中国文化贸易逆差中，以图书和动漫电影产品为例，中国图书市场每年进口图书占交易额的10%以上，出口交易额却不到0.3%，对欧美的进、出口比例超过100∶1。即使与东亚的韩国相比，我们在文化走向世界上也有差距。"韩剧热"把韩国经济烧得红火起来，一部《大长今》就引发一环扣一环的商业多米诺骨牌效应。

三、文化复兴与中国梦圆

当我们回顾世界历史时，可以看到欧洲的文艺复兴和启蒙运动推进了西方的近现代文明，日本的明治维新运动使国家走向了现代化。中国曾经创造了历史悠久的古代文明，鸦片战争使中国从盛世逐渐走向没落，是中国共产党领导人民使国家走向复兴。在现代化的潮流中，中国迫切希望通过中华文化现代化，尽快实现文化复兴与中国梦圆，让美好的追求和愿景成为现实。

1. 振兴中华，路在文化

在一定意义上说，民族复兴就是文化复兴，文化复兴是民族复兴的晴雨表。在世界范围内，欧洲先后发生的文艺复兴运动和启蒙运动带有文化复兴的色彩。文艺复兴运动对欧洲古典文化精华进行了重新发掘，启迪了人类思维的新视觉，开拓了人类认识的新境界。文艺复兴运动主张反封建，反封建侧重于思想意识、伦理道德等范畴，要求进行宗教改革和个性解放。启蒙运动则进一步提出建立资本主义政治制度，把反教会提高到自然神论和无神论的高度，提倡"自由、平等、博爱"等政治原则。它们对北美的独立战争和法国大革命都产生了直接而深远的影响，促进了欧洲经济发展、政治进步和文化繁荣。

19世纪60年代日本进行的明治维新运动，是日本近代化的开端。日本对政治进行改革，对经济推行"殖产兴业"，对文化提倡"文明开化"，使日本成为亚洲第一个走上工业化道路的国家，跻身于世界强国之列。

中国式的"文艺复兴"路在哪里？

中华文明尽管在近代以后饱经沧桑，但历史辗转至今，再次展露了兴盛的端倪。在我国历史上，近代以来西方帝国主义列强的侵略，使中华民族饱受奴役之苦。中国发起的洋务运动、维新变法和辛亥革命等社会变革运动，学欧洲、学日本，试图在中国的土壤上移植欧洲文艺复兴的做法，取得西方近代文明的成果，但这些运动都先后失败。洋务运动学习西方，只是学习西方的皮毛，而不是根本。戊戌维新运动学习西方，上升到政治改革的高度，但不能从根本上除掉封建社会的根基，也行不通。孙中山先生最先喊出"振兴中华"的口号，辛亥革命学习西方，因袁世凯窃取革命果实而功亏一篑。

直到 20 世纪初叶，中国的先进分子才意识到，实现现代化必须进行文化与社会的全面改造，推动文化发展和社会变革。

新文化运动提出了民主和科学的口号，倡导新文化，破除孔教迷信，但以西为重，全盘西化，对传统文化的批判也有副作用。如胡适等人提出的中国历史不能从夏商说起，只能从周的后期，甚至是从孔子说起，以及钱玄同等人提出的"废除汉字"等观点，都是错误的。至于一些人鼓吹民族虚无主义，抛弃五千年的中华文明，接纳西方的竞争、斗争、战争的"三争"文明，而把中国的家庭和睦、社会和谐、国际和平的"三和"文明置之脑后，这更是对中华文化复兴不利。

"文化大革命"的错误发动，不仅伤害了文化本身，也伤害了知识分子群体。长达十年的文化浩劫，其负面影响直到现在仍没彻底根除。

改革开放后，一些急功近利的行为时有表现，急迫追求经济利益的兑现，却导致文化的边缘化。中国渴望变成一个强国，特别是文化强国，但由于文化是千年大计，百年树人，进程缓慢，不能短期如愿，使实用主义导致了一些后遗症。人们已经开始反思唯物质论和唯经济论等导致的伦理信仰滑坡的负面影响。一些为了经济利益，可以不择手段；为了金钱，可以六亲不认；学会了急功近利，造成了欲速不达。这是文化缺失所造成的不良后果。

新世纪中国的文化复兴，是中华民族伟大复兴的重要因素，要与中华民族伟大复兴的整体目标相适应。2012 年 11 月 29 日，习近平总书记在参观国家博物馆复兴之路展览时指出：实现中华民族伟大复兴，就是中华民族近代以来最伟大的梦想。习近平总书记关于中国梦的这个新论断，形象、生动、贴切地勾勒出了中国人民追求民族伟大复兴、国家繁荣富强、个人生活幸福的美好愿望，激起了亿万中国人的民族情、责任心和紧迫感。

2. 文化复兴，百年有梦

中国梦的提出不是无源之水、无本之木，而是蕴含着深刻的文化背景。中国的文化复兴，为实现中国梦创造了有利条件，也是中国梦圆的文化依托。

文化是实现中国梦的灵魂。实现中国梦需要有文化背景。中华文化在历史上曾经覆盖了周边，影响了世界。中国之所以被称为文明古国，是因为伟大的中华文化为世界所公认。近代中国的衰落，是因为闭关锁国和文化的落伍。中华民族的复兴必然是在开放中实现中华文化的复兴。实现中国梦，不仅要靠经济的持续发展形成经济崛起，更需要靠中国文化灵魂的支撑形成文化崛起。文化崛起与中国梦一脉相承，为实现中国梦提供精神支柱、思想导航和智力支持，对振奋民族精神、提高民族凝聚力起着不可代替的重要作用。

文化是实现中国梦的软实力。西方发达国家的文艺复兴和思想启蒙运动，创造了近代文明并延续到现在，主导世界几百年。新的文化形态引领新的社会形态的萌生和发展，已被人类社会发展的实践所证明。这是文化软实力所起的巨大作用。季羡林先生提出的"二十一世纪是中国的世纪"，被许多人认可。只有实现了中华民族的文化复兴，才能真正实现中华民族的伟大复兴。在文化全球化背景下，要在文化交锋日益激烈的现状面前站稳脚跟，必须在核心价值观指导下，不断提高全民族文化素质和国家的文化软实力。

在世界文化的发展趋势中，由于中国经济在不同于西方的现代化模式中崛起，这引起世界瞩目，促进了西方对中国文化的兴趣。他们探索中国文化的内核，寻求西方文化与中国文化的共同点，寻找补救西方世界精神危机的良药。这也从另一方面强化了我们对中国文化的自信。文化的作用和威力，正如鲁迅先生说的"于无声处听惊雷"。文化的深层影响看似无声无息，却在深厚的积累后迸发出惊人的爆发力。

3. 文化"三自"，中国梦圆

中国梦是在中华民族几千年沉淀的文化基础上提出来的，它的历史渊源深，现实意义大。"中国道路""中国模式""中国崛起"与文化自觉、文化自信、文化自强紧密联系。实现中华民族伟大复兴中国梦，离不开社会主义文化的大繁荣大发展，需要在提升文化自觉、增强文化自信、实现文化自强上下功夫。

一是提升文化自觉。文化自觉是指在文化上的觉悟与觉醒，包括对文化地位作用的认识，对文化发展规律的把握，对文化建设的责任和担当。文化自觉既是一种文化认识论，也是一种文化态度和行动，不仅关系到文化自身的繁荣和发展，而且关系到民族的前途和命运。一个民族的觉醒，首先是文化上的觉醒。从古代结绳记事、图腾崇拜、神话传说到如今的广播电视、互联网、移动新媒体，中华民族对文明进步的向往和追求，每一步都以文化觉醒为前提和基础。当今世界，文化在综合国力竞争中的地位日益凸显，对经济社会发展的作用不断扩大。当代中国要在剧烈的竞争洪流中傲立潮头，迫切需要全民族进一步增强文化自觉。提升文化自觉需要我们有对文化意义、文化地位、文化作用的深度认同，对文化建设、文化发展、文化进步的主动担当；需要了解民族文化的历史渊源和发展趋势，把握传统文化的思想精髓和智慧源泉，不断提高自身的文化素养和精神品质。在文化的学习和实践中，特别是在面对民族文化与外来文化、传统文化与现代文化的交织与冲突时，辨别真伪，认清是非，维护国家文化安全，拓展国家战略利益。

二是增强文化自信。文化自信是对自身文化价值的充分肯定，对自身文化生命力的坚定信念。文化自信并不是盲目的，需要人们对文化有科学认识、理性感受和正确态度。当人们谈到古代中国时，无不以孔子的儒家学说、唐宗宋祖的文治武功、长城的雄伟壮丽、丝绸之路的蜿蜒传奇等而自豪；天下兴亡、匹夫有责，富贵不淫、贫贱不移、威武不屈，先天下之忧而忧、后天下之乐而乐的民族精神一代代传承下来。在社会主义革命、建设和改革开放中形成的优良传统，它们所凝练的以爱国主义为核心的民族精神和以改革创新为核心的时代精神，不断得到发扬光大。在中华优秀文化的激励下，中国道路创造的奇迹，使世界人民不得不折服。增强文化自信，需要我们对自己的民族优秀文化传统怀以礼敬和自豪，对中华文化的生命力和发展前景坚定执着的信念；不仅要理性审视、科学分析和传承保护自己的历史传统文化，还要包容、借鉴、吸收世界历史文化、异域民族文化、现代文明成果，始终坚守中华民族文化立场，以我为主、为我所用，吸纳世界各国文明之优长，采撷异域民族文化之精华，在文化开放中发展中华文化。由于价值观是文化的深层表现，价值观自信是文化自信的集中反映。增强文化自信，在当前集中体现为对社会主义核心价值观的自信。

三是实现文化自强。提升文化自觉、增强文化自信，目的是要实现文化自强。文化自强就是坚持走中国特色的文化发展道路，建设面向现代化、面向世界、面向未来，民族的科学的大众的社会主义先进文化，使我们的文化具有强大的吸引力、影响力、创造力和竞争力，成为中国特色社会主义的文化强国。文化自强为实现中国梦提供强大

延伸阅读

"中国梦"的科学内涵

2012 年 11 月 29 日，新一届中央领导集体在国家博物馆参观《复兴之路》时，中共中央总书记习近平说："实现中华民族伟大复兴，就是中华民族近代以来最伟大的梦想。"2013 年 3 月 17 日，习近平总书记在十二届全国人大一次会议闭幕式上，进一步阐释了中国梦的深刻内涵："实现全面建成小康社会、建成富强民主文明和谐的社会主义现代化国家的奋斗目标，实现中华民族伟大复兴的中国梦，就是要实现国家富强、民族振兴、人民幸福。"

中国梦包含着建设社会主义现代化国家的目标、全面建成小康社会的目标和实现中华民族伟大复兴的目标，其基本内涵就是实现国家富强、民族振兴、人民幸福。国家富强是最高追求，民族振兴是伟大梦想，人民幸福是终极目标，三者相互联系，相辅相成。中国梦是国家梦、民族梦、人民梦"三位一体"的统一，是强国梦、复兴梦、幸福梦的有机结合，表达了人民心声，体现了时代要求。

实现中华民族伟大复兴中国梦，凝聚了几代中国人的夙愿，体现了中华民族和中国人民的整体利益，具有强大的凝聚力和感召力，是当代中国的时代旋律和精神旗帜。

的文化支撑和文化软实力，是党中央提出的文化强国战略的核心内容。文化软实力主要体现在用精神的价值和力量改造人们的价值观，用于改造社会、改造世界。要实现文化自强，需要正确把握文化道路、文化方向、文化灵魂，创新文化体系，协同推进文化创造、文化传播、文化事业、文化产业、文化人才等发展，不断提高文化生产力的水平。

第四章
中华优秀传统文化的独特创造

　　自 2006 年起，每年六月份第二个星期六成为我国一个特别的节日，这一天是中国的"文化遗产日"。设立这个节日的初衷是为了唤起人民对传统文化的重视与保护，唤起人民对中国所具有的五千年灿烂文明以及所创造的异常丰富的文化遗产的自豪感与使命感。我们知道，任何文化都不是凭空而来，不是无源之水无根之木，它都有着自己的内在逻辑与发展路径，都具有连贯性、传承性、时代性，都是一个由表层向深层作用的结果。今天的文化是从传统文化中积累而来，又是对传统优秀文化的再创造与再发展。这就涉及一个传统与现代的衔接问题，涉及变与不变的问题。优秀文化需要我们去继承，糟粕文化需要去抛弃，一般文化需要我们去理解、去感悟、去进行现代化改造，去批判地继承。大浪淘沙始见金，被汰择留下的是我们民族的公约数，是那些优秀传统文化及其独特创造，更是祖先留给后代的弥足珍贵的遗产。

一、独特的历史命运滋润独特的人文情怀

中华民族经历了上下五千年，在这悠长的历史里，分分合合经历了 25 个朝代。尽管皇帝轮流做了，但"邦本"未变——黄皮肤黑头发的国民却始终没有变，古代中国人与当代中国人仍然血脉相连。在每个中国人心目中，"四海之内皆兄弟"，500 年前是一家，不！5000年前就是一家了。5000 年历史沉淀，让每个中国人生来就承载着一个独特的历史命运：传承祖先的珍贵遗产。就像希腊神话里的西西弗斯一样，不断把滚下山的石头推上山去。

1. 文化一脉，长流不息

一直以来，西方对中华文明的认知或多或少带有偏见，或是由于知识上了解不多，或是由于感情上认同不够，关于中国实证知识少，更多只是道听途说与人云亦云。所以，在一些学者看来，东方只是西方想象的东方，中国也只是西方想象的中国。甚至从亨廷顿和弗朗西斯·福山等人"文明冲突论"与"历史的终结"来看，只有西方基督教文明才是最终典范的文明形式，它与很多文明形态多有冲突。他们认为基督教文明与资本主义制度才是历史发展的最终形式，也就是按照社会达尔文主义的观点，人类社会总要进化成这样的形式，所以其他文明也只是发展链条中的一个阶段，他们总会有相同的文明走向，中华文明也概莫能外。

这种一时间甚嚣尘上的文明冲突理论显然是西方的立场与角度，它忽视了其他文明包括中华文明有着自己发展的内在逻辑和生生不息的旺盛生命力。中华文明是世界上唯一未曾中断而绵延几千年的文明

形态。四大文明古国中，其他三大文明均被异族征服，或长或短地丧失了文明延续的根基。而中华文明迭经 25 朝的更替，又经历了现代思想的洗礼与重构，其核心价值与核心思想却一直没有丧失，即使在今天，我们仍然能随处见到古人遗存的智慧与民族遗传的品格。或者说，祖先的遗产仍然在支撑着我们把文明的车轮推向前行。

各个文明与民族经历的历史并不相同，但总会被裹挟进大的历史洪流之中，所以我们比较各个文明之间的不同命运是有价值的，不同的民族品格和文明特征，造成了文明的不同命运与归途。而中华文明却始终一脉相承，历史从未中断！

2. 农耕文明，独具品性

很多学者都指出，中华文明是典型的农耕文明，与其他游牧文明有着明显的不同，造就了中华文明的连续性和顽强不屈的性格。

农耕社会安土重迁，不像游牧民族那样习惯迁徙，家园的概念更为强烈，强调家庭结构乃至整个社会结构的稳定性，祖祖辈辈留下的土地养育了一样的个人品格与社会品格。注重祖制与祖训，形成了强有力的社会惯性，这也就是传统社会的"超稳定结构"。这种"超稳定结构"，一方面惰性较大，自我更新较慢，成为进入现代社会最顽固的阻力；另一方面，将传统文化中相互依赖的人文情怀保存下来，世代延续，未曾断绝。

农耕文明对现实的追求，又影响到它的世界观塑造，不追求虚无缥缈的未知未来，而是稳健地、一步一步地实现自己的人生目标。《礼记·大学》中有段极为有名的话：古之欲明明德于天下者，先治其国；欲治其国者，先齐其家；欲齐其家者，先修其身；欲修其身者，先正其心；欲正其心者，先诚其意；欲诚其意者，先致其知。致知在格物。

物格而后知至，知至而后意诚，意诚而后心正，心正而后身修，身修而后家齐，家齐而后国治，国治而后天下平。

格物致知，诚意正心，修身齐家，治国平天下，中国人为个人奋斗史建立了一个完整有序的链条，按部就班，不敢逾越与怠慢。这与农耕文明讲求累积是一脉相承的。农耕文明知晓财富积累的艰辛，往往形成了个人与民族性格上的克制与隐忍。这也是中华文明典型的民族性格。

农耕文明注重协作与和睦。农业的耕种，水利的兴修，生产工具的互通有无，这些都不是面朝黄土背朝天的狙立耕作能完成的，它需要更多人口与家庭的进入，形成一个有序的集体，通过协作分工展开。所以农耕文明社会对和睦有着更加深刻的认识，只有个人在家庭中和谐，家庭在社会中和谐，才能保证这个三大的协同体有序运行，才能保证最基本的物质生产正常地进行。

农耕文明有着巨大的包容与同化作用。几千年来中国发展的一个基本模式就是"以夏变夷"。这种"变"并不是简单的武力征服，更多体现的是一种文化上的向心力和包容力。众所周知，夏商周的华夏不过中原一隅，四周环绕的都是以往我们称作东夷、西戎、北狄、南蛮的蛮夷部落。这些强悍的游牧民族至少在武功上不弱于华夏，所以"以夏变夷"的重点在于文治，在于文化的同化作用。我们可以看到元朝就是华夏被所谓的"蛮夷"征服建立的朝代，但最终还是被融入了中华民族的大家庭；清朝也是一样，武力征服之后便是对华夏文明的广泛吸收与借鉴。正如恩格斯所说，征服者被被征服者的文化所征服并不鲜见，而是历史的常态，这便是文化春风化雨的力量。"协和万邦"，体现的正是一种兼容并蓄的精神。

中华文化的根在农耕文化

中华民族的农耕历史证明，人很难成为"完全自主的个体"。无论从佛教的因缘说还是从我国的儒家学说都可以看出，人总是生活在人与人、人与自然、现实与未来纵横交错的复杂关系的交界点上。中华民族的文化自尧舜时起就是"以人为本"的。任何文化都处在前代文化的下游，流淌着上面流过来的水，再不断注入无数小溪的水，形成浩浩荡荡的大河。中华文化的发展就是如此。

在人类社会的发展进程中，农耕生活是极其宝贵的一段，它所产生和发展的文化核心最适于人作为一种有灵性的动物在这个地球上生活、繁衍、延续。工业化、后工业化所产生的一些理念，为了达到牟利的目的经常违背自然、违背规律。而以人为本的农耕文化，却一直教诲子孙要珍惜他人、珍惜物质、珍惜自然。

今天我们弘扬中华优秀传统文化，应该把炎帝为我们开创并定型的农耕——不仅仅是种作物、尝百草，更重要的是农耕这种生产生活方式，当成养育中华文化的襁褓、摇篮。应该创造使用"多重证据法"，提升炎帝文化研究的学术水平。同时，要将研究成果化为最普通、最简单、老少咸宜的语言和形式，告诉子孙后代：我们要秉承炎帝不畏艰难困苦、团结奋斗、永不言败的精神，也就是他所代表的农耕文化的理念。这有助于我们建设好自己的精神家园。

——许嘉璐

（摘自《人民日报》2016年4月12日）

3. 历史命运，孕育独特人文

正是中华民族独特的历史命运塑造了中国灿烂悠久的文化，也正是灿烂悠久的文化孕育了独特的人文情怀。这种人文情怀包含了中国独特的处理人与自身的关系、人与人之间的关系和人与社会国家的关系。

在人与自身的关系上，中国人讲究个人内心的和谐。这种和谐与外物无关，尤其是与富贵荣华无关。孔子在《论语·述而》中说："饭疏食，饮水，曲肱而枕之，乐亦在其中矣。不义而富且贵，于我如浮云。"意思就是粗茶淡饭简陋的人生中其实包含着无穷的况味，为了富贵而不择手段，实在是缺乏对人生的理解与感悟，孔颜乐处是一种安贫乐道和君子慎独。虽然儒家并不乏入世的情怀，但孔子最理想却是"暮春者，春服既成，冠者五六人，童子六七人，浴乎沂，风乎舞雩，咏而归"这种充满人文情怀的生活。知足常乐是追寻人生幸福的基点，而要实现人生的价值与人生的和谐，还需要有着坦荡的胸襟，要有豁达的情怀，要有清醒的头脑，要有足够的信心，要有清晰的定位，要有充分的余地，要有良好的心境。如此种种，才能完成崇高的个人修为，才能实现人本身和谐的小环境。

　　在人与人之间的处事规则上，中国人讲究和为贵。人是一个群居的社会性动物，不止面对自己，更要面对无数个他人。原始人很早就发现凭借个体力量单打独斗是很难与自然对抗的，人类之所以没有处在食物链的最低端，就是人类具有卓拔的智慧，而智慧的一个重要的体现就是认识到集体的重要性，认识到人与人之间相处的智慧。中国文化中更是如此，尤其强调人与人的相处。中国社会讲求人伦，也就是人与人之间的伦理关系，所谓五伦就是君臣、父子、夫妻、兄弟和朋友，这也是社会的基本人际结构和社会关系。中国人认为在生活中必须搞好这些关系，人与人之间要保持一种尊重与关怀。而中国传统社会中人与人的结构关系中，第一要务便是"仁"。中国社会中"仁"是基本的道德标准、人格境界和基本的哲学命题。古代中国人将有德行、有志向、为理想而献身的人称为仁人；将宽厚养民的政策称为仁政；将济世之学称为仁术；将忠诚老实称为仁厚；将善良慈爱称为仁慈。可以说"仁"是中国思想的一个逻辑起点，并由此建立了一整套社会规范与道德评价标准。中国古代思想多呈现一种伦理面向，以儒家为代表的"仁"学便是中国社会一以贯之的总纲。

　　在处理人与人之间的关系方面，传统文化要求我们长幼有序、夫妻有礼、母慈子孝、兄友弟恭；要求我们在"亲亲"的基础上"推恩"其余。《孟子·梁惠王上》中有段有名的话："老吾老，以及人之老；幼吾幼，以及人之幼；天下可运于掌。《诗》云：'刑于寡妻，至于兄弟，以御于家邦。'言举斯心加诸彼而已。故推恩足以保四海，不推恩无以保妻子。古之人所以大过人者，无他焉，善推其所为而已矣！"这段话的意思就是要将爱心推己及人。另外，与他人交，要"诚"与"信"，要宽容与忍让，要保证公平与正义，要坚持和而不同，要有理有节，要懂得变通，只有这样才能塑造一个理想的社会。

在人与集体，尤其是与国家民族的关系上，中国人把家国利益奉为至上。中华传统文化不止注重处理个人与小集体之间的关系，还注重处理与大集体之间的关系。个人修为中尝有浩然之气。何谓浩然之气，孟子告诉我们说："其为气也，至大至刚。以直养而无害，则塞于天地之间。其为气也，配义与道；无是，馁矣。是集义所生者，非义袭而取之也。行有不慊於心，则馁矣。"

君子的浩然正气，常在国家民族危亡之秋，显露峥嵘。文天祥在《正气歌》中直言：彼气有七，吾气有一，以一敌七，吾何患焉！况浩然之气，乃天地之正气也。古往今来，在国家危机之时，杀身成仁的不在少数。顾炎武在《日知录》中说：有亡国，有亡天下。曰：易姓改号，谓之亡国；仁义充塞，而至于率兽食人，人将相食，谓之亡天下……是故知保天下，然后知保其国。保国者，其君其臣肉食者谋之；保天下者，匹夫之贱与有责焉耳矣。

这就是国人一直秉持的"国家兴亡，匹夫有责"的道理。也正是中国多舛的命运和曲折的历史，塑造了中华传统文化中这种对国家民族的深厚感情。

二、独特的基本国情涵养独特的文化基因

中国的基本国情是什么？这里借鲁迅先生对中国神话的一段深刻的议论。他说："中国神话之所以仅有零星者，说者谓有二故：一者华土之民先居黄河流域，颇乏天惠，其生也勤，故生实际而黜想，不更能集古传以成大义。二是孔子出，以修身齐家治国平天下等实用为教，不欲言鬼神，太古荒唐之说，俱为儒家所不道，故其后不特无所

光大，而又有散亡。"这里，鲁迅先生虽谈的中国神话不能蔚为大观的原因，实际也道出古代中国的基本国情。那就是众多的国人聚居在环境恶劣的黄河两岸，年复一年重复着农耕生活，且共同应对着年年泛滥作乱的黄河。数千年农耕文化铸就了中国人特有的文化基因。

1. 集体意识，生成"基因"

当今社会，"基因"充斥在我们生活的每个角落，从农作物的基因工程，到基因药物、基因武器，乃至众说纷纭的转基因食品，"基因"成为了我们最熟悉的陌生人。追本溯源，其实生物学意义上的"基因"发现已经有一百五十多年的历史了。早在 19 世纪中叶，当时著名的奥地利学者孟德尔在他的豌豆杂交实验中就已经认识到基因的存在，虽然它更多只是逻辑推演的结果，但不可否认，基因作为基本遗传单位已经开始引起了人们的重视。孟德尔通过八年的反复试验与观察提出了遗传学两个基本规律，也就是分离规律和自由组合规律。但孟德尔的工作实属超前，在当时并没有引起足够的重视，一直到 20 世纪初，它才被重新发现，在更多的领域得到验证。1909 年，丹麦学者约翰森正式提出了基因（gene）这一名词，作为术语的"基因"才宣告诞生。

而基因概念本身的力量并不局限于生物学界，社会有机论者很容易就将它平移到社会科学的各个领域之中。在他们看来，社会与有机物具有类似的结构特征，有机体具有遗传基因的特质，使得后辈性状与前辈类似，那么社会生活中很多相似的现象在不同地域和不同时代中广泛存在，比如一脉相承的制度，比如一以贯之的品位，比如经久不衰的艺术，比如原汁原味的风俗，等等，那是不是也同样存在一种社会基因、一种风俗基因，乃至一种文化基因，这是很容易的推论，文化基因也就成为了社会文化研究者题中应有之义。

"文化基因"概念出现在 20 世纪 50 年代　美国的人类学家为之命名。其实从文化角度谈传承的要素并不罕见，像神话领域的"神话素"，民间文学领域的"母题"，乃至社会心理学领域的"集体无意识"，谈的或多或少都是文化流传的不变的坚硬内核。但谈到"文化基因"，最著名的概念莫过于 1976 年英国学者理查德·道金斯在《自私的基因》里所谈的"迷米"（Meme）。"迷米"虽然是道金斯自己创造的一个概念，但它所指涉的就是文化传承的基本单元，就是我们所说的文化基因。

而文化基因，某种意义上讲，就是一个民族或一个群体对某一类行为的认同接受而形成的集体意识。而集体意识其现实表现形式往往会是集体无意识。因为对某一类行为的认同接受和行为是经过长期潜移默化的结果，往往表现为自然而然的遵从和无条件的接受。而一个民族的集体意识，往往是来自远古时代人类集体生活的经验。远古恶劣的自然环境迫使人类必须集体生活和行动，离开集体意味着个体的灭亡。这种生活体验深深烙印在人类的大脑中，慢慢变成一种集体无意识，深入人类的潜意识，从而成为类似本能的行为。

2. 文化基因，承载传统

对于概念本身，我们并不需要有过多的纠结，因为对可传承性的文化内核我们是有着普遍的共识的。即使斗转星移沧海桑田，今天我们仍然可以看到很多古风的遗存，它们可能是风俗习惯，可能是道德评价，可能是语言表达，也可能是精神文化中某一现象。但文化基因与生物基因毕竟有所差异，生物基因的稳定性要远大于文化基因，文化基因随着世易时移总有变化，只是保持有限的相对稳定性。并不是所有的传统文化都会作为文化基因保留下来，形成现世的文化传统，文化基因和生物基因一样具有选择性和变异性。关于生物基因，我们常说"物竞天择，适者生存"，基因通过一轮轮淘汰机制，留下适宜的，淘汰落后的，这样才能保证种群的健康发展。文化基因也是如此，文化基因要经过社会与时代的汰择，存留下来的多是具有普遍性的优秀文化。同时，社会与时代又会对文化基因进行新的塑造与重构，形成更为适合社会发展的新的文化基因组。

经过几千年的选择与发展，经过新时代的重构与整合，中华文化保留下来许多优秀的基因，它们存在于人们的日常行为规范、道德标准、审美形态乃至思维方式的每一个角落中。它们传承着中国优秀传统文化的基因，寄托着近代以来中国人民上下求索、历经千辛万苦确立的理想和信念，也承载着我们每个人的美好愿景。

文化基因可以作用于文化的各个层面。从最表层的物质文化，我们可以看到很多固化的文化符号，体现在我们的居住、饮食、服饰等小系统中；到中层的风俗、礼仪、宗教、艺术、制度、法律等精神文化，再到文化最深层的世界观、价值观、伦理观上，某些一以贯之的文化因子都深入其中。

文化基因还有一个相关的概念就是"文化传统"，"文化传统"与"传统文化"既有区别又有联系。只是文化传统落脚在传统上，也就是突出文化的可传承性；而传统文化落脚在文化上，强调被继承下来的文化精神存在。文化基因则既与文化传统有关，也与传统文化有关：一方面文化传统是文化基因的组合，是文化基因的唤醒与复兴；另一方面，文化基因是传统文化的载体，传统文化通过文化基因得以存留，并在新的时空中焕发新的生命力。

3. 文化基因，铸造中国心

中华民族灿烂的历史和波折的命运孕育了优秀的文化基因，这种基因，并不影响生理结构，但却铸造了一颗中国心。在这颗中国心里，包涵了仁爱、民本、诚信、正义、和合、大同，等等，即中华文化的最为精粹的东西。

"仁爱"谓宽仁慈爱，是中国文化之魂。《淮南子·修务训》："尧立孝慈仁爱，使民如子弟。"这就是说，仁爱之心从中国最老的祖宗那里就已经有了。经过历史的演变，已经成为中国人的一种本性。诚如孟子所言，人有"四心"：恻隐之心、羞恶之心、恭敬之心、是非之心。这"四心"分别对应仁、义、礼、智，不是外部给予的，而是人自身固有的。因此，孔子将仁爱当成做人的根本，并且努力践行仁爱。在孔子的言论集《论语》里，前后提到"仁"字的，就有 109 处。仁爱的基点就是"爱人"，是一种发自内心的善意。

"民本"是放大的仁爱。是当政者把仁爱释放给社会上更多的民众。或者说，民本是仁爱在当政者那里转化成一种治政理念。当代中国人都很熟悉电视剧《宰相刘罗锅》，它讲的是清代乾隆年间宰相刘墉斗权贵和为民请命的故事，其中主题歌里的一段歌词：天地之间有杆秤，那秤砣是老百姓。孟子说"民为贵，社稷次之，君为轻"，百姓、王朝与帝王三相比较，百姓永远是处于首位的。而中国的民本思想源远流长，在古代，统治者就认识到人民的力量。"王者以百姓为天，百姓与之则安，辅之则强，非之则危，倍之则亡"（《韩诗外传》），百姓的力量是巨大的，"水能载舟，亦能覆舟"，只有重视民众的力量，才能保障统治的长治久安。

"诚信"，我国自古以"礼仪之邦"著称于世，讲诚信一直是中华民族的传统美德。两千多年前，孔子就主张"言必信，行必果。"此外，我国的语言体系里还有大量诸如"一言九鼎""一诺千金""一言既出，驷马难追"这样称赞诚信精神的成语。在几千年的历史长河中，许多诚信人物及故事广为传诵。诚信品质已经深入中国人的骨子里，也深入到中华传统文化的内核里。

"正义"，中华民族历来崇尚正义。中华传统文化中谈论"正义"的文章数不胜数。《孟子·告子上》中说："生，我所欲也；义，亦我所欲也。二者不可得兼，舍生而取义者也。"《荀子·非相篇》说："人有气、有生、有知、亦且有义，故最为天下贵也。"《论语·里仁》中提到"君子喻于义，小人喻于利"。《左传·隐公元年》讲道"多行不义，必自毙，子姑待之"。谭嗣同的《狱中题壁》中说："我自横刀向天笑，去留肝胆两昆仑！"这些都反映了中华民族追求正义的坚定意志。在纪念中国人民抗日战争暨世界反法西斯战争胜利70周年阅兵典礼上，习近平同志深刻阐述了中国人民在伟大的抗日战争中为人类正义而战、为世界和平而战的奋斗历程和特殊贡献，并庄严宣示："让我们共同铭记历史所启示的伟大真理：正义必胜！和平必胜！人民必胜！"再次揭示了中华民族崇尚正义的鲜明文化基因。

"和合"是中国文化传统中极为重要的一个概念，也是中国无处不在的文化基因。在《管子》兵法篇中："畜之以道则民和。养之以德则民合。和合故而能谐，谐故能辑。谐辑以悉，莫之能伤。"《舜典》中记载："诗言志，歌永言，声依永，律和声，八音克谐，无相夺伦，神人以和。""和合"是一种社会的理想状态，也是人与自然、人与社会、人与人相处的最高境界。

"大同"，不仅是一种政治理想，更是一种价值信念。自古以来，中华民族对"大同"理想和信念有着不懈的追求。不论是儒家的孔子、孟子，抑或是道家的老子、庄子，乃至近现代的洪秀全、孙中山等，都对"大同社会"有着自己的向往与坚持。从《礼记》感叹"天下为公""大同世界"的蜕变，到康有为描述的"至平""至公""至仁""至治"的"极乐世界"，都反映了是中华民族对大同社会的政治与道德理想的憧憬。对"大同社会"的不懈追求也成为中国人民从未改变的文化基因。

延伸阅读

中华优秀传统文化传承体系

党的十八届五中全会明确提出，要"构建中华优秀传统文化传承体系"。传承和弘扬中华优秀传统文化是一项系统工程、战略工程，必须坚守中华文化立场，秉持客观科学礼敬的态度，对传统文化做到"扬弃继承、转化创新"。构建中华优秀传统文化传承体系的政策举措包括：实施中华文化传承工程，抓好挖掘整理、转化发展、重点项目、教育普及和展示传播；全面加强文化遗产保护，重点提升文物保护质量、加强非物质文化遗产保护、振兴传统工艺；振兴和发展民族民间文化，重点加强规划引导、完善项目扶持、创新载体形式、发挥人才作用。通过构建传承体系，使中华优秀传统文化与当代文化相适应、与现代社会相协调，实现传统文化创造性转化和创新性发展，推动中华文化繁荣兴盛、走向现代化。

三、独特的发展道路铸就独特的文化范式

众所周知，中国今天所走的发展道路，是中国特色社会主义道路。人们一直探讨这个"中国特色"是些什么特色。其实，不仅是今天，古代中国所走的发展道路，也具有其独特性。其中，一个最大的独特性，就是始终靠着自己的努力，坚守在本土，走自力更生的道路。考察西方近代的一些大国崛起，或者追溯更远的时候，我们会发现，很少有国家不是靠着战争吞并和掠夺他国而富强起来的。唯独中国例外。即使再强大，也不会主动把战火燃到他国领土。很多时候，都是采取"和亲"、优惠贸易来绥靖关系。

1. 文化范式，独具一格

1962 年，美国科学哲学家托马斯·库恩（Thomas Kuhn）在《科学革命的结构》一书中提出"范式"（paradigm）的概念，它本意指一个共同体成员所共享的信仰、价值、技术等等的集合。在托马斯·库恩看来，所谓的科学革命，其实就是范式的转换，就是用一种理论替代另一种理论，用一种解释替代另一种解释。所谓范式就是一段时间内，人们思考问题、认识世界的方式。

后来"范式"概念从科学哲学领域引申到每一种社会规范化的描述中去，形成了管理范式、经济范式、思想范式、文化范式等等一系列不同领域、不同学科的集合方式。而以这个概念解读文化范式，即为文化在一个阶段、一个时期内的基本逻辑、基本方式、基本特征和基本内容。

中国的文化范式，是具有民族特色的文化范式。它是具有时代精

神和民族基因的中国文化情怀与中国审美方略。它既是一种中国式的传播途径与表达方式，更是一种具有深厚中医根脉和强烈中国愿景的精神诉求与价值取向。它对于文化创造与文艺创作显得尤为直接而重要。不同历史时期，文化的传播途径与表达方式不同，其文化范式也不同。例如汉赋、唐诗、宋词、元曲、明清小说等，就是中国人在不同历史时期表达文化情怀与审美价值的最为合理的途径与最佳选择。

2. 文化范式，远近有异

审视中国文化的历史脉络，我们可以清晰地看到，每个时期又有着自己代表性的文化范式。

首先便是绵延几千年的古代社会，其中的文化范式便是以儒家文化为代表的传统文化范式。这种文化范式作用于中国传统社会，形成了"超稳定"的社会结构。中国"天下国家"的政治模式有着惊人的长度，以至于统一与文化的一致性变成了常态和常理，一旦出现了分裂与异质文化的进入，系统强大的修复功能便开始起作用。这种"天下国家"模式其实是由皇帝制度和文官组织共同编织的，中央权力与地方权力形成了有效而又微妙的关系，既兼顾到了中央的合法统治，又涉及了广阔中国不同地域的特殊性。这种统治具有很深的儒家特征，尤其是在汉代之后，就像许倬云先生所言，帝国的政治其实是外儒内法，希望用法家的制度达到儒家的理想。虽然制度的建立必须仰仗法家的策略，但社会的内在评价标准还是儒家，将儒家文化作为文官拔擢的标准，大多数的统治阶级也都是儒生的精英集团。宋代以后，儒学日渐僵化，陷入到冗长的解经过程，又建立了一整套后世影响甚大的伦理道德体系。而宋明之后，统治阶级放弃了儒学的人文关怀，整个社会的文化范式和价值体系陷入到徒有其表的八股文章中。

但不管是初始勃兴，还是最终衰微，儒学与儒家掌握整个古代社会中的文化范式这点是显而易见的，即使外来的佛教和本土的道家，或多或少都被儒家同化和合流了。

中国第二个文化范式出现在近代，尤其是鸦片战争前后，敞开国门进入的不止是西方的坚船利炮，更有大规模异质的文化。社会达尔文主义作用下国人对进步有了重新的认知，"天朝上国"一朝梦碎，中国人明白了现代化才是中国复兴之路，引进西学成为了当务之急，从技术、政治、经济到文化，东风转向西风。虽然文化惯性与文化自觉使得不少中国人还在纠结于"夷夏之辨"，纠结于"中体西用""中道西器"，纠结于怎样"师夷长技以制夷"与"师夷长技以自强"，但已经有了相当一部分国人主张彻底抛弃传统，拥抱西方的价值观，尤其是在国家日益陷入半殖民地半封建深渊的时候，与旧传统进行完全地切割被认为是必要的和紧迫的，"新文化"成为了社会的主流认识。但所展现的大旗并非统一，立宪派、维新派、改良派、革命派、洋务派、国粹派主张各异，虽然民主与科学，"德先生"与"赛先生"基本已成社会共识，但文化变革总是附着在政治浪潮中，不同政治派别其心各异，自然其文化的主张也千差万别。或趋于保守，认为西风强劲的同时，国学不可妄弃，中华文化之根本必须坚守，虽然这种坚守并没有一个科学的衡量，往往泥沙俱下鱼龙混杂，一并包含了各种陈腐糟粕。或过于激进，主张全盘西化，弃传统如敝屣，像美国威斯康星大学历史系林毓生教授在《中国意识的危机》一书中就认为，当时"这种反传统主义是非常激烈的，所以我们完全有理由把它说成是全盘的反传统主义。就我们所了解的社会和文化变迁而言，这种反崇拜偶像要求彻底摧毁过去一切的思想，在很多方面都是一种空前的历史现象。"总之，那个时候伴随着"城头变幻大王旗"，文化与意识形态一样呈现出混杂的局面。各派各执一词，互不相让，各种文化碰撞交锋，将时局变成了一个巨大的试验场与熔炉。由此，近代的文化范式就成了一种二元形态，要么中学压倒西学、要么西学压倒中学，这种零和游戏，使得问题的思考与解决总是在一个二元的框架之中，这也形成了当时人们的世界观、价值观和行为方式。

3. 现代中国，范式创新

近代所谓的文化范式其实并没有统一的标准，至多只是在中西二元对立的框架下进行取舍，它实质上并没有形成一个作用于全体国民的文化体系。这种情况一直到中国共产党成立之后，才得以根本解决。随着一个统一的强大的新中国的成立，新的文化范式也最终确立，或者说在近代混乱的文化系统中脱颖而出。在马克思主义唯物辩证法和唯物史观的影响下，伴随着马克思主义的中国化，形成了以毛泽东思想、邓小平理论等一整套新理论，这些理论作用于文化领域，最终形成了当代中国的文化范式。

当代中国的文化范式以马克思主义经典理论为指导，从中国发展的现状和历史阶段出发，以社会革命推动文化变革，并最终建立了中华民族文化复兴的基础。它超越了以往二元的文化观，从文化路线斗争和文化选择的困境中彻底解脱出来，实现了科学的和彻底的文化范式的转移。

新的文化范式的确立不是一蹴而就的过程，它经历了新民主主义革命、社会主义革命和中国特色社会主义建设，最终形成的是一个极具中国特色和马克思主义普遍真理的科学文化范式。它既不同于中国古代的文化范式，又区别于西方的文化范式，它是符合中国国情和全球化现代化要求的文化合理表述。这种文化观念既然经历了近代的洗礼，必然也涉及中西文化的碰撞与博弈，但它却是一种全新的思路与途径，就像瞿秋白所说的："新文化的基础，本当联合历史上相对待的而现今时代之初又相补助的两种文化：东方与西方。"也就是说，中国特色社会主义的文化范式，要求审慎地对待中西文化的区别与对立，两者并不是一个非此即彼的状态，而是中国文化要具有世界的眼光与世界的角色，纳入到世界文明进程中又必须具有中国的态度与中国的品格。

这种新的文化范式既没有自由主义对民族文化的虚无态度，也克服了民族主义的盲目保守，它真正建立起来一种新文化，将中国与世界很好地融合在一起，将传统与现代很好地融合在一起，将继承与创新很好地融合在一起。

第五章
中华优秀传统文化的价值理念

　　几千年以来，伟大的中华民族创造了光辉灿烂的中华传统文化。从春秋战国时期的九流十家、百家争鸣，到两汉经学、魏晋玄学、隋唐佛学、宋明理学，以及近现代史上的西学东渐和当代社会的文化转型，中华传统文化可谓源远流长、博大精深．特别是其"先天下之忧而忧，后天下之乐而乐"的政治抱负，"位卑未敢忘忧国""苟利国家生死以，岂因祸福避趋之"的报国情怀，"富贵不能淫，贫贱不能移，威武不能屈"的浩然正气，"人生自古谁无死，留取丹心照汗青""鞠躬尽瘁，死而后已"的献身精神以及勤勉精进的修身之道，更是影响、滋养了一代又一代的中国人，直到今天，仍具有重大的存在价值与指导意义。

一、中华优秀传统文化昭示的政治抱负

　　政治抱负也叫政治理想，指个人在国家治理和自身仕途方面所追

求的目标。儒家思想作为中国传统社会的主流思想，在重视个体生命提升的同时，始终强调个体对宗族、社会等的价值与意义，甚至在"学而优则仕""仕而优则学"的进退往复中，更是体现出传统士人对政治、社会的强烈期待与干预。需要指出的是，由儒家思想培育起来的这种潜伏深厚的忧世、干世精神，即便在推崇"出世""逍遥"的佛老思想影响下，也始终未曾消减泯灭，而是以顽强的姿态根植在传统文化的长河中，成为推动历史前进的不朽动力。

1. 克己复礼，恢宏王道

礼乐崩坏的春秋时代，社会秩序动荡，一生周游列国的孔子致力于匡救人欲横流、乱臣横行的乱世，希望能够以恢复周礼的方式来整顿社会秩序。为此，孔子主张"为政以德"，提出"礼治""德政"的主张。延至战国，面对更加纷乱无序的社会现实，孟子提出"仁政"主张，荀子则强调隆礼尊贤、重法爱民。总的来说，儒家提出的"德政"或"仁政"，都主张天下统一，政治清明，强调上下有分，等级有序，推崇尊贤礼士，君仁臣义以及轻敛薄赋、社会康乐。这既是儒家憧憬、瞻望的理想社会的格局，也是他们终身倡导，甚至"知其不可而为之"的现实政见和主张。

约晚于孔子两百年后的屈原，生逢诸侯兼并、战乱频仍、生灵涂炭的战国末期，为了振兴楚国、拯救天下苍生，屈原在"纷吾既有此内美兮，又重之以修能"——在不断加强自我修炼的同时，积极推进政治革新，强调"举贤而授能兮，循绳墨而不颇"，即希望通过对内举贤能、修明法度，对外联齐抗秦来振兴楚国，从而实现天下一统的政治抱负与理想。面对"众女嫉余之娥眉兮，谣诼谓余以善淫"的群小党人的攻讦，面对楚怀王狐疑多变，屈原先后遭受两次流放，尽管内心承受痛苦的煎熬，但他始终不迟疑、不退却、不放弃，最后在秦将白起攻破郢都、楚国覆亡之际，毅然负石投江、自沉汨罗，用生命捍卫了自己独立的人格与"美政"理想。司马迁在《史记·屈原贾生列传》中赞其为："推此志也，虽与日月争光可也。"

2. 兼济天下，独善其身

在传统文化里，几乎所有的有才能者，都会有一种扶国匡民的政治抱负。特别是那些贤明的君臣，几乎都把强国富民作为其终生奋斗的目标。而为了达到这个目标，就必须有一个清明的政治局面。因此，很多时候，中国独有的士大夫阶层担当起这样的使命。

中国古代的士大夫阶层，既是文化知识的创造者，又是政治生活的参与者，更是中国传统政治文化的主要遵循者、发展者、传播者和实践者。在中国古代文化中，政治文化尤为发达；而政治文化中，士大夫阶层政治文化的地位最为重要。

中国古代绝大部分士大夫都有宏伟的政治抱负。在野时常"高吟俟时，情见乎言，志气所存，既定于其始矣"；未受重用时，常自负"苟有用我者，期月而已可也，三年有成"。他们以治平天下，流芳千古为人生目标，视"没世而名不称焉"为奇耻大辱。而一时发达，则尽展胸中抱负，努力廓清皇路，为国家为百姓而鞠躬尽瘁，死而后已。与此同时，士大夫往往又宣称"穷则独善其身"，他们"不臣天子，不友诸侯"，"无求于人""以诗书自娱"，过着"采菊东篱下，悠然见南山"的隐居生活。

士大夫既抱着"学成文武艺，贷于帝王家"的功业思想，又常常隐居不仕。两种截然不同的态度不仅同时出现在同一个阶层身上，甚至会同时出现在同一个人物身上。东汉末年，诸葛亮"躬耕于南阳，苟全性命于乱世，不求闻达于诸侯"；同时却又胸怀大志，"每自比于管仲、乐毅"。这是隐居待时的典型。而入世之后，则为"攘除奸凶，兴复汉室"而鞠躬尽瘁。唐朝的李泌素有大志，"以王佐自负"，受到唐玄宗的赏识，但因遭到权臣杨国忠的嫉恨，"乃潜遁名山，以习隐自适"。在安史之乱时，他又挺身而出，同时"称山人，固辞官秩"，声明"俟平京师，则去还山"。平定安史之乱后，因受到李辅国的嫉忌，于是"畏祸，愿隐衡山。有诏给三品禄，赐隐士服，为治室庐。"这是隐居避祸的典型。

随着科举制度在清末的没落，伴随着士的阶级也就走到了尽头。但是，士大夫精神仍然存在，"位卑未敢忘忧国"，"知识报国"的思想仍然存留在今天的广大的知识分子心里。

3. 天下为公，求索大同

先秦儒家从仁学的基点出发构建美好社会的图景，到了秦汉时期发展成"大同"理想。《礼运·大同》："大道之行也，天下为公。选贤与能，讲信修睦。故人不独亲其亲，不独子其子。使老有所终，壮有所用，幼有所长。矜寡孤独废疾者，皆有所养。男有分，女有归。货恶其弃于地也，不必藏于己。力恶其不出于身也，不必为己。是故谋闭而不兴，盗窃乱贼而不作。故外户而不闭。是谓大同。"可以说，这是一个带有高峰性、终极性的政治理想，也是千百年来，中华民族矢志不渝、孜孜以求的政治理想。也正是在这一终极政治理想的感召下，一代又一代的中华儿女，怀揣对社会、民族的责任，前赴后继、奔走呼号，在实现自身价值提升的同时，也推动着社会的前进与发展。

从孔孟的周游列国、遍干诸侯，到屈原的上下求索、矢志不渝，

到汉末党锢之士的慷慨赴难、死而后已，再到戊戌变法六君子的从容

延伸阅读

党锢之士

东汉末年是中国有史以来政治最黑暗的时期之一，其时皇权凌弱，外戚专权与宦官专政交相碾压。但就是在这个风雨如晦、血雨腥风的白色恐怖时代，饱受儒学哺育成长起来的士大夫们，却是迎难而上，以非凡的勇气与视死如归的献身精神，与外戚集团特别是宦官集团进行了殊死的斗争，自觉践行忠孝节义。桓帝延熹九年（166年）、灵帝建宁三年（170年）发生两次党锢之祸，事件因宦官以"党人"罪禁锢士人终身而得名。虽然党锢之祸本质上是统治集团内部权力斗争激化的一种形式，但党锢之士以其独立不移的风范与视死如归的精神赢得了世人的尊重，李膺、陈蕃、范滂便是其中的佼佼者。三人作为士林楷模，以社稷苍生为重，置一己安危于不顾，不避强权、犯颜直谏，忠君报国，辅社稷之危而不避生死，世人誉之为"天下楷模李元礼（李膺），不畏强御陈仲举（陈蕃），天下俊秀王叔茂（畅）"。东汉末年几十载倾而未颠、决而不溃，很大程度上正是有赖于这种培育深厚的忠君报国观念以及士大夫阶层对这一观念的自我修持与坚守。

赴死，不难看出，中国传统士人尽管由于历史局限，不免存在一些狭隘的忠君、忠孝观念，但谁也不能否认，这种以苍生为系、以家国为重的政治抱负与政治理想，影响与激励了一代又一代中华儿女，为建设更加富强、民主、文明的国家前赴后继。从封建时代，再到民主革命时期，直到今天，仍然具有无比激动人心的力量。

二、中华优秀传统文化昭示的报国情怀

中国古代社会一个重要特点是宗法血缘关系残留严重，即便是进入文明社会后，也没有彻底打破这种现状。家族（氏族）组织成为建构国家的主要组织形式，且在其后历史发展过程中，从奴隶社会到封建社会，都未发生根本的动摇，由此形成极具中国特色的"家国同构"宗法社会。《孟子·离娄上》曰："人有恒言，皆曰'天下国家'。天下之本在国，国之本在家，家之本在身。"指出了身、家、国三位一体的关系。所谓家国同构，其本质就是家、家族、国家在结构上的同一性，家是国的缩小，国是家的放大，意味着个人、家庭与国家在权利与义务上的紧密联系。黑格尔认为：中国纯粹建立在这一种道德的结合上，国家的特性便是客观的"家庭孝敬"。中国人把自己看作是属于他们家庭的，而同时又是国家的儿女。不可否认，传统中国这种家国同构政治结构模式，使得政治权利制约和血缘关系的道德制约实现双向互动，在很大程度上，有利于加强国家的向心力和凝聚力，有利于社会的长治久安。

1. 苟利国家，不求富贵

中华传统文化中，对家庭的执着与眷恋，是任何一个国家、民族都无法比拟的。由家至国，家国一体，成为中国人最真挚的情感寄托，而治国平天下也成为中国人崇高的理想追求。"苟利国家生死以，岂因祸福避趋之。"身居高位，必须为国担当。而平民布衣，面对家国危难之时，耳边会响起"天下兴亡，匹夫有责"的声音，亦挺身而出、慷慨赴难。纵观几千年中国历史，可以说，每一次国家民族生死存亡之际、每一次抗击外来侵略，都有着无数中华儿女的浴血奋战和无名烈士的牺牲奉献。

春秋战国时期，楚国的令尹子元（楚文王之弟）率军攻打郑国，撤军回来后就住在王宫里，想霸占已故的楚文王的妻子。楚国的大臣用计把他除掉，并让斗谷於菟担任令尹。斗谷於菟看到国家贫弱，就把自己的家产全部捐献出来救助国家缓解危难。这就是"毁家纾难"典故的由来（《左传·庄公三十年》）。

西晋永嘉五年（311年），长达数年的"八王之乱"终于将王朝元气耗尽，洛阳被乱兵攻陷，西晋灭亡，中国近400年南北对峙的历史帷幕拉开。在国家和民族生死存亡的历史关头，一大批士人开始警醒奋起，走上了报国保家、匡扶苍生的人生道路。著名的北伐将领祖逖就是其中的代表。祖逖出身名门望族，他年少时就生性豁荡、轻财重义，常周济贫困，在出任司州主簿时，就与好友刘琨"闻鸡起舞"，立志报国。洛阳陷落后，祖逖被迫率宗族数百家南迁到京口（今江苏镇江），向镇东大将军司马睿（后来的晋元帝）建议带兵北伐、收复中原。司马睿仅拨他千人粮饷和3000匹帛，让他自行募兵，自制兵器。祖逖在极端困难的条件下，开始了北伐战争，历经八年苦战，在黄河以南建立了广大的根据地。正当他准备乘胜北渡黄河、完成统一大业之时，东晋政权内部发生了争权夺利的斗争，北伐受到牵制。祖逖忧愤而死，北伐事业功败垂成。但他坚强不屈、舍生忘死、慷慨报国的大义与胸怀，一直被后人歌颂和爱戴。唐代名臣房玄龄赋诗称赞："祖生烈烈，夙怀奇节。扣楫中流，誓清凶孽。邻丑景附，遗萌载悦。天妖是征，国耻奚雪！"

2. 精忠报国，何惜百死

"腰间羽箭久凋零，太息燕然未勒铭。老子犹堪绝大漠，诸君何至泣新亭？一身报国有万死，双鬓向人无再青。记取江湖泊船处，卧闻新燕落寒汀。"这是南宋著名爱国诗人陆游的《夜泊水村》，诗歌从羽箭凋零、武备废弛领起，表达出北伐未成、人生老去的悲愤情怀，而"一身报国有万死"，更是饱含着陆游矢志不渝的爱国之情与报国之志。在陆游的一生中，他时时刻刻都盼望着有杀敌报国、北伐中原、收复失地的机会，即使生命接近终结，仍然矢志不渝，在《示儿》中，84 岁高龄的诗人谆谆嘱咐他的儿孙："死去原知万事空，但悲不见九州同。王师北定中原日，家祭无忘告乃翁。"这不仅是诗人的绝笔，也是他最大的遗憾与最后的期待，更是他一生忧国忧民、慷慨报国思想的总结与结晶。直到今天，当我们重新温习这些诗篇时，仍然能够感触到这烈焰般的爱国赤诚与汹涌澎湃的报国情怀！

1127 年，靖康之难，北宋覆亡，中国历史又一次进入南北对峙、民族纷争的时代。在这个风起云涌而又多灾多难的时代，一大批爱国志士与英雄人物应运而生，用自己的热血与忠诚，共同谱写出慷慨悲壮的时代最强音。而这其中，南宋抗金名将岳飞堪称"精忠报国"的典型。在国破家亡氛围里成长起来的岳飞，自小寡言淳厚，勇猛刚直，胸怀报国壮志。据说岳飞投军之际，深明大义的母亲在他背上刺下"精忠报国"四个大字，而这四个大字，便成为岳飞一生的理想与追求。史载岳飞为将，身先士卒，与兵同甘共苦，从不居功自傲，且治军严明，民众传为"冻死不拆屋，饿死不掳掠"。岳飞带领的岳家军，骁勇善战、屡挫敌军，金兵闻之丧胆，长叹"撼山易，撼岳家军难"，岳家军成为一支所向披靡、报国爱民的先锋部队。

稍晚于岳飞、陆游的辛弃疾，既是蜚声文坛的诗词大家，更是力主抗金、收复失地的爱国志士与战斗英雄。辛弃疾堪为豪放大家，其词慷慨悲壮，充斥着强烈的爱国主义与战斗精神，"抗金复国"是其主旋律，也是时代的最强音。他在自己的文学创作中，表达出了时代的期望与失望，民族的热情与悲愤，报国的赤诚与悲凉，千百年来，成为激励后人、催人奋进的铿锵战歌，具有不朽的生命力。

可以说，正是因为有了一代又一代仁人志士保家卫国、大公无私的爱国精神与报国情怀，使得中华民族虽然屡遭侵略与重创，甚至多次面临亡国灭种的威胁，但是在历史紧要关头，总有大批中华儿女呐喊奋起、浴血奋战，为了国家的存亡与民族的生死，"我以我血荐轩辕"（鲁迅《自题小像》）、"拼将十万头颅血，须把乾坤力挽回"（秋瑾《黄海舟中日人索句并见日俄战争地图》），在血雨腥风、枪林弹雨中纵横驰骋、视死如归，为国家、为民族、为人民奉献出自己宝贵的青春与生命，使得我们这个伟大的民族始终屹立在世界东方，至今焕发着永久的生命力。这是一个民族的力量，也是一种文化的力量！

3. 先忧后乐，心系天下

心系天下，是中国优秀文化传统。中国历代的文化名人，都有着一种悲天悯人的情怀。

楚辞文化的开创者屈原，写下千古流传的《离骚》，表达了其身处困境仍心系天下的情怀。其中"长太息以掩涕兮，哀民生之多艰"，更透露出他对处于战乱中百姓的关切。唐代诗人杜甫，一生潦倒，但始终不忘忧国忧民。他的诗歌多是反映民生疾苦的内容，被后世称为"世上疮痍，诗中圣哲；民间疾苦，笔底波澜"。即使在最为窘迫的时候——赖以栖身的茅屋为秋风所破时，依然希望"安得广厦千万间，大庇天下寒士俱欢颜，吾庐独破受冻死亦足"。

北宋著名的政治家、军事家、文学家范仲淹不仅文武兼备、政绩卓著，而且心忧苍生、秉公直言，无论在朝为官，还是被贬戍边，都始终牵挂着国家安危、百姓疾苦。他在《岳阳楼记》中倡言，"居庙堂之高则忧其民，处江湖之远则忧其君"，"先天下之忧而忧，后天下之乐而乐"，这也是他的一生坐标。他身体力行，执教兴学、筑堤治堰、谏争革新、轻徭薄赋、镇边安民，始终清廉俭朴，乐善好施，虽然没有给子孙留下物质财富，却留下好的家风和品质。他的四个儿子都德才兼备，成为朝廷重臣，口碑极好。他的"先忧后乐"思想和情怀，更成为千古名言，为后世景仰。

三、中华优秀传统文化昭示的浩然正气

一个人需要高尚的气节，一个国家、一个民族更是如此。传统儒家文化，讲究至正至大、弘毅刚正，而作为其主体精神的"士精神"或"士大夫精神"即是指那种秉持一身正气、担负天下的精神。孔子曾说"刚毅木讷近仁"（《论语·子路》），及至孟子，更是对这种刚直不阿的"浩然之气"进行了充分的强调与哲学发挥，认为"其为气也，

至大至刚，以直养而无害，则塞于天地之间。其为气也，配义与道；无是，馁也。"（《孟子·公孙丑上》）并认为士君子"居天下之广居，立天下之正位，行天下之大道。得志，与民由之；不得志，独行其道。"

1. 持节不屈，坚守使命

持节就是保持气节。气节是指志气和节操，是一种高尚的人格品质，表现为坚持正义，在强大的压力面前也不屈服的顽强精神。孔子所谓"岁寒，然后知松柏之后凋也"，就是借赞美松柏凌霜而傲然独立的资质，来歌颂坚贞不屈的人格。《吕氏春秋》中记载："石可破也，而不可夺坚；丹可磨也，而不可夺赤"，此句以石坚丹赤为喻，说明具有高洁品质的人不会因外界的压力而改变操守，即使粉身碎骨，精神也是永存的。历史上伯夷和叔齐认为自己是殷商臣民，坚持不食周粟，去首阳山隐居，最终饿死在那里。他们的故事被古人当作坚守节操的范例来称颂。司马迁将《伯夷列传》列为《史记》七十列传的首篇，表现出对气节的推崇和赞美。

著名的历史人物苏武，一生坦荡磊落、正气凛然。汉武帝天汉元年（前 100 年），苏武奉命出使匈奴，因下属参与叛乱受到牵连，被匈奴扣留。面对匈奴的多次威胁利诱，苏武大义凛然、宁死不降；后匈奴无奈，将他迁到北海（今贝加尔湖）边牧羊，扬言等公羊生乳方可释放他回国。苏武在北海荒漠饥寒交迫，历尽艰辛，"廪食不至，掘野鼠去中实而食之"，闻听汉武帝驾崩，面向南方大哭吐血，每天早晚哭吊，达数月之久。手持象征国家的竹制汉节牧羊，卧起操持，节旄尽落，历尽艰辛 19 年，经汉使和部属营救归汉。始以强壮出使，归时须发尽白。苏武长期羁留匈奴，归汉无望，饱受煎熬，犹能始终不渝，坚贞不屈，忠于祖国，忠于民族，实为古今中外所罕见。

2. 刚正不阿，临难不避

说到"刚正不阿"，人们自然而然会想到以断狱英明刚直而著称于世的"包青天"，执法不避亲党。在开封当知府时，按旧规矩，凡是诉讼都不能直接到官署递交状子。包拯打开官署正门，使告状的人能够到跟前陈述是非，办事小吏因此不敢欺瞒。因为他为官刚毅，贵戚、宦官为之敛手，京师有"关节不到，有阎罗包老"之语，意思说，世间打不通关节的地方，就只有两个地方，一个是阎王爷那里，一个是包拯那里。因之，后世都把他当作清官的化身——包青天。在民间信仰中，包公更是成为阴间的审判官之一。

在明代，亦有一个与"包青天"相提并论的名臣海瑞。他一生历正德、嘉靖、隆庆、万历四朝，"以刚为主，因自号刚峰，天下称刚峰先生"（《明史·海瑞传》），为人一身正气、两袖清风，刚直不阿、嫉恶如仇。所到之处，豪强奸宄皆为之屏气敛迹，不敢胡作非为，甚至不少豪富巨室之家为藏富隐迹，纷纷将朱漆大门涂成黑色，以避其锋芒。嘉靖四十五年（1566 年）农历二月，海瑞准备好棺材，冒死向明世宗嘉靖皇帝上《治安疏》，批评其迷信巫术、生活奢靡以及不理朝政等弊端，以浩然之正气与无畏之勇气发当朝之所未发、陈百僚之所未敢言，声震朝野、万民传诵。《明史》赞曰："海瑞秉刚劲之性，戆直自遂，盖可希风汉汲黯、宋包拯。苦节自厉，诚为人所难能。"正是因为海瑞有着一身浩然正气，故能临强不畏、临难不屈，以宏伟刚健的人格力量感染当世、激励后世，受到千秋万代敬仰。

3. 贫贱不移，富贵不淫

在孟子看来，一个人若有了浩然正气，面对外界的一切诱惑、威胁，都能处变不惊、镇定自若，成为"富贵不能淫，贫贱不能移，威武不能屈"的"大丈夫"。（《孟子·滕文公下》）这浩然之气，就是人间正气。孟子这一富有创新思维的哲学概念，对两千多年来的中华民族思想传统产生了深远的影响。自此，一身正气、两袖清风，便成为传统士君子的典型形象与理想人格追求。

宋末政治家、文学家文天祥，也以一身浩然正气留名青史。在南宋末年国运衰微、风雨飘摇之际，文天祥多方筹措，靖难救国，殚精竭虑，最终兵败被俘。文天祥被拘囚在北京一个阴湿的地牢里，受尽了折磨，元朝多次派人劝他，只要投降，便可以做大官，但他坚决拒

"两袖清风"的来历

历史上的那些清官廉吏，在位时两袖清风，死后身无长物。明代正统年间，宦官王振专权，作威作福，肆无忌惮地招权纳贿。百官大臣争相献金求媚。每逢朝会期间，进见王振者，必须献纳白银百两。而于谦每次进京奏事，从不带任何礼品。有人劝他说："您不肯送金银财宝，难道不能带点土产去？"于谦潇洒一笑，甩了甩他的两只袖子，说："只有清风。"为此，还特意写诗《入京》以明志：手帕蘑菇与线香，本资民用反为殃。清风两袖朝天去，免得闾阎话短长！"两袖清风"的成语就是由此而来。

绝，写下"人生自古谁无死，留取丹心照汗青"的壮烈诗句。至元十九年（1282 年）冬，面南而拜，从容就义。

现代著名历史学家吴晗曾写过一篇《谈骨气》的文章，认为"富贵不能淫，贫贱不能移，威武不能屈"就是中国人的骨气。这骨气也就成了中国人傲然立世的资本。正如一篇博文所点赞的：贫贱不移，才能坚守信仰，是为道心虔诚，坚不可摧；富贵不淫，方能洁身自爱，是为心存净土，俗尘不染；威武不屈，方能肩担道义，是为大仁大爱，大善大忍。

四、中华优秀传统文化昭示的献身精神

一般而言，社会的发展，文明的进步，往往需要人们付出巨大的代价，甚至需要一部分人牺牲个人幸福、献出宝贵生命。自古至今，无论东西，皆是如此。

1. 舍身忘家，大公无私

在我国源远流长、浩瀚丰富的神话故事中，为追求真理、求民福祉的献身精神就已经初现端倪。不论是创世神话、始祖神话、洪水神话还是英雄神话等，无一例外，都充盈着热烈昂扬的伟大献身精神。盘古开天，死后化作日月山川，生养万物；夸父逐日，死后其杖化作邓林；羿射九日，救黎民于水火；神农尝百草，造福子孙万代。而大禹治水，更是中华民族历久弥新的救世传说。大禹在鲧治理黄河水患失败之后，凿龙门、疏河道，经十年努力，终于以疏导之法成功地把泛滥的黄河之水导入大海，开辟了良田千郡、沃野万里的上古盛世。

据传大禹在治水期间，与百姓民众一起劳动、一样吃住，忘身舍家，"三过家门而不入"，《吴越春秋》言其"闻乐不听，过门不入，挂冠不顾，屡遗不蹑"，表现出一种大公无私的献身精神，成为后世楷模。神话代表着先民们崇拜自然、征服自然、改造自然的朴素愿望与意志。在神话故事中，人们通过对伟大祖先与英雄人物献身精神的艺术发挥与膜拜崇仰，表达了一个民族在文化刨建之初对这种文化基因的期许与坚守；而这种轻生死、重天下、求真理的献身精神，自此便成为中华民族的文化自觉与永恒追求。

在现实中，有一个受到孔子称道的大公无私的典型，是春秋时期晋国大夫祁黄羊。《吕氏春秋·去私》记载了祁黄羊的两个故事。一次，晋平公要祁黄羊推荐一个地方官员，祁黄羊推荐了自己的仇人解狐。晋平公很吃惊，问祁黄羊："解狐不是你的仇人吗？"祁黄羊笑答道："您问的是谁能当县官，不是问谁是我的仇人呀。"还有一次，晋平公要祁黄羊为朝廷推荐一个法官，祁黄羊则推荐了自己的儿子，晋平公又觉得奇怪，"祁午不是你的儿子吗？"祁黄羊说："您问的是谁能去当法官，而不是问祁午是不是我的儿子。"后来，祁黄羊推荐的两个人在任上果然都干得很好。而祁黄羊"外举不避仇，内举不避亲"的大公无私品德，也广为传颂。

2. 摩顶放踵，利天下而为

活跃于春秋战国之交的墨子以及由其开创的墨家学派，堪称是上古神话献身英雄的现实演绎。墨子学说，以兼爱为其思想核心。"兼"字在《墨子》中多次出现，"兼"有"广""全"之义，兼爱就是一方对另一方的无偿付出，大公无私、不计回报。墨家学派作为一个有着严格组织纪律的团体，穿短衣草鞋，共同劳动，以吃苦为荣，以助人为乐。据载，墨子平生足迹所及，曾北至于齐，西到卫，又屡游楚，正是在四方游历之中，墨家扶危济困、无私奉献，赢得世人特别是下层人民的拥护与爱戴，成为世之"显学"。据传，面对公输般制造奇巧兵器帮助楚国侵略宋国，墨子挺身而出，与公输般针锋相对，并带领徒属众人，助宋抗楚，最终使得楚国放弃攻宋。对于墨家的这种无私奉献的"义举"，连因学派争鸣而对墨家多有攻讦的孟子，也不得不承认："墨子兼爱，摩顶放踵，利天下为之。"（《孟子·尽心上》）尽管秦汉之后，墨家学派走向衰微甚至消亡，但其所倡导的这种摩顶放踵以利天下的无私奉献精神，最终与后来士大夫忧世、救世精神相融合，成为我们这个民族最可宝贵的精神财富。

清末有一个行乞办学的典型。其人姓武，无名，因排行第七，而被称武七，亦称武豆沫。清廷为嘉奖其兴办封建教育之功，取"垂训于世"之意，替他改名武训。武训 7 岁丧父，乞讨为生，求学不得。14 岁后，多次离家当佣工，屡屡受欺侮，甚至雇主因其文盲以假账相欺，谎说 3 年工钱已支完。武训争辩，反被诬为"讹赖"，遭到毒打，气得口吐白沫，不食不语，病倒 3 日。吃尽文盲苦头，决心行乞兴学，20 岁时当了乞丐。行乞 38 年，通过乞讨，建起三处义学，教育了无数穷家子弟，山东清廷封其为"义学正"，赐给黄马褂和"乐善好施"匾额，准予建立牌坊。武训的精神广为后人敬仰效仿，死后山东巡抚袁树勋奏准"宣付国史馆立传"，建忠义专祠。成为中国历史上以乞丐身份被载入正史的唯一一人，被誉为"千古奇丐"。

3. 忠于信仰，慷慨赴难

19 世纪末发生在中国的"戊戌变法"，又称"百日维新"，是一场政治改良运动，也是以康有为、梁启超、谭嗣同等为代表的有识之士为改变内忧外患的中国现状而做出的政治改革尝试。变法自1898年6月始，但到9月21日，以慈禧太后为首的守旧派发动政变，囚禁光绪帝，捕杀维新人物；康有为、梁启超流亡法国、日本，谭嗣同、康广仁、林旭、杨深秀、杨锐、刘光第六人同日被杀，历时103天的变法归于失败。"剑胆琴心"的谭嗣同在政变发生之际，本有机会安然出逃，但他置一己安危于不顾，多方活动，积极筹谋营救光绪皇帝，在事情无可挽回之际，他断然拒绝日本公使协助其出逃的建议，决心以死来殉自己的变法事业，用鲜血来表明自己无畏的战斗精神。在辞别梁启超时，他慷慨陈言："不有行者，无以图将来；不有死者，无以召后起"，并说，"各国变法无不从流血而成，今日中国未闻有因变法而流血者，此国之所以不昌也。有之，请自嗣同始"。他意态从容、镇定自若，义无反顾静候有司收捕，且在狱中墙壁上慷慨题词："望门投止思张俭，忍死须臾待杜根。我自横刀向天笑，去留肝胆两昆仑。"临刑前，面对围观的民众百姓，谭嗣同大声疾呼："有心杀贼，无力回天，死得其所，快哉快哉！"引颈就戮，毫无惧色，充分表现了一位爱国志士忠于信仰、勇于担当、视死如归的英雄气概与献身精神，真可谓惊天地泣鬼神。

为推翻满清专制帝制、创立民国而英勇献身的女中豪杰秋瑾，自称"鉴湖女侠"，蔑视封建礼法，提倡男女平等，常以花木兰、秦良玉自喻，性豪侠，习文练武，曾自费东渡日本留学。积极投身革命，先后参加过三合会、光复会、同盟会等革命组织，联络会党计划响应萍浏醴起义未果。1907年，她与徐锡麟等组织光复军，拟于7月6日在浙江、安徽同时起义。事泄，谢绝王金发等人要其暂时离开绍兴的劝告，不幸在绍兴大通学堂被捕。面对敌人的威逼利诱和严刑拷打，写下了"秋风秋雨愁煞人"7个大字，后从容就义于绍兴轩亭口。

对于秋瑾的英雄气概，孙中山曾给予很高的评价。1912年12月9日，孙中山致祭秋瑾墓，撰挽联："江户矢丹忱，感君首赞同盟会；轩亭洒碧血，愧我今招侠女魂。"1916年8月16日至20日，孙中山、宋庆龄游杭州，赴秋瑾墓凭吊，孙中山称："光复以前，浙人之首先入同盟会者秋女士也。今秋女士不再生，而'秋风秋雨愁煞人'之句，则传诵不忘。"

五、中华优秀传统文化昭示的修身之道

有学者指出，中华传统文化属于德性文化。以土地为主要生产资料的农耕生产方式，直接催生了宗法血缘关系为基础、家国同构的封建宗法政治制度。而这一政治体制与封建宗法观念的长期存在，使得中国长期以来轻视法制建设而重视伦理道德规范。

1. 天命靡常，唯德是辅

殷商时期，人们虔信鬼神，祭祀频繁隆重，重鬼神而轻人治。《礼记·表记》载："殷人尊神，率民以事神，先鬼而后礼，先罚而后赏，尊而不亲，其民之敝，荡而不静，胜而无耻。"以周公为代表的杰出政治家从殷商王朝覆灭的教训中，得出了"天命靡常"（《诗经·文王》）的结论，同时也开始意识到"皇天无亲，唯德是辅"（《尚书·周书·蔡仲之命第十九》），认为要想长保天命，君主只有"聿修厥德"，才能做到"以德配天"。因此，周朝统治者敬鬼神而远之，更重视现世的人伦说教和德政仁治，期望能够通过自身谨守节操，以德配天。同时，根据当时的政治需要和文化传统制礼作乐，以规范人们的言行

举止，使得一切都有据可依，井然有序。故《礼记·表记》云："周人尊礼尚施，事鬼敬神而远之，近人而忠焉。"春秋末年，儒家开创者孔子"祖述尧舜，宪章文武"（《礼记·中庸》），继承前代特别是周代以来的思想与观念，集中提出了"仁"这一核心观念，并将之视为士君子的核心品格。及至孟子，在继承孔子思想的基础上，将"仁"的观念提升到政治层面，主张"仁政"与"王道"，并在性善论的人性论基础上，创造性地提出"四端"之说，以为"恻隐之心，仁也；羞恶之心，义也；恭敬之心，礼也；是非之心，智也。仁义礼智，非由外铄我也，我固有之也"（《孟子·告子上》）。荀子虽然在人性论上与孟子不同，但他主张"化性起伪"，强调人后天的教育与培养，更是体现出对道德教化的崇仰。先秦儒学对伦理道德的重视与强调，为后世道德崇仰甚至道德至上观念的发展奠定了坚实的理论基础。自此，在相当长时期内，道德或品格成为政治考量、官吏选拔甚至人心向背的关键。在中国人的心目中深深烙下一个观念：违背道德规范或者道德败坏，则会引起上天惩戒而招来祸患，导致人事衰败甚至身死国破。

此外，与西方二元分立的逻辑思维不同，儒家将人的身心看成是浑然一体的整体，言身必言心，言心必言身，二者不可分割，并强调心是身的主宰，身是心的外化。故《大学》言，"德润身，心广体胖"，《易传·文言》也认为，"君子黄中通理，正位居体，美在其中，而畅于四肢，发于事业"，说明道德修养与身体健康是相辅相成的同时，更可见出道德对人身的滋养、陶铸与修饰。从这个意义上来说，对于身体而言，道德修养始终居于主体地位，是内因，也是核心，它影响与主导着人的外貌、风度与仪容。苏轼诗"腹有诗书气自华"说的就是这个道理。尽管在中国思想史上也存在着心性与身体的断裂，理念对肉身的压抑，但身心一体、身心同在始终是主流，身心的互渗、交融与转化才是中国传统身体观的主要脉络。

2. 内圣外王，修己安人

《大学》言："大学之道，在明明德，在亲民，在止于至善。""明明德""亲民"与"止于至善"，既是儒家教育的纲领与目标，同时也是士君子道德修持的目标与要求。在儒家看来，道德境界的终极目标就是止于至善。止于至善不仅是个人道德修养的完善，还要推己及人，成己成人，使民众亲善、使百姓安乐，治国平天下，实现天下大同。"三纲领"之后，《大学》又提出"格物""致知""诚意""正心""修身""齐家""治国""平天下"是落实"三纲领"的"八条目"，即实现"止于至善"的具体步骤。在这一套环环相扣的系统中，修身作为道德修持的核心与关键，在其中起着决定性的作用，故"自天子以至于庶人，壹是皆以修身为本"。

儒家认为修身的最终归宿是成就圣贤人格，并经入世力行，齐家治国平天下。后来的张载更是高扬道德主体的担当精神，提出"为天地立心，为生民立命，为往圣继绝学，为万世开太平"的崇高追求。由此可见，儒家的道德精神传统是一脉相承的，它不仅仅在于个人修养的完善和个人境界的提升，它更在于"修己安人，修己以安百姓"（《论语·宪问》），最后实现儒家内圣外王，家齐、国治、天下平的大同至善境界。止于至善的境界论阐明了修养的理想目标，展现了修身的高远追求，使得儒家士人精神受到鼓舞，方向得到明确，从而不断提升自身修养，实现人生的升华和超越。

3. 内省外行，知行合一

关于如何修身，以儒家为代表的中国古代士人总结了很多途径和方法，这些修养方法虽然各派学家表述不一，但总的来说还是具有内在相通性和一致性，即内省外行，知行合一。

内省相当于我们现在通常所说的自我检讨或自我反省，是反省自己的意识和行为，辨察、剖析其中的善恶是非，开展自我批评并进行自我修正，不断提高自己的道德水准和人生境界。儒家主张克己内省，讲求以礼统情、自我节制，重视道德主体的自我评价，也强调外在道德观念必须通过道德主体的认同、内化，才能发挥作用。早在孔子，就已经开始强调内省对于修身的重要作用。孔子说："见贤思齐焉，见不贤而内自省也。"（《论语·里仁》）看见贤人，学习他的美德，并努力赶上去；看见不贤的人，则应以其缺点为鉴，并自我检查，这才是君子所为，也是君子、小人的区别所在。在孔子看来，一个人只要经常进行内省，就可以日去其恶，渐进于道。及至曾子，更是提出了我们最熟悉的"吾日三省吾身"，所谓："为人谋而不忠乎？与朋友交而不信乎？传而不习乎？"（《论语·学而》）分别从为事、为人及为学三个方面来内省自查、勘察自我。后来的孟子则提出"责己"的观点，宋明之后的思想家用"省察"来达到自省提升。可见不同历史时期，人们对于内省以修身的认识是一致的，虽然叫法不同，但其内涵是殊途同归的，目的也只有一个，即修身以成仁。

道德有知的问题，但更有行的问题。除了讲求内省自查，儒家注重道德实践，特别强调身体力行，认为所有的仁爱与美德，必须经由努力实践甚至竭力而行。故《中庸》曰："好学近乎知，力行近乎仁，知耻近乎勇。"子夏曰："贤贤易色；事父母，能竭其力；事君，能致其身；与朋友交，言而有信。虽曰未学，吾必谓之学矣。"（《论语·学而》）孔子也表示："始吾于人也，听其言而信其行；今吾于人也，听其言而观其行。"（《论语·公冶长》）明王阳明在此基础上提倡"知行合一"，所谓"知"，一般指人的道德意识、思想观念，"行"主要指人的道德践行、实际行动。"知行合一"即"知是行的主意，行是知的功夫；知是行之始，行是知之成。"（《传习录》）必须承认，儒家思想之所以成为古代中国的主流观念，其"力行"之说功不可没，故宋曾巩《与王深甫书》言："士诚有常心，以操群圣人之说而力行之，此孔孟以下所以有功于世也。"

第六章
中华优秀传统文化的鲜明特色

中华传统文化在五千多年的历史长河中薪火相传，形成了自己的鲜明特色。这个特色，我们可以归纳成"五性"——民族性、坚韧性、崇实性、包容性、传承性。这"五性"，体现着中国风格，蕴涵着中国精神，彰显着中国气魄。

一、民族性：民胞物与，礼义为根

许多研究中华民族的著作里，开宗明义地讲道：中华民族是一个有着悠久文明历史的民族，是一个勤劳勇敢的民族，是一个富于创造精神的民族。中华传统文化是中华文明演化而汇集成的一种反映民族特质和风貌的民族文化，是居住在中国地域内的中华民族及其祖先所创造的、为中华民族世世代代所继承发展的文化，具有十分鲜明的民族性。

1. 姓氏文化，血浓于水

华夏民族很早就注意到血缘在民族发展中的重要性。大约 1 万年前的新石器时代形成母系氏族社会，产生了区别血缘的姓。"姓"字由"女"和"生"组成，意为女性生育，表示母系血缘关系。同姓不能通婚，否则影响生育繁殖。《左传》中说："男女同姓，其生不繁。"《国语》中也说："同姓不婚，恶不殖也。"原始古姓姜、姬、姚、嬴、姒、妘、妊、妫等都从"女"旁，是母系氏族社会的标志。父权制取代母权制，新产生的姓一般不从"女"旁。

华夏民族是世界上最早产生姓氏的民族，没有任何国家和民族可以相提并论。先秦时代姓氏有别，男子称氏，女子称姓。姓用以区别婚姻，避免同姓相婚，并无贵贱之分，是一个大家族或小民族的代号。氏用以区别贵贱，只有得到爵位、官职、封地等，以之为氏，才成为贵族。贵者有氏，贱者有名无氏。氏同姓异者可通婚姻，姓同氏异者不通婚姻。秦汉以后，姓氏合二为一，往往聚族而居，但依然保持区别婚姻的作用，避免近亲繁殖，优化了民族。华夏民族姓氏众多，后世蒙学读本《百家姓》共收集五百多姓，所以中国的广大民众被称为"百姓"。

《史记》记载黄帝至汉武帝大约三千年的历史，而西汉中期距今两千多年，共计约五千年的文明史。《史记》开篇《五帝本纪》所记载的黄帝、颛顼、帝喾、唐尧、虞舜时代，反映了父系氏族社会的概貌，其中"尧舜禅让"则反映了推举部落联盟酋长的情形。由此确认黄帝为华夏民族的人文共祖，天下华人都以炎黄子孙为荣。与"五帝"并存的部落还有很多，黄帝取代神农氏，战胜炎帝和蚩尤，尧、舜、禹与共工、驩兜、三苗的关系等，都透露出部落之间征战频繁的状况，部落征战也是华夏民族融合的历程。

中国古代国家的政治体制是帝王世袭制度。自公元前 21 世纪至公元前 16 世纪的夏朝开启"家天下"，延续数千年，直到 1911 年辛亥革命才终结。但是，中国古代的帝王世袭不跨朝代，任何姓氏都有家天下的可能性，历史上帝王姓氏有数十个。《左传·昭公三十二年》中指出："社稷无常奉，君臣无常位，自古以然。故《诗》曰：'高岸为谷，深谷为陵。'三后之姓，于今为庶。"意思是社稷没有固定的祭祀，君臣没有固定的地位，自古以来就是这样。所以《诗》里说："高山变成深谷，深谷变成山陵。"夏、商、周三王的后代，如今都变成了平民百姓。所谓"王侯将相，宁有种乎！"所谓"皇帝轮流做，明年到我家！"都是否定帝王将相天生的贵族血统。华夏民族姓无贵贱之分，自古以来就有平等竞争的意识。

2. 文治天下，以礼化人

小康社会崇尚礼治，夏、商、周各有特点。夏代以"忠"治天下。"忠"的流弊是百姓粗野不驯，所以殷商代之以"敬"治天下。"敬"的流弊是百姓崇信鬼神，所以周代代之以"文"治天下。"文"的流弊是百姓情感阻隔，挽救之法是回到以"忠"治天下。"三王之道若循环，终而复始。"西周的"文"达到礼治的极致，讲究尊卑等级，崇尚繁文缛礼。

西周政体实行分封制，天子为大宗主，诸侯为小宗主，诸侯与卿大夫相对为大小宗主。诸侯领土称为国，大夫领土称为家，国与家的宗主均为世袭。施行礼乐制度，严格区分君臣、父子、兄弟、夫妇、朋友之间的尊卑关系。用"礼"区别等级，用"乐"调节情感，即《礼记·乐记》之所谓"乐者为同，礼者为异"。"礼"与"乐"相辅相成，为孔子及其儒家学派所推崇，为历代封建统治所倡导，虽经改朝换代，礼乐内容有所推陈，但礼乐精髓却薪火相传。故而，中华民族历代都被称为"礼仪之邦"。

公元前841年，周厉王暴虐无道，钳制百姓的言论，被国人流放于彘，大臣共同执政，史称"共和行政"。共和行政元年，是中国历史确切纪年的开始。周厉王之子周宣王，号称中兴之主，已难以挽回西周的颓势。宣王之子周幽王昏庸无道，断送了西周王朝。周平王宜臼即位后东迁洛邑，史称东周。

东周时期周王朝的权威日益下降，逐渐名存实亡。春秋诸侯争霸，战国七雄争强，兼并战争此起彼伏，华夏大地经历了旷日持久的大动荡、大变革、大改组。在礼崩乐坏之际，孔子以克己复礼为己任，将周礼与民俗相结合，开创了儒家学派，并首开私学，让平民子弟获得受教育的权利和参与政治的机会。

孔子重视礼乐教化，崇尚繁文缛礼，而知礼行礼并不是他的教育目标，他的教育目标是"仁"，是由家庭关系出发的有等级差别的爱。孔子要通过一丝不苟地实行繁文缛礼，促使内心发生质的提升，达到"仁"的境界。

孔子尚礼，在当时也受到一些人的批评，如晏子批评孔子的繁文缛礼："累世不能殚其学，当年不能究其礼。"老子批评孔子装腔作势："良贾深藏若虚，君子盛德容貌若愚。去子之骄气与多欲，态色与淫志，是皆无益于子之身。"老子将个人修养划分为道、德、仁、义、礼五个档次，他说："失道而后德，失德而后仁，失仁而后义，失义而后礼。夫礼者，忠信之薄而乱之首。"行礼而忽视忠信，是非常危险的。人的修养当以"礼"为入门第一步，随后便要依次提升为"义"和"仁"，最终达到"德"和"道"。如果仅仅停留在"礼"，止步不前，那就不如不学，学了反而坏事。

战国时期诸侯异政，诸子百家纷纷开出救世良方，直接影响社会变化的是法家、纵横家和兵家。秦国兼并诸侯，得力于法家、纵横家和兵家。"捐礼让而贵战争，弃仁义而用诈谲"，秦国因而完成统一大业，结束了五百多年的分裂局面，建立了中国历史上第一个中央集权的大一统封建帝国，并为此后两千多年的历代封建王朝奠定了政治体制的基本模式。然而，"捐礼让""弃仁义"的大秦帝国只有短短十五年的寿命，便在中国第一次大规模农民起义和农民战争中土崩瓦解。西汉贾谊将秦朝灭亡的原因归结为"仁义不施而攻守之势异也"，就是说，攻取天下可以凭借诡诈和武力，但是治理天下形势不同，必须顺应民心，施行仁义。而中国历史自西汉开始，迅速回归仁政礼治的轨道。

3. 文化主干，屹立亘古

两汉统治长达四百余年，确立了儒家文化在华夏文明中的主体地位。汉初奉行黄老之治，与民休养生息。汉武帝时罢黜百家，独尊儒术，礼法兼用，威德并施。

随着儒学独尊，《诗》《书》《礼》《乐》《易》《春秋》被定为"六经"，又称为"六艺"。《乐经》不传，故称为"五经"。唐代增入三礼三传：《周礼》《仪礼》《礼记》《左氏传》《公兰传》《穀梁传》，连同《易》《书》《诗》，称为"九经"。唐文宗刻石经，增入《孝经》《论语》《尔雅》，称为"十二经"。宋代增加《孟子》，定格为"十三经"。研究和传播儒家经典的学术称为"经学"。经学是读书人入仕的途径，以经学为基础的科举取士渊源于汉代，创始于隋代，确立于唐代，完备于宋代，兴盛于明、清两代，绵延1300年。

　　经典各有用处，是从多方位地培养出"富贵不能淫，贫贱不能移，威武不能屈"的高尚人格。《史记·滑稽列传》强调说，《礼》用来节制人欲，《乐》用来调节情感，《书》用来提供借鉴，《诗》用来表达志向，《易》用来潜移默化，《春秋》用来展示道义。而"三传"解读《春秋》，各有侧重。《左传》侧重于叙事，展示春秋人物行事的义与不义、礼与非礼。《公羊传》《穀梁传》侧重于说理，解释微言大义、暗寓褒贬。《孝经》阐释儒家忠孝伦理，构成忠孝文化系统。《论语》记载孔子言行，以礼乐辅助仁德。《尔雅》是中国辞书之祖，是解读经典的钥匙。《孟子》记录孟子言论，阐发《诗》《书》要义和孔子思想。

　　儒家学说是中华文明的主干，但不是中华文明的全部，道教便与儒学并行不悖。老子李耳是道家学派的创始人，讲究修身养性。道家学派与追求长生不死的方术相融合，逐渐演变为中国本土的宗教——道教。道教奉老子为祖师，唐代李氏皇族认老子为始祖，老子被追尊为"太上玄元皇帝"，《老子》被尊为《道德经》。道教经典称为"道藏"，唐代以后历代编修道藏，致使道藏卷帙浩繁，也是中华传统文化的瑰宝之一。道家学派和道教对于塑造中国人的人格，具有不可低估的辅助作用。同时，佛教也包含"大悲为首""慈悲为怀""普度众生"等精神。这些宗教中的和平精神铸成了中国人"为善""致和""成仁""赞天地之化育""为万世开太平"的理想追求，凝练为"忠孝仁爱、信义和平"的伦理精华。而法家文化中的富国强兵、以法治国思想，以及"不别亲疏，不殊贵贱，一断于法"的观点，对于一个国家的政治、文化、道德方面有较强约束力，对现代法制的影响也十分深远。

二、坚韧性：自强不息　惟志惟勤

《周易》为群经之首，《乾卦》为诸卦之首，《象辞》为殷商解《周易》之传。《周》象传云："天行健，君子以自强不息。"这就是说，天道运行刚毅雄健，不为任何外力所左右，君子效法天道，奋发图强，永不停息。天道即自然，自然运行永无止息，四季交替，日月轮回，风驰电掣，斗转星移。"君子以自强不息"是在天道启发下的人道和人格，是豪迈进取的人生态度。中国历朝末代君主多因倒行逆施而导致灭亡，然而华夏民族却如凤凰涅槃，浴火重生。江山易主，改朝换代，华夏传统文化却薪火相传，生生不息，愈来愈厚重，愈来愈强大。

1. 知不可而为，敢斗天地

中华传统文化的坚韧性，随着华夏民族的产生而产生，史前文化中的英雄神话贯穿着顽强抗争的民族精神，包括人与自然的抗争和原始部落之间的战争。神话传说是幻想的产物，以现实的自然和社会为基础，是现实生活在原始人头脑中幻想的反映。顽强抗争的民族精神是华夏民族自强不息的源头，每到民族危亡的关键时刻，便显示出无比强大的向心力和凝聚力。

《淮南子·览冥训》载有《女娲补天》一则，讲述女娲重整濒临毁灭的天地，为人类的生存创造必备的条件："往古之时，四极废，九州裂，天不兼覆，地不周载。火爁炎而不灭，水浩洋而不息，猛兽食颛民，鸷鸟攫老弱。于是女娲炼五色石以补苍天，断鳌足以立四极，杀黑龙以济冀州，积芦灰以止淫水。"这则神话产生于母系氏族社会。女娲以神奇的力量拯救人类，显示出伟大的女神为人类作出的无与伦比的贡献，实际上是歌颂人类自身英勇顽强的斗争精神。

《淮南子·本经训》所载《后羿射日》："逮至尧之时，十日并出，焦禾稼，杀草木，而民无所食。猰貐、凿齿、九婴、大风、封豨、修蛇，皆为民害。尧乃使羿诛凿齿于畴华之野，杀九婴于凶水之上，缴大风于青丘之泽，上射十日而下杀猰貐，断修蛇于洞庭，禽封豨于桑林。万民皆喜，置尧以为天子。"后羿射杀十日，为民除害，除掉毒蛇、猛兽、凶禽，神技神胆不可思议，折射了父系氏族社会战天斗地的情形，反映了原始社会人类战胜自然灾害的坚强信念。

《山海经·海内经》所载《鲧禹治水》："洪水滔天，鲧窃帝之息壤以堙洪水，不待帝命。帝令祝融杀鲧于羽郊。鲧复生禹，帝乃命禹卒布土以定九州。"息壤是一种能够自行生长的神土，鲧盗取天帝的息壤到人间治水，与古希腊神话中的普罗米修斯盗取太阳神的火种异曲同工，都是以大无畏的牺牲精神造福于人类。《楚辞·离骚》说："鲧婞直以亡身兮，终然殀乎羽之野。"就是说鲧倔强刚直，招致杀身之祸。《楚辞·天问》对于众人为何推荐鲧治水、鲧何以从腹中生出禹、鲧禹各有何种作为等提出疑问。鲧禹父子都是英雄，鲧死禹继，治服洪水，折射出人类与洪水斗争前仆后继，不达目的死不休的抗争精神。

《山海经·北山经》中《精卫填海》同样感人，小鸟的意志可与刑天媲美："发鸠之山，其上多柘木。有鸟焉，其状如乌，文首，白喙，赤足，名曰精卫，其名自詨。是炎帝之少女，名曰女娃。女娃游于东海，溺而不返，故为精卫，常衔西山之木石，以堙于东海。"溺死的女娃变成美丽的小鸟，是原始时代精魂化物意识的反应。区区小鸟与汪洋大海相比微不足道，但精卫填海的意志却比天高，比海深，显示出人类征服自然的强烈愿望和坚韧不拔的斗争精神。

延伸阅读

陶渊明读《山海经》

　　《山海经·海外北经》中的《夸父逐日》是一则英雄传奇神话："夸父与日逐走，入日；渴，欲得饮，饮于河、渭；河、渭不足，北饮大泽。未至，道渴而死。弃其杖，化为邓林。"绝妙的想象，极度的夸张，表现了征服自然的勇气和与强势殊死抗争的悲剧精神。陶渊明有感于神话的悲剧精神，在其《读〈山海经〉》的系列咏史诗中评论夸父说："夸父诞宏志，乃与日竞走。俱至虞渊下，似若无胜负。神力既殊妙，倾河焉足有？余迹寄邓林，功竟在身后。"诗人认为夸父与日竞走，胜负未分；如此神力，理当尽饮河、渭；杖化邓林，功在千秋。而在另一首诗中，陶渊明一改浑身的静穆，显示出金刚怒目："精卫衔微木，将以填沧海。刑天舞干戚，猛志固常在！"赞扬刑天失败了仍然挥舞着板斧和盾牌继续战斗的刚毅精神。

2. 励精图治，惟志惟勤

　　中华传统文化的坚韧性，在礼治进化的夏、商、周三代，更多地表现为励精图治，惟志惟勤。禹、汤、文、武、成王、周公，是谨于礼义的精英人物，也是自强不息的典型代表。

周武王灭纣建立西周不久去世。周公摄政，辅助幼主成王，担心成王不知世道之艰与执政之难，贪图安逸，荒废政事，写作《无逸》，谆谆教诲：君子在位，必须懂得稼穑之艰辛。农家父母艰辛从事耕种收割，子弟全然不知，贪图安逸，粗野不敬，进而放肆，侮慢父母，说老人们没知识。周公列举殷商的中宗、高宗、祖甲和周王族的太王、王季、文王，表彰他们谦让敬畏，参与卑下的劳作，了解百姓的艰辛，保护百姓的利益，终日勤于国事，不敢耽于安逸，不敢轻慢鳏寡，因而长治久安。殷商后世君王生于安逸，不知稼穑艰难，不恤百姓劳苦，一味沉湎逸乐，也就享位日浅。周公告诫成王，不可迷恋于观赏、安逸、游玩、田猎，不可宽宥自己，不可如同商纣王迷乱酗酒。周成王不负周公教诲，成为"圣二代"。《尚书·周官》记载周成王训诫百官："功崇惟志，业广惟勤。惟克果断，乃罔后艰。位不期骄，禄不期侈。恭俭惟德，无载尔伪！"功勋崇高在于志存高远，事业广大在于勤劳不懈。能够果敢决断，就没有后事艰难。居官不要骄傲，享禄不要奢侈，保持恭俭美德，不要心存诈伪。

每个历史朝代建国之初都具有昂扬向上斗志，几十年、上百年之后就会出现种种社会弊端，如同《诗经》所说的"靡不有初，鲜克有终。"（《诗经·大雅·荡》）周公教诲成王，要求励精图治；成王训诫百官，强调惟志惟勤，就是要务必保持艰苦奋斗的本色，坚持不懈地努力，以求社会和谐，长治久安。清朝雍正皇帝通过一系列大刀阔斧的改革，迅速扭转了康熙晚期积弊严重的局面。他改革赋役制度，清查国库亏空，打击了贪官污吏；他实行耗羡归公，有利于澄清吏治，他推行摊丁入亩制度，有利于穷苦百姓；他安边固境，改土归流，镇抚青藏；等等。雍正在位13年间，励精图治，日理万机，"披览诸处奏章，目不停视，手不停批，训谕诸臣，日不下千数百言"，可谓惟志惟勤。不仅为国家创造了丰厚的财富，更为后代留下相对清廉、高效的税收和行政体系，为乾隆当一个"慷慨宽厚"的明主打下了牢固的基础。

3. 身遭挫折，发愤为作

中华传统文化的坚韧性，还体现在有志之士身遭挫折，发愤为作，自强不息，释放出巨大的能量，成就身后的不朽之名。儒家崇尚"三不朽"的精神，也就是《左传·襄公二十四年》所载的"太上有立德，其次有立功，其次有立言，虽久不废，此之谓不朽。"人们不是为了追求不朽之名而付出沉重的代价，而是因为遭受沉重的打击或非常的挫折，不甘沉沦而奋发努力，成就了不朽之名。

司马迁在《报任安书》中说："人固有一死，或重于泰山，或轻于鸿毛，用之所趋异也。"又说："古者富贵而名摩灭，不可胜记，唯倜傥非常之人称焉。盖文王拘而演《周易》；仲尼厄而作《春秋》；屈原放逐，乃赋《离骚》；左丘失明，厥有《国语》；孙子膑脚，《兵法》修列；不韦迁蜀，世传《吕览》；韩非囚秦，《说难》《孤愤》；《诗》三百篇，大底圣贤发愤之所为作也。"司马迁就是用这些倜傥非常之人发愤为作的精神激励自己，创作了被誉为"史家之绝唱，无韵之《离骚》"的鸿篇巨制。《史记》着意描写那些忍辱负重、百折不挠的悲剧英雄人物，全书以悲剧人物命名的作品占半数以上，著名的悲剧人物就有 120 多位，悲剧人物所展示的，正是华夏民族的发愤图强精神。

孔子为挽救礼崩乐坏的东周社会，不遗余力传经布道，传播以"仁"为核心的伦理道德和治国理念。他认为三军可以失去主帅，匹夫不可以失去意志。君子一餐饭的时间也不能背离仁德，在最紧迫的时刻，在颠沛流离的时候，也必须依据仁德行事。志士仁人，没有因求生而伤害仁德的，只有牺牲自己而成就仁德的。早上明白仁德之道，晚上就死去，也没有遗憾。孔子明知自己的道不能被人理解和接受，却以"不容然后见君子"的意念，艰难奋斗了一生。他不仅以其传播的六艺为万世师表，更以其坚韧不拔的毅力令人高山仰止。

战国时期诸侯各国以富国强兵为目的，争相实行政治改革。魏国的李悝实行的改革得到魏文侯的大力支持和满朝文武的积极参与，开战国改革之端，致使魏国迅速强大，雄霸中原百余年。吴起在楚国实行改革，商鞅在秦国实行改革，虽然都得到国君的支持，取得了丰硕的成果，却遭到世袭权贵的强烈反对，付出了生命的代价。吴起被乱箭射死，商鞅被车裂而死。政治改革必然损害权贵的利益，世袭权贵也必然负隅顽抗，加害于改革者，其间没有调和的余地。

中华传统文化的坚韧性，孕育了无数坚贞不屈、视死如归的爱国民族英雄。爱国主义的内涵是维护民族利益和民族尊严，必须知人论世，并不局限于某个时期或某个政权。盛世有爱国志士，衰世有民族英雄。如老子所说："六亲不和有孝慈，国家昏乱有忠臣。"南宋是个重文轻武的苟安王朝，朝纲紊乱，先后遭受金、元两国强大的军事打击，最终宋亡元兴。然而南宋首尾的岳飞和文天祥却是文武双全的爱国民族英雄，家喻户晓，耳熟能详。文天祥之后不足百年而有抗倭民族英雄俞大猷和戚继光。明初，日本南北朝分裂对峙，战败的南朝封建主纠集武士、浪人、商人、海盗，到中国沿海地区武装走私和劫掠，辽东、山东、浙江、福建、广东漫长的海岸线上，岛寇倭夷到处剽掠烧杀，沿海居民深受其害。俞大猷抗倭战功累累，却经常被弹劾免官，或被冒领军功，但从不计较得失。戚继光从山东调入浙江，均以打击倭寇为职。招募义乌兵勇三千，严格训练，杀贼保民，英勇善战，以戚家军发展扩大的浙兵成为明朝的劲旅。俞家军与戚家军并称为"俞龙戚虎",倭寇闻风丧胆。与明军其他各部经数十年浴血奋战，终将倭寇歼灭殆尽，倭患得以平息。

三、包容性：厚德载物 有容乃大

一阴一阳之谓道，事物都是由阴与阳、刚与柔两个因素相反相成，构成基本运行规律。《周易》中《坤卦》与《乾卦》相反相成。《坤卦》的象辞是"地势坤，君子以厚德载物"。意谓大地气势宽厚和顺，万事万物无所不容，君子效法大地，深养厚蓄，容载万物。中华民族具备奋发图强、坚韧不拔的顽强毅力，同时具有虚怀若谷、容载万物的广阔胸襟。

1. 兼容并蓄，容载百家

就中国历史看，中华传统文化把中国多民族文化、数亿人口紧紧凝聚在一起，培育了共同的中华文化。在先秦时期"百家"学派的争鸣中，不同思想倾向、价值观念、治国理念、人生态度的不同文化进行交流、交锋、碰撞和切磋，形成了多元基础上的融合。从孔子开始，在中国封建社会漫长的历史发展过程中，儒家文化历经坎坷而经久不衰，成为中华传统文化的基本价值体系、古代中国社会的立国之本。在儒、佛、道的长期融合中产生的中华"和谐"文化，其价值观绵延两千多年。

为什么中华传统文化能历经坎坷而经久不衰？其兼容性功不可没。在中华文化的发展过程中，儒、佛、道三大文化主干相互适应、相互兼容，汇集了气势恢弘的传统文化。正由于中华传统文化中的各类文化皆能相互包容，使得中国的文化体系长期延续至今没有中断，保留得较为完整，也因这种包容性文化，使中国社会保持了两千多年的"大一统"。

2. 博采众长，协和万邦

在中国两千多年的封建社会中，中国以大国风范、中华文化以其博大的胸襟容纳四方，博采众长。中国历史上曾经用中华文化覆盖了周边，形成了地域辽阔的文化圈。中国文化没有用霸权征服周边国家，周边国家都主动来依附。中国的"和合"文化、"天人合一""协和万邦""和而不同"等绵延两千多年，表现了中华传统文化的宽容性，进而说明中华文化的魅力、文化的价值和意义。

近代以来，中国由于停滞不前落后了。中华传统文化的宽容性被异化，被迫受到西方文化侵略，但中国文化用顽强的生命力而进行抗争，唤起中国人民的文化觉醒。从拒绝转为"拿来"，并在"拿来"的过程中，形成了"中学为体，西学为用"的文化新格局。

21世纪是一个多元文化并存的世纪。弘扬和培育民族精神，必须在世界范围各种思想文化的相互激荡中，充分发扬中华传统文化中的包容精神，互相取长补短，互相促进。中国文化向来主张有容乃大，大乃久。文化上的包容性，使中国社会思想文化在内部形成丰富多彩、生动活泼的局面，在外部则向世界开放，不断接受异质文化的激发和营养，从而使自身具有更强的生命力。事实上，充分发掘和弘扬中国文化中的包容精神要求我们要自觉地、不断吸纳外来文化，借鉴其他文化的优秀文明成果，像季羡林先生所说那样，既拿来又送去，把外国的好东西拿来，把自己的好东西送去，这叫作拿来主义和送去主义的结合。只要有利于文化发展和建设，都要毫不犹豫地拿过来，以推进我国的文化建设，培育出精神振奋、品格高尚的民族精神。

3. 交流融合，互动共进

世界各民族的文化发展，都是在不同文化相互交流、吸收、融合甚至是冲突等方式下逐步发展的。不同民族和国家之间政治、经济、科技等方面交流和碰撞所产生的火花纷呈多彩，带来的是文化共进。

就世界历史看，张骞出使西域，开拓了享誉世界的"丝绸之路"，使东西方的文化交往日益频繁。郑和下西洋的强大舰队，走出海上丝绸之路，撒下了和平的种子，带给沿途各国的是友好、理解和尊重，使世界认识了中国。

盛唐时期，唐玄奘西天取经，带来了印度的佛教经典，还对佛教进行了新的阐释。日本派来的遣唐使，学习了中国文化，至今还保留着中华传统文化的痕迹。鉴真不畏艰险，东渡日本，讲授佛学理论，传播中国文化，促进了日本佛学、医学、建筑和雕塑水平的提高，受到中日人民和佛学界的尊敬，为中日两国人民的交流作出了贡献。

13 世纪意大利的旅行家和商人马可·波罗，口述了大量有关中国的故事，其狱友鲁斯蒂谦据此写下著名的《马可·波罗游记》。《马可·波罗游记》记述了他在东方最富有的国家——中国的见闻，激起了欧洲人对东方的热烈向往，对以后新航路的开辟产生了巨大的影响。同时，它也是研究我国元朝历史和地理的重要史籍。

明朝万历年间来到中国居住的意大利天主教传教士利玛窦，是第一位阅读中国文学并对中国典籍进行钻研的西方学者。他传播西方天文、数学、地理等科学技术知识，开始了晚明士大夫学习西学的风气。1607 年，利玛窦与徐光启合作，出版了欧几里德《几何原本》

的前六回的译本。他的著述不仅对中西交流作出了重要贡献，对日本和朝鲜半岛上的国家认识西方文明也产生了重要影响。

中华传统文化的互动性，一直延续到现代。正因为中华传统文化的互动性，才使中国文化在原有基础上创新整合、使文化现代化再生转型。各国文化的交流、合作与互动，促进了各自的文化发展和进步，也推动了世界总体的文化发展。

四、崇实性：格物致知，经世致用

综观中国古代传统文化之精神，实用理性主义在中国有着悠久的传统。所谓"格物致知"，就是从实际的事物中探求事物原理，从而获得知识与智慧，并用于"修身齐家治国平天下"。正是在这样的观念支持下，古代中国人重实尚行，功利性目的很强。当然，这种功利性并不只是个人的功利，更包括整个社会的功利。诚如古人所追求的"学成文武艺，货与帝王家"，或者说"了却君王天下事，赢得生前身后名"。

1. 恪守本分，脚踏实地

在中华传统文化里，恪守本分被当作君子的美德之一。儒家传人子思曾说过，"君子素其位而行，不愿乎其外"，"素富贵，行乎富贵；素贫贱，行乎贫贱"，"在上位，不陵下；在下位，不援上"，"上不怨天，下不尤人"。强调君子安于所处的地位和环境去做自己应该做的事，不要妄图获得非分的东西。道家的代表人物之一列御寇，则以《愚公移山》从另一个角度诠释了中国人的"恪守本分"。年近九旬的北山愚公，立志挖山开路。他的家人、邻里都来相助，年复一年、日复一日凿石运土。面对讥笑他"愚蠢"的智叟，愚公坦然地说，我死了以后，还有儿子，儿子又生孙子，孙子又生儿子，子子孙孙无穷无尽。而山不会再增高，还愁挖不平吗？后来，天帝被愚公挖山不止的精神所感动，派人把大山背走了。这个寓言启示人们，只要有移山填海的坚定信心和顽强毅力，恪守本分，坚持不懈，就能获得事业的成功。

恪守本分，就要脚踏实地，正确认识所处的环境和地位，铭记自己的责任和义务，做好分内的工作和事情。而不守本分，就会滋生非分之想，逾越规矩，甚至恶欲膨胀，铤而走险。古往今来，有的人虽身居高位、显赫一时，却因为丢失本分，贪图名利和美色，最终落得身败名裂的下场。广东省政协原主席朱明国曾担任省和直辖市的常委、政法委书记、纪委书记等要职，本应模范遵纪守法，忠诚履职尽责，保百姓平安，树清廉正气。可他却利用职务上的便利以及职权和地位形成的便利条件，谋非分之利，图不义之财，在干部选拔任用、企业经营等方面为他人谋取利益，收受巨额贿赂。他还无视党的政治规矩和组织纪律，严重违纪违法，违反计划生育政策，大搞封建迷信活动，热衷烧香拜神，甚至结交江湖神棍，进行非组织的活动，最终受到党纪国法的严惩。

中国的地理是一种封闭的结构，在尚无能力克服地理障碍的传统社会里，中华民族最大的出路就是恪守本分，脚踏实地。尽管黄河一再泛滥，中国人仍然毫不懈怠地在这里经营。由于崇实，不求扩张，讲求"人定"，即人的稳定，就可以把一块地盘经营得很好，并做什么事都能持之以恒。中国几千年农耕文化，强调的就是恪守本分，脚踏实地。事实上，如果不扎扎实实地耕作，地里不会自行长出五谷杂

延伸阅读

什么人最快活？

《明史》记载：明太祖朱元璋一天早朝时突然问大臣："天下何人最快活？"群臣一时愣不过神来，过了一会儿，有人说功成名就的人最快活，有人说富甲天下的人最快活……答案五花八门，莫衷一是。朱元璋听着这些回答只是颔首拈须，不以为意。这时一个名叫万钢的大臣回答："畏法度者最快活！"朱元璋连连点头，称其见解"甚独"。为什么朱元璋最为赞赏万钢的回答呢？这是因为大凡畏惧法度者，必然遵纪守法，恪守本分，手不乱伸，神不乱劳，邪不侵正，祸不从起，自然吃得香、睡得着，不必为自己做了什么违法乱纪的事而担惊受怕，这样的生活岂不快活？

粮。只有一年四季"汗滴禾下土"，才有好收获。因此，中国古代崇尚的"耕读世家"，就是恪守本分，脚踏实地的范例。

2. 崇实尚行，讲求实效

崇实尚行，在儒家学说里表现得十分明显。孔子的第一价值观就是重人事而轻鬼神。之后，有荀子力主"知之不若行之"的观念，至汉则有王充著《论衡》，宣扬"疾虚妄"的经验论。唐代大儒韩愈用儒学的功利主义作为辟佛的武器。宋明理学虽建构了以超然的形而上的"理"，但无论程朱还是陆王，皆反复强调实践、力行、践履等道德经验主义。明清实学的基本趋势为经世致用，它恢复了一些原始儒学精义，加之西学刺激，反对理学"清谈""务虚"，提倡"欲挽虚窃，必重实学"和"实学救世"的学风悄然兴起，成为明末清初具有启蒙主义色彩的重要社会思潮。著名代表人物，如徐光启"生平所学，博究天人，皆主于实用"，罗钦顺、王廷相、吴廷翰等人从唯物主义哲学立场上宣扬实学。

道家学说，表面看来是一种无欲无求的学说，或者说是一种并不实用的玄学。其实，它追求的是一种更长远的功利——减少个人在追逐现实功利过程中的能量消耗，而延长在现实中生存的时间。所以，道家最终发展到道教，其主旨就是养生延年，甚至长生不老。佛家慈悲为怀，讲究积德行善，不求回报，但却有一个来世的期待和彼岸的向往。不求今生求来生，从而给所有的慈善行为都赋予了"功德"的范畴，使现实的善行具有了更长远的实际意义。

3. 经世致用，体用合一

因为重实用，从而形成了中华传统文化的政教合一、工具理性与价值理性互为体用、形而上与形而下勾连缠绕的特点。不仅是学术，就是文学艺术，也强调实用，强调怎么治国，怎么做官，怎么处理人际关系，怎么处理人与自然的关系。因为强调实用，各种文化类型的功能都能转换。所谓"以《禹贡》治河，以《洪范》察变，以《春秋》决狱，以三百五篇当谏书"，所谓"文章合为时而著，歌诗合为事而作"，就是强调把文学的遣兴功能扩展到干预现实的功能。也就是说，重实用，可以让所有的文化类型都转换为经世致用之学。

体用合一中的"体"就是理论基础体系，"用"则是应用实践过程——方法、途径。体用合一就是理论与实践有机结合。近代学者提出的"中学为体，西学为用"，并不是因为"中学"里没有实践的内容，而是认为"中学"里需要实践的内容已经不合时宜了。实际上，"中学之体"与"中学之用"，如同人的肉体与灵魂不可分离。什么样的"体"就有什么样的"用"，如果换掉其中的一项，就会出现难以契合的状况，最终丧失文化的民族性。

中国的万里长城亘古屹立，孔孟之道能历传不衰，自给自足的农业经济能延续不绝，不能不说是崇实精神为之奠定了稳定的基础。

五、传承性：因革损益　传承有序

孔子终其一生，努力恢复西周的礼乐制度。孔子及其所开创的儒家学派，从一开始就是以直接继承殷周前代优秀文化的面目出现的。联系孔子"信而好古"，"好古敏求"的精神及其对三代文化特别是周文化的向往与赞誉来看，以孔、孟为代表的齐鲁士大夫们，的确是以继承一脉相传的前代文化传统为己任。孔子与几个弟子在周游列国的途中被困于匡地，生命安全遇到严重威胁。面对生死，孔子丝毫不见面临危难的惶恐焦虑，坚信自己是继文王之后古代文化唯一的继承者和传播者，"天之未丧斯文"，是因为上天赋予了他传承文化的使命尚未完成。他的生死已与"斯文"的存亡紧密相连，维持和延续"斯文"已经成为他生命价值的全部。自应当以舍我其谁的勇敢精神，当仁不让地承担起这一历史重任。

1. 追本溯源，不忘祖宗

不仅是孔子，几乎所有中国人都有一个非常好的传统——不忘老祖宗。这个"不忘"，不仅是先辈前贤个人，而且还包括先辈前贤留下来的好传统、好家风，以及他们创造出来的功劳和未了的心事。

研究中国的姓氏文化，会发现一个非常有趣的现象，即我们的老祖宗总是预先为自己的几代几十代的后人安排了字辈。所谓字辈，表示家族辈分的字，俗称"派"。字辈，是人们按伦理道德取名的一个规则。据《谱牒学研究》中记载：字辈，起源于宋朝，宋太祖赵匡胤立了 13 个"范字"——德、惟、从、世、令、子、伯、师、希、与、孟、由、宜，加上"匡"共 14 字，他的后代的名字就按这个字辈沿袭下来。这恐怕是我国最早的字辈。这样的做法传到民间，成为各族祠堂必做的一件事——按照本姓氏先祖的过往业绩，为家族立派、续派。或集体创作；或名人所笔。族门出个相公、举人什么的，这立派、续派的事情往往就落在他们身上。或四言、或五言、七言，可长可短：长则五六十字，短则十多字，一般为二三十字，把子孙后代的派名用诗歌的形式编排出来。当然，也有皇帝赐封的。如孔族字辈，就是明清两朝皇帝赐定，那是至今全国统一得最好的字辈。姓氏字辈虽说带有封建宗族色彩，然而从文学角度来看，却是绚丽多姿的诗篇。其意均为修身齐家，安民治国，吉祥安康，兴旺发达……是维系同一姓氏的文化纽带，也是勉励后代不断追求的目标。

不仅血缘传承有序，而且家风、门风亦是代代相承。杨家有个"四知堂"，是杨氏家族的堂号。此堂号的来历，蕴含着东汉时期杨震在荆州当刺史的典故。有一次，有个人在夜里带着黄金到杨震的家里行贿。杨震坚决不收，并严厉地斥责了那个人。那个人还是不死心，笑着对杨震说："现在是深夜，地点在您的府上，决不会有人知道的，请您收下吧！"杨震神情严肃地说："天知、地知、你知、我知，你怎么可以说，没有人知道呢？"来人听了，便非常羞愧地谢罪走了。杨震做官一向清正廉明，并一再告诫家人，生活要俭朴，不能仰慕虚荣。杨震也以"四知"为堂号。今天的杨姓一脉，不仅以"四知堂"为荣，而且总是告诫杨姓子孙，秉持着老祖宗的高风亮节，做个"上不愧怍天地，下不辱没先人，中不违背良心"的清清白白的好人。

2. 保护利用，传承发展

当代一些非物质文化遗产，是一代代的传人，借着一种信仰，艰难地传承下来的。从 2006 年开始，迄止 2014 年，中华人民共和国国务院先后批准命名了四批国家级非物质文化遗产名录，共计 1517 项，而各个省市自治区命名的省级非物质文化遗产名录更是达数千项。这些非物质文化遗产项目确立的第一个条件，便是有传承，且这个传承有历史记载。例如，第一批命名的国家级非物质文化遗产项目陈氏太极拳，便传承了四百多年，且代代相传的脉络十分清楚。

这些非物质文化遗产中，有一大部分领域，如口头文学、民间绘画、表演艺术、手工技艺、民间知识等，一般是由传承人的口传心授而得以代代传递、延续和发展的。在这些领域里，传承人是非物质文化遗产的重要承载者和传递者，他们以超人的才智、灵性，贮存着、掌握着、承载着非物质文化遗产相关类别的文化传统和精湛的技艺。当然，他们的传承不是单线的延长或原质的移位，而是既有衰减又有增量，并通过创新达成文化的积累，实现文化的有效传承。

其实，在中国文化发展的任何时期，都可找出其"一脉相传"的东西，这东西就是深层文化精神。几乎所有的专家学者都认同这样一个观点：深层的文化精神是一个民族显示其内在生命特质以区别于他民族的标志。一个民族之所以区别于其他民族，并不只在于衣食住行等器物层面上的不同，也不只在于经济模式与政治制度上的不同，主要的区别在于某种集体的深层文化精神。一个民族如果失去了自己的这种文化精神，那么即使这个民族作为生物的存在（种族）依然子孙繁衍，但实际上作为民族已经不存在了。因此，文化传统的继续，其实具有关乎民族生死存亡的意义。正是这种强烈的文化生存和传承意识，极大地影响了中国历代知识分子，形成了一种"为往圣继绝学"的学统，才有了今天这样恢弘的非物质文化遗产宝库。

3. 因革损益，创新拓展

传统文化怎么传承？古人为我们找到一条最有效的途径。这条途径用四个字概括：因革损益。因是因袭，革是变革，损是破除，益是增补。换现代的话说，就是去其糟粕，取其精华，创新拓展，大力弘扬。

实际上，历史上的所有文化，并不都是原封不动地照搬下来的，往往都是传承者根据时代的发展需要而对传统进行因革损益地处理。孔子要"克己复礼"，并不是要恢复某一种具体的文化形式或礼文制度，而是体现于所有古代文化形式中的深层文化精神。在孔子看来，礼乐的器物层面和仪文层面并不重要，可以也应当变革、损益，所以，"麻冕，礼也，今也纯；俭，吾从众。"（《子罕》）就强调简单节俭一些，不必要的仪文器物乃至形式，可以随着时代的变化创新。所谓"人能弘道，非道弘人"，作为文化精神的主体的人在承传前代文化传统的过程中，应当也必然会对之加以扩充与创新。事实上，孔子所坚持的中华传统文化的核心——"仁道"精神，虽然可以在尧舜禹汤文武所代表的古代文化传统中找到其渊源，但在很大程度上，已经包含了孔子本人的扩充与创新。而孔子的后继者如孟子、董仲舒，以及再后的唐朝强调"道统"的儒士，以及宋朝理学大师们，都在传承的基础上有所创新发展。即使在清朝那些试图用西方的民主思想来改造中国社会的维新派那里，传统文化的精髓依然贯穿于其变法理论之中。如康有为设计的"大同社会"，实际上就是孔子大同社会的加强版。谭嗣同激烈地抨击礼教，但却把"仁"置于社会道德建设的核心位置。

观今宜鉴古，无古不成今。没有传承，就没有今天厚重的传统文化；没有传承，中国古文明就不可能延续至今。而之所以能够传承，就在于传统文化对今天具有普遍的价值，就在于传统文化里蕴含着大量的今天社会发展的正能量。一句话，传统文化具有可传承性。如果没有传承，我们的一切也许都要从头做起、从头学起。而且，传统文化作为中国人的最可宝贵的物质财富和精神财富，对这笔财富应当使用，不是当守财奴，更不是当败家子，应该遵循因革损益的传承原则，让其增殖、增值，以便更好地传承、弘扬。

下　编

　　深入挖掘和阐发中华优秀传统文化讲仁爱、重民本、守诚信、崇正义、尚和合、求大同的时代价值，使中华优秀传统文化成为涵养社会主义核心价值观的重要源泉。

——习近平

第一章
讲仁爱——中国人的立人之道

　　"吾立于天地间，只思量做好一个人。"写一个"人"字很容易，一撇一捺即可，然而真正做好一个"人"却并非易事。做人要遵循一定的道德规范，不一定非得大富大贵，不一定非得顶天立地，但起码要对得起自己的良心。"不立德，无以立人；不成德，无以成人。"如何做人？中华传统文化给了我们明确的回答和教诲，带领着中华民族从古文明走到了现代文明，这就是仁爱。什么是仁爱？简单地说，仁爱就是要爱人，是对他人的尊重、友爱和帮助。仁爱的表现形式因主体或对象不同而有所不同，表现在父母身上便是慈，表现在子女身上便是孝，表现在兄弟姐妹身上便是亲，表现在朋友身上便是义，对象是国家时便是爱国，对象是人民时便是爱民，这些不同的爱汇聚在一起就是仁爱。仁爱是儒家思想的核心，也是道家、佛家思想中不可或缺的重要范畴，在整个中国传统思想体系中举足轻重，有效地维护了封建政治，对中华文化和社会的发展产生了重大影响，对于当前构建社会主义核心价值观也具有积极的作用。

一、仁道迩远，大爱无疆

在中国的汉字系统中，带有"仁"的词语非常丰富，仁爱、仁慈、仁德、仁厚、仁义、仁人义士、仁心仁术等等，这些词语大多包含仁爱的意思。中国人将这个"仁"作为道德原则的核心，时刻用以指导自己的行为，将它发展为中国人立己立人、民胞物与的大爱。这种大爱，承载着先祖的智慧，以润物细无声的深情，滋润着华夏民族根深叶茂、绵延不绝。

1. 仁者人也，仁者爱人

说起仁爱思想，大家都会想到"仁"的首倡者——孔子。

孔子30岁时开始招收学生，用今天的话说就是民间办学，在他一生的教学生涯中，"仁"作为他的核心思想被广泛传播。有人统计，《论语》一书总共15900多字，而单一个"仁"字就总共出现过109次，其中其他人讲仁25次，孔子自己讲仁84次。那么，孔子究竟是如何来论述"仁"的呢？

孔子说："仁者，人也。"（《中庸》）在这里，孔子把"仁"界定为人性的本能，也就是说，仁是人之所以为人的根本所在，"成人"和"成仁"之说就是因此得来。可以看出，孔子是非常重视"仁"的，把它放在了第一位，是做人之根本。那么，孔子又是如何来论述"仁"的基本涵义呢？"樊迟问仁，子曰：'爱人'。"（《颜渊》）仁与爱就组合成"仁爱"，从而成为孔子"仁学"体系的核心。

孔子的"仁爱"思想首先是一种具体的道德规范，即爱与善。具体来看，孔子的仁爱是从爱亲开始的，即父慈子孝，兄友弟恭，慈孝是父子之间的爱，友恭即"悌"则主要指手足相亲相爱。有子曰："其为人也孝弟，而好犯上者，鲜矣。不好犯上而好作乱者，未之有也。君子务本，本立而道生。孝弟也者，其为仁之本与?"(《论语·学而》)意思是，像孝敬父母，尊爱兄长的这一类人，很少有冒犯上级官长的行为，而不冒犯上级却喜欢造反作乱的行为，更是从来不会发生。君子在根本上下功夫，根本建立好了，道就由此而生了。孝敬父母，尊爱兄长，就是仁的根本吧? 所以，孝悌是孔子"仁爱"思想的根本。

仁爱思想虽然始于爱亲，但并非仅仅停留在爱亲上。孔子用推己及人的方法将仁爱提升到"爱他人"和"泛爱众"层面，进行要求亲近有仁德的人。子曰："弟子入则孝，出则悌，谨而信，泛爱众而亲仁。行有余力，则以学文。"(《论语·学而》)即仁爱的范围由爱有血缘亲情的亲人到同生活在宇宙间的众人，一直到天下人，也就是"德行于天下"。孔子认为一个人周围的朋友很重要，仁者应该与一些勇敢、诚实、正直的正人君子做朋友，并且要多向他们学习，以友辅仁。孔子这种爱众亲仁为许多思想家所继承，并在自己的思想体系中予以发展，使"仁"的内涵更为充实、饱满。

战国时期孟子在孔子思想的基础上将仁与义联系起来，把仁义作为道德行为的最高准则。孟子认为人人天性中都带有恻隐之心和善恶之心，并将恻隐之心定义为仁的开端，善恶之心定义为义的开端。"恻隐之心，人皆有之;善恶之心，人皆有之。""恻隐之心，仁之端也;善恶之心，义之端也。"(《孟子·告子上》)此外，孟子还认为仁是连接人与自然的一种根本，是统治者政治品质和政治道德的核心，所以为政者要实行仁政思想，仁爱要推己及人。"以不忍人之心，行不忍人之政，治天下可运之掌上。""老吾老以及人之老，幼吾幼以及人之幼。"(《孟子·梁惠王上》)行仁政，天下可得到治理，反之则乱。事实上，这与孔子的泛爱众思想是一脉相承的。

与孔子同时期的墨子提出了兼爱非攻的思想，主张大仁大爱，提倡要爱所有的人，要以天下为志，以"大我"之志兴天下之利，仁爱不仅仅是停留在思想上，更重要的是要在实践中得以实施。"仁之事者，必务求兴天下之利，除天下之害，将以为法乎天下，利人乎即为，不利人乎即止。"（《墨子·非乐上》）

仁爱思想被中华民族世世代代传承下来，并且赋予了其具体的指正，包括爱亲人、爱朋友、爱大众、爱国家、爱众生，在我国政治统治和人民教化中起到了重要作用。

2. 为仁由己，不由他人

人何以成仁？孔子认为，"克己复礼为仁。一日克己复礼，天下归仁焉。为仁由己，而由人乎哉？"克己复礼是孔子对于"仁"的主要诠释，他认为，只要按照社会的道德规范和伦理制度规范自己的言行，就可以说做到了仁德。

一个人究竟能否成为有仁德的圣人或者君子，关键在于自己是否愿意努力向"仁"，"我欲仁，斯仁至矣"（《论语·述而》）。只要心中始终想着"仁"这个目标，就有实现的可能。

同样，儒学的继承者孟子，从人性的角度探讨了"成仁"的可能性。他认为人人都有善良的本性，只要守住本心，就能成为有仁德的人。那么，既然人性都是善良的，为什么现实社会中又有那么多的不道德之事呢？孟子认为现实生活中的不道德的人并非原本就没有道德，而是在成长过程中丢掉了善良的本心。"仁"与"义""礼""智"一样是人本来就有的天性，但如果你丢掉它，就会成为一个德行有失的人。所以，一个具备良好天资的人若不能经常反省自觉，虽有四端之善性，但也可能趋向于恶。孟子提出人们要反省内省，从而找回自己"本心之德"。

从孟子开始，及至宋明，儒家一直强调把"仁"根植于主体的自我意识之中，求仁要向内求诸己。朱熹言："仁者，心之德，非在外也。"(《朱子集注》) 一个人如果想要实现仁，仁就埋藏在自己的心中。如果自己根本不想实现仁，即便仁就在自己的心里，也无济于事。

儒学关于仁的内在性和实现仁的自主性，得出一切伦理规范都发自内心的自觉选择，人们应该自觉地服从与遵守社会规范。

3. 推己及人，与人为善

孔子说，"夫仁者，己欲立而立人，己欲达而达人。"(《论语·雍也》) 仁爱还要求我们能够做到推己及人，与人为善，这是人的基本道德修养。要做到推己及人，首先要坚持"己所不欲，勿施于人"，就是自己不喜欢、不想要的，不要强加给别人。这是一种换位思考。一个人如果能够体会到别人的情绪和意愿，能够理解别人的立场和感受，就会站在对方的角度思考和处理问题。这句话在西方也得到了社会各阶层的普遍认同，成为道德黄金律，并为全世界的人所遵从。

我们都知道大禹治水的故事，大禹历经 13 年疏通了九条大河，使洪水流入了大海，彻底消除了水患。战国时代，有个叫白圭的人对孟子说："如果他是大禹，一定会做得更好，只需要把河道疏通，让洪水流到临近的国家去就行了。"孟子很不客气地否定了他，君子是坚决不会这样做的。"君子莫大乎与人为善。"(《孟子》) 同样是治水，白圭只想到自己而不顾其他国家，大禹虽然费时费力，却是己所不欲，勿施于人，不仅彻底消除了本国的水患，也消除了邻国人民的水患，这才是仁爱的思想境界，值得人们推崇的精神。

"己所不欲，勿施于人"之后，还要进一步推己及人，与人为善。就像孟子所说，"老吾老，以及人之老；幼吾幼，以及人之幼。"(《孟子》)对待别人的长辈和儿女，也要像对待自己的长辈和儿女一样。作为政治领导者，更应该要推己及人地为百姓着想。春秋时期，齐国下大雪，齐景公穿着温暖的狐皮袍子站在窗前欣赏雪景。他觉得景致十分美丽，就高兴地对晏子说天气竟然不冷，还挺温和。晏子看着齐景公的皮袍和室内温暖的火炉，就有意地追问真的不冷吗？齐景公肯定地回应。晏子就直截了当地说："我听说古时贤明的君主，自己吃饱了要去想想还有人饿着，自己穿暖了要去想想还有人冻着，自己安逸了要去想想还有人累着。经常推己及人，国家才会兴旺。可是你怎么都不去想想别人啊。"齐景公被晏子说得一句话也答不出来。

与人为善的最高境界是超越个人上升到整个国家，"利于国者爱之，害于国者恶之"(《晏子春秋》)。就要做到"风声、雨声、读书声，声声入耳；家事、国事、天下事，事事关心。"(明·顾宪成)

二、大爱精神，世代传承

中华民族孕育了五千年的辉煌，五千年的历史留下了璀璨的仁爱文化，仁人志士层出不穷，仁爱精神被炎黄子孙世代传承。从屈原哀民生之多艰到文天祥留取丹心照汗青的千载爱国情怀，以及张载"为天地立心，为生民立命，为往圣继绝学，为万世开太平"的弘道理想，仁爱的种子撒满了每一寸国土，仁爱的火焰温暖着每一颗心，仁爱的音符奏响了中华凯歌，汇成人间大爱，感天动地，气壮山河。

1. 寸草之心，思报春晖

"孝弟也者，其为仁之本与？"（《论语·学而》）"仁者人也，亲亲为大。"（《中庸》）孝悌是仁爱的根本，亲亲是仁爱的起始。在2015年春节团拜会上，习近平总书记提出："不论时代发生多大变化，不论生活格局发生多大变化，我们都要重视家庭建设，注重家庭、注重家教、注重家风。"家庭是社会的基本细胞，是人生的第一所学校，家长的言传身教能让子女感受到刻骨铭心的道德力量，子女的孝敬能让父母感受到发自内心的幸福。

中华民族自古以来就重视家庭、重视亲情、重视家教。在历史的长流中，中华民族出了很多伟大而且有影响的亲情故事，有大爱的父母，也有孝敬的子孙。"慈母手中线，游子身上衣。临行密密缝，意恐迟迟归。谁言寸草心，报得三春晖！"（孟郊《游子吟》）；"独在异乡为异客，每逢佳节倍思亲。"（王维《九月九日忆山东兄弟》）；等等。这些音调谐美的诗句都是思念父母、思念亲情的真实印证。可以说，家庭亲情是中华文明长久不衰的根脉，是炎黄子孙延绵不绝的基石。而这些又来自仁爱所孕育出来的感恩之心。

中华民族文化博大精深，又经历了艰辛的历朝历代更替，难免会有损益变化，但孝道文化始终统领着几千年中华民族文化的发展方向，毫不动摇。百善孝为先，孝是每个人为人子女的本分。可以说中华文化之所以长久不衰，成为古代世界文明延续至今的唯一古文明，孝道文化是重要原因。从舜孝感动天，到子路负米，从董永卖身葬父，到丁兰刻木事亲，从杨香扼虎救父，到朱寿昌弃官寻母，一幕幕充满爱的亲情画面从古代走到现代。"香九龄，能温席。孝于亲，所当执。"（《三字经》）九岁的黄香就懂得要孝敬父亲，夏天为父亲扇凉枕席，冬天为父亲温暖被褥。

　　人从出生，首先接触到的就是亲人，首先享受到的也是家庭的环境，美好的家庭固然需要一定的物质条件和社会地位，但"家之兴替，在于礼义，不在于富贵贫贱"。像"二十四孝"所列举的孝敬父母长辈的充满爱的家庭数不胜数，而孝敬的主角，都有一颗感恩的心。正是这样的感恩的心，让中华文明的亲亲之爱始终充满勃勃生机，成为中华民族宝贵的精神财富。

延伸阅读

仁孝之帝

　　史料记载，汉文帝刘恒以仁孝之名闻于天下，侍奉母亲从不懈怠。有一次，他的母亲患了重病，这可急坏了刘恒。他母亲一病就是三年，卧床不起。刘恒亲自为母亲煎药汤，并且日夜守护在母亲的床前。每次看到母亲睡了，才趴在母亲床边睡一会儿。刘恒天天为母亲煎药，每次煎完，自己总先尝一尝，看看汤药苦不苦，烫不烫，自己觉得差不多了，才给母亲喝。刘恒不仅自己注重孝道，而且在国家治理中同样重视。他在位24年，重德治、兴礼仪，注意发展农业，使西汉社会稳定，经济得到了恢复和发展，他与汉景帝的统治时期被誉为"文景之治"。

2. 爱民恤民，以安天下

仁爱要坚守心中有民的情怀，国家的根基在民、力量在民、血脉在民。"良君将赏善而除民患，爱民如子，盖之如天，容之若地。"（西汉·刘向《新序·杂事一》）古人就明确地提出了，为官者要像天一样庇护他的子民，像地一样宽待他的子民。

《三国演义》中描写了这样的故事：刘备当年在新野大败曹军之后，移驻在樊城，曹操为了报仇，亲自率领八路人马杀奔樊城。因曹军势大，诸葛亮料定抵挡不住，劝说刘备放弃樊城，渡过汉水退往襄阳。刘备不忍抛弃跟随自己多时的百姓，就派人在城中遍告："曹兵将至，孤城不可久守，百姓愿随者，可一同过江。"城中百姓，皆宁死相随。刘备令关羽在江边整顿船只。百姓拖家带口，扶老携幼、号泣而行，两岸哭声不绝。刘备在船上见此情景，心中悲恸不已，哭道："为我一人而使百姓遭此大难，还有什么脸面活在世上。"说罢，就要投江自尽，旁边人急忙抱住，众人见状，莫不痛哭。刘备到了南岸，回顾江北，还有无数未渡江的百姓望南招手呼号。刘备急令关羽催船速去渡百姓过江。直到百姓将要渡完，方才上马离去。"携民"渡江这件事，使刘备爱民的名声在中原地区广为流传。后人有诗赞之曰："临难仁心存百姓，登舟挥泪动三军。至今凭吊襄江口，父老犹然忆使君。"统治者的不忍之心大大增强了其统治的合法性基础。

在中国的封建社会中，唐朝可以说是顶峰时期，在当时的世界格局中无疑也是世界大国。唐太宗"贞观之治"时期，经济繁荣，人民生活富裕，社会稳定，甚至基本无强盗。之所以有这样好的成就，与当时统治者"民贵君轻"，"民为水、君为舟"，"民能载舟、亦能覆舟"的思想是分不开的。君臣一心，皇帝体恤臣下，臣民忠心效力。据说

延伸阅读

范仲淹请君尝野草

众所周知，"先天下之忧而忧，后天下之乐而乐"的名言出自《岳阳楼记》。其作者范仲淹不仅这样写，而且也是这么践行的。范仲淹从小出身贫苦，入仕从政后，十分关心民生疾苦。有一年，蝗灾、旱灾蔓延全国，淮南、京东等地灾情严重。当时，范仲淹就请求朝廷巡察处理，朝廷却置之不理。他十分气愤，冒着丢官甚至杀身之祸质问皇帝宋仁宗："宫中的人如果半天不吃饭，会怎样呢？江淮等地饥民遍野，怎能熟视无睹，不予救济？"皇上无言以对，便派他去安抚灾民。范仲淹每到一地，就开官仓赈济灾民，发官钱救济百姓，并带领群众生产自救。和百姓在一起的日子里，他看到饥饿的人们常常挖一种叫"乌味草"的野草充饥，尝一尝，粗糙苦涩难以下咽。回京时，范仲淹特意带回"乌味草"，呈献给宋仁宗，请他传示六宫贵戚、朝廷上下，以劝诫他们勿忘百姓之疾苦，杜绝奢侈之恶习。

贞观十九年五月，唐太宗亲自率军出征高丽。途中唐太宗对将军和普通士兵都非常关怀，有一个士兵生病，不能随军进发，太宗亲到病床前慰问，并将士兵移交当地官府代为治疗。战争结束后，太宗令人将所有阵亡将士的遗骨收集起来，妥善安葬，亲自致祭，痛哭失声，表示哀悼和思念之情。将士们返乡后，将此情景告诉阵亡者的父母，使这些父母大为感动，并发自内心地说道："我们失去了儿子，悲痛万分，但皇帝亲自为他们哭祭，他们在九泉之下也能瞑目，死无遗憾了。"虽然这其中，有着浓厚的封建等级思想影响，但却不失为统治者赢得民心的有效手段。

3. 爱国情怀，延续千载

爱国是仁爱的核心之一，更是中华儿女永恒的主题，《我的中国心》唱得好："长江长城，黄山黄河，在我心中重千斤。无论何时，无论何地，心中一样亲"，直抒胸臆地表达爱国之心。历史上的屈原就是一位把国家看得重逾千钧的爱国诗人。

我们现在每到农历五月初五就要过端午节。传说这个端午节就是为了纪念屈原的。据说屈原投江之后，楚国的百姓哀痛不已，纷纷涌到汨罗江边去凭吊，有些渔夫在江上来回打捞他的尸体，并不停地往江水里丢弃粽子、鸡蛋等食物，说是鱼吃了这些东西之后就不会咬屈原大夫的尸体了。还有一个老医师则拿了一坛雄黄酒倒进江里，说是要药晕了蛟龙，使他不能伤害屈大夫。据说屈原投江的日子是五月初五，从此以后，每年到了这天，人们都要划龙舟、吃粽子、喝雄黄酒来纪念屈原，一直到现在这个传统仍然延续下来，并且把端午节定为国家法定假日。

在中华历史中，如屈原般的爱国人物层出不穷，苏武"留胡节不辱，渴饮雪、饥吞毡，牧羊北海边"；岳飞精忠报国，留下了"以身许国，何事不敢为"的千古绝唱；文天祥"人生自古谁无死，留取丹心照汗青"的大义感天动地；郑成功冒死收复台湾，捍卫了中国主权和领土的完整；林则徐虎门销烟，以无比的勇气和决心维护了中华民族的尊严……

"天下兴亡，匹夫有责"，从古到今一直是中华民族保家卫国、守护河山、寸土不让的爱国主义实践的动力源泉。对于那些来犯的侵略者，中国人一直秉持着"明犯强汉者，虽远必诛"的坚定决心。明朝倭寇大举侵犯台州，戚家军大破倭寇于浙江临海，九战九捷。戚继光曾为诗曰："南北驱驰报主情，江花边月笑平生。一年三百六十日，多是横戈马上行。"

清朝诗人龚自珍曾有诗赞颂为国捐躯的烈士，诗曰："青山处处埋忠骨，何须马革裹尸还。落红不是无情物，化作春泥更护花。"为捍卫国家安宁，纵使身死疆场，魂漂异乡，也会化作春泥依然护花。——这就是中国人的爱国情怀。

三、用仁爱夯牢中国人现代道德的基础

几千年来的仁爱思想世代传承，经久不息，在浩瀚的历史中，其教化、熏陶和引导着一代又一代的中国人爱亲、爱民、爱国，有着重要的社会价值。今天我们进行社会主义核心价值观建设，也要认真汲取其中有益的营养，加以吸收、转化和创新，古为今用，为中国特色社会主义现代化建设夯实道德基础。

1. 为仁由己，慎独自律

"为仁由己"意指实行仁爱，完全在于自己，充分体现了仁爱的自主性，是自身积极主动地将仁爱的道德要求转化为自身的道德标准。这就要求我们在积极践行仁爱时，加强自身的道德修养，自我管

理，自我约束。可以说，一个人能够做到慎独自律，才能做到为仁由己。爱心不是体现在大庭广众之下，而是如滋润万物的春雨"随风潜入夜"，悄然沁入他人心田。就像习近平曾引用的《礼记》的一句话那样，"莫见于隐，莫显于微，故君子慎其独也"。这是道德自律的最高境界，也是为仁爱人的最高境界。

王景林，河北承德市中级人民法院审监二庭庭长，2015年3月，被评为敬业、奉献的"中国好人"。"办案要对得起自己的良心，决不能让老百姓戳脊梁骨。"这是王景林常说的一句话。面对找上门来的群众，尤其是那些生活困苦的人，王景林从不小瞧他们。点一支香烟、递一杯热茶，老百姓得到的是一份温暖；耐心地倾听、细致地明理说法，老百姓感受到的是一份尊重。对一些特别困难的人，王景林还时常从自己的工资里拿出一两百元，让他们去吃顿热饭，买上回家的车票。在王景林的心中，这些人就是自己的叔叔大爷和兄弟姐妹，有些问题一时解决不了，也得让他们带着一份明白和一份关怀离开法院。公平公正是法官的职业要求，而善良同情之心则是一个法官的人格基础。只有具备这样品质的法官才能把看似冰冷的法律转化成一种人间温暖。作为一个"永不倾斜的天平""公正为民的黑脸包公"，王景林时刻把坚守清白作为自己最基本的要求和道德底线。他没有一点不良嗜好，从不进娱乐场所，不收受任何钱财，保持着公正廉洁亲民的形象。王景林骨子里充满着为民情怀，以一颗爱民之心，为民办实事，同时，他坚守道德底线，时刻铭记自己职责，时刻自律，不被外界的功名利禄所沾染，这都是他仁爱道德精神的内化与外行，对仁爱道德精神的实践，真正做到了知行合一。

刘盛兰，年届90仍然坚持拾荒助学的山东孤寡老人。他是山东省烟台市蚕庄镇柳杭村的一位普通村民，"五保"老人。1998年，因一次偶然的机会，他在报纸上看到了一则救助报道，从那时起，73 岁的他就将自己微薄的工资捐出去。而受捐助的学生，也逐渐从周边几个地市"扩张"到全国各地，最多的时候，他同时资助着 50 多名学生。17 年来，他几乎未尝肉味，没添过一件新衣，"吝啬"得连一个馒头都舍不得买，可捐资助学总计 7 万多元，资助了 100 多个学生。风烛残年的他，发出自身微弱的光，却用自己苍老的手，在人间写下大爱。

豹爱芳，海南省昌江县十月田镇敬老院管理员。17 岁开始走进"老人世界"，29 年如一日地独自照料十几位孤寡老人，即使自己生病了也从不轻易离开。每天，天还没亮，她就起床，打扫庭院，为老人整理房间，洗衣服，准备一日三餐，给老人们喂饭、唱歌、讲故事。一年 365 天，豹爱芳天天都是工作日。就连春节万家团圆时，她也是和老人们一起度过，把人生中最美好的年华献给了敬老院，献给了老人们。有的老人病重卧床不起，大小便失禁，豹爱芳给他收拾的时候总是怀着平静的心情，慢慢地帮他擦洗身体，边擦洗边给老人讲故事。老人去世时，豹爱芳来回奔波张罗，给他们洗上最后一次澡，穿上最干净的衣服。有人问她后悔过吗？她总是这样回答，我不后悔，老人需要我，我会一辈子干下去。让老人们吃好、住好、身体好，让他们感受到党和国家对他们的关爱。

"见贤思齐"是人们对崇高道德价值的追求，是道德自律的表现，更是对道德规范的自觉遵从和认同。在我国，当今的道德模范是社会仁爱道德精粹的集中体现，给人们追求仁爱起到了示范作用，是人们学习的榜样。近年来，各地评选出来的道德模范，就是自觉践行社会道德要求的典范。这一个个道德模范，在社会上竖起了一个个标杆，一面面旗帜，在群众中提倡一种导向，一种追求。模范人物以鲜活、直观的印象，深化了人们对道德力量的理解和认同，以自己坚定的信念、崇高的精神和高尚的道德诠释了社会的主流价值，构成了个体在道德实践中的标准和参照。榜样的力量是无穷的，道德模范的典型形象能够给人们带来极大的精神鼓舞与心灵的感染。

2. 推己及人，与人为善

中华传统文化的"仁爱"道德是博大的，是推己及人，推己及天的一种博爱。缺少与人交往，脱离自然、脱离社会就可能失去仁爱的载体。仁爱道德精神是人们在与人交往，与自然相处中应该遵循的行为准则，也是作为公民应有的品德操守，这就是社会公德。社会公德

延伸阅读

叶存仁作诗巧拒礼

清代河南巡抚叶存仁的"不畏人知畏己知"的故事，被作为官员常修为政之道，常怀律己之心的典型事例。叶存仁在一次离职时，僚属们为避人耳目，在深更半夜用小船给他送了一批礼品。叶存仁既不想私藏暗吞，又不愿生推硬挡，就写下了一首"月明风清夜半时，扁舟相送故迟迟。感君情重还君赠，不畏人知畏己知"的诗巧妙地加以拒绝。这则律己故事能够在厚重的历史中脱颖而出，因其"不畏人知畏己知"的诗句体现了叶存仁为官自重、自爱、严于律己的高尚言行和道德操守。

是社会生活中最简单、最起码、最普通的行为准则，是维持社会公共生活正常、有序、健康进行的最基本条件。这就要求我们的政府讲诚信、自律和包容，要求我们与人交往时有善心、爱心、同情心，与人友好相处，和睦共处，与自然相处时，尊重自然规律，爱护环境，只有这样，我们的社会才能和谐。

"推己及人"也是一种换位思考的仁爱。换位思考经常被用于处理人际关系问题，也是人们在思考一些社会公共问题时的习惯方式。"推己及人"意指以己心度人，用自己的心意去推想别人的心意，设身处地地为他人着想。"推己及人"和"换位思考"在某种意义上相同。中国人民善良、淳朴，热情好客，乐于助人，与人为善，小到家庭成员之间的互敬互爱，互帮互助，大到为社会献爱心、做公益、做慈善，为世界各国提供国际主义援助等等，这些都是中国人民对仁爱道德思想的遵从和认同，内化于心、外化于行的集中体现。中国人民在大事大难面前，能辨是非、明事理，不分尔我、不分地区、不分民族、不分种族，甚至不分国界。2003 年中国爆发"非典"，2008 年发生汶川地震，2010 年发生玉树地震，等等。中国人民在大灾大难面前发挥了仁爱无疆、大爱无界的精神，携手奋战，克服重重困难，战胜非典，化悲痛为力量从地震中重生。当国际社会发生重大疫情、重大灾难时，中国人民推己及人，发挥大爱无疆的精神，无偿地向国际社会提供人道主义援助。2014 年 3 月，西非爆发了埃博拉疫情。为了抗击埃博拉疫情，中国先后多次向西非派遣援非医疗队，他们面对被感染，甚至可能危及性命的高危病情，毅然与非洲人民站在一起，患难与共，风雨同舟。这彰显了中国人民推己及人、仁爱无疆的道德精神和高尚品质。就要求我们无论是在小事上还是大事上多换位思考，推己及人，把仁爱无疆的精神传承下去，这是一种社会公德，更

是社会和谐、世界和平的道德基础。

中国人不仅把自己的大爱推己及人，也推己及天，由之而爱大自然。《易经》有云："天行健，君子以自强不息；地势坤，君子以厚德载物。"这是人们向天、向地看齐的体现。然而，近年来，人类的社会活动破坏了自然规律，自然环境遭到破坏，自然资源遭到掠夺，致使珍稀动物濒临灭绝，生物种变异，威胁人类生存的各种癌症频发。这不得不引起人类反思自身行为，推己及天。环境保护，成为了当前国际社会普遍关注的热点问题。在我国，近年来，黄河的长时间断流，沙尘暴、泥石流的频发，雾霾、雪灾、水灾、冰灾等一系列环境问题所带来的危害，使人们越来越清醒地认识到环境和资源是人类生存和发展的基本条件。能不能有效地保护环境，关系到每个公民的生活质量和切身利益，关系到人们的安居乐业，关系到我们的子孙后代能否持续发展。保护环境，就是保护我们自己，这是社会公德的一项基本要求。为了保护地球，为了护住青山绿水，为了达到人类与自然和谐相处，就要求我们树立"保护环境，人人有责"的观念，从自身做起，从小事做起，自觉节约资源，反对浪费，积极植树造林，保护绿化成果。海南从 2011 年起，以创建全国生态文明示范区为目标，持续开展绿化宝岛大行动。一方面造绿、造景、造彩、造美，提高绿化面积和森林质量，建设全国人民的"四季花园"；另一方面调整林业结构，转变林业发展方式，增加农民收入，打造可持续发展的"绿色银行"，推动海南人民幸福家园建设。大行动实施 4 年造林绿化面积近 136 万亩，全省森林覆盖率 61.5% 以上，全省生态环境显著改善，公民环保意识明显增强，城乡形象品位快速提升。

仁爱坚守，春暖花开。"助人为乐"是我国的传统美德，是仁爱思想的内容，也是人格升华的标志。它就像春光，温暖人间，就像雨露，滋润大地。在我国历史长河中不乏见义勇为，助人为乐的真人实例，比如雷锋、郭明义、方俊明等等。其实，在现实社会中，每个人都不是孤立存在，必须生活在一定的人际交往中。人人都会遇到一些困难、矛盾和问题，都需要别人的关心、爱护，更需要别人的支持、帮助。在社会生活中，如果每个人都能主动关心、帮助他人，从自身做起，从小事做起，使助人为乐在社会上蔚然成风，那么，你就能随时随地得到他人的帮助，感受到社会的温暖。

我们每个人都应该发扬助人为乐的精神，积极主动地爱护他人，帮助他人。社会公益是助人为乐新的形式，它反映了社会主义的新型人际关系，与我们息息相关。每个公民都要关注和支持社会公益，多献一点爱心，多添一份真情，在社会生活中做一个热心人，如赈灾救荒、捐资助学、义务献血、紧急援助、公共福利、慈善等等。"赠人玫瑰，手有余香"，我们每个人都为社会献爱心，添真情，社会就会更加温暖，生活就会充满着花香。

3. 心怀天下，矢志报国

"奉献精神"是一种爱，是对自己事业的不求回报的爱和全身心的付出。就个人而言，是在这份爱的召唤之下，把本职工作当成一项事业来热爱和完成。热爱、奉献、报效祖国也是一种仁爱道德精神，是强烈的社会责任感和历史使命感使然。

"天下兴亡，匹夫有责"是清朝顾炎武的爱国精神体现；"先天下之忧而忧，后天下之乐而乐"诠释了范仲淹"心怀天下"的爱国情怀。正是在这种"心怀天下"的仁爱之奉献精神熏陶下，在外敌入侵，国难当头时，才有无数仁人志士怀着强烈的历史责任感，为争取民族独立和人民解放，置身家性命于不顾，抛头颅、洒热血，赴汤蹈火，在所不辞。虎门销烟中林则徐不惮外敌，正气凛然；甲午风云中邓世昌冲锋陷阵，奋不顾身；康有为、梁启超和谭嗣同等维新志士倡导变法以救亡图存；孙中山、黄兴等为代表的一大批革命英豪为民主共和奋斗献身，他们都是爱国主义的杰出代表。

在新中国，这样的典型更是不胜枚举。远离了硝烟弥漫的战争年代，进入了社会主义建设的和平时期，心怀天下，矢志报国的仁人志士都对社会道德关系和道德生活有着深刻的认识，都具有强烈的社会责任感和历史使命感，视天下兴亡为己任，为了祖国的安宁、人民的安康而无私奉献。"两弹一星"之父钱学森，中国水稻之父袁隆平，中国桥梁之父茅以升，等等，他们都有留学或在国外任教或任职经历，但其发誓报效祖国的爱国心驱使他们回到祖国的怀抱，在自己的专业领域刻苦钻研、勇于攀登、默默奉献。被誉为"中国核潜艇之父"的黄旭华，是中国第一代核动力潜艇研制创始人之一。为研制核潜艇，30 多年中，父亲和 8 个兄弟姐妹都不知道他在干什么，母亲从 63 岁盼到 93 岁才见到儿子一面。为了艇上成千上万台设备，上百公里长的电缆、管道，他要联络全国 24 个省市的 2000 多家科研单位。没有计算机，他和同事用算盘和计算尺演算出成千上万个数据。1964 年，黄旭华终于带领团队研制出我国第一艘核潜艇，使中国成为世界上第五个拥有核潜艇的国家。1988 年，核潜艇按设计极限在南海作深潜试验，黄旭华亲自下潜 300 米，是世界上核潜艇总设计师亲自做深潜试验的第一人。心底里发誓报效祖国，是无声的，辛勤耕耘、默默奉献，但其取得的成就，是有声的，迸发出的力量，是无穷的。

《周易》的乾卦中讲道：立天之道曰阴与阳，立地之道曰柔与刚，立人之道曰仁与义。如果没有仁和义，就无法做人。仁是心之德、爱之理。一个讲仁爱的人，必定是一个道德高尚，有爱心的人。

第二章
重民本——中国人的安国之基

　　"民本"是"民惟邦本，本固邦宁"的缩简。此语最初出自《尚书·五子之歌》。据载，大禹之孙太康，因为没有德行，长期在外田猎不归，招致百姓反感，被后羿侵占了国都。他的母亲和五个弟弟被赶到洛河边，追述大禹的告诫而作《五子之歌》，表达"失国"怨恨与哀悔。意谓民众是国家的根本、国家的基石，只有巩固国家的基石，国家才能安宁。此后，历代的明君也好，贤臣也好，哲人也好，皆以此为镜，且不断丰富"民为邦本"的内涵，从而成为中国传统治国理论的核心，成为检验治政者的试金石，成为有道君王的价值理念。纵览历史，"以民为本"的思想，是中华民族的老祖宗淬炼了几千年的人文精华。而民本思想的内涵也随着时代的发展而不断丰富，形成了中华民族文化的一道亮丽风景。

一、寻根溯源探民本

单从字面上考究，当今讨论得热火朝天的"人本"，其发明权应该也在古代中国。早在公元前 700 年左右，春秋时期的管仲告诉齐国的君王说："夫霸王之所始也，以人为本。本理则国固，本乱则国危。"（《管子·霸言》）当然，这里的"以人为本"与当代西方炒得热火朝天的"人本"还是有所差别的。西方"人本"所指系无等级差别的"人"，管仲所说的"人"其实是"民"的代指。在当时，许多地方的"人"与"民"通用，指一个国家里当政者所辖治的老百姓。其时，诸子百家文章中所提到的"楚人""齐人""鲁人"等，实为"楚民""齐民""鲁民"，"以人为本"实为"以民为本"。所以，后来的研究者都把管仲的这句话纳入民本思想的范畴之内，作为早期对"民本"的一种精辟解读。

1. 三皇五帝，民本胚胎

如果单从"民惟邦本"这句话来解读，把民众当作立国之本，是从有邦国以来的国家统治者对民众应有的正确态度。因为，从这句话里可以读出两重意思：其一，民本思想是邦国的产物；其二，民本思想是国家统治者的治政理念。"民惟邦本"是伴随国家产生而产生的政治理念。毫无疑问，有国家，就有了固定的社会空间和国家权力波及的范围，也就有了"民"这一特定的社会阶层，也就相应地有了国家统治者对这一特定社会阶层的态度。

一般的认为，民本思想起于商周，缘由来自于最早的甲骨文所作的真实记录，后来人们在商朝的甲骨文上发现了中国文字史上的第一个"民"字。但是，那些没有形成文字的更久远的时代，如夏朝，乃至更远一些的三皇五帝时代，难道就没有民本思想的端倪吗？

有一篇文章就这样写道：远古之时，"钻木取火，以化腥臊"，燧人氏能让人民"饭熟食"是对民本思想的践行；"构木为巢，以避群害"，是有巢氏能让人民安居而对民本思想的践行；黄帝为民操劳，得民心，顺民意，颛顼"养材以任地……治气以教化"；帝喾"顺天之意，知民之急，取地之材而节用之，抚教万民而利诲之"；帝尧"九族既睦，便章百姓"；舜能"举八恺，内平外成"；禹为治理洪水，造福于民"乃劳身焦思，三过家门而不入"。上面列举的事情，皆为在中国流传了数千年的上古传说。这些记载在册的传说中，三皇五帝的亲民爱民惠民的形象跃然而出。而且，这所有传说中，除大禹的传说是有邦国之后发生的，其他皆是发生在原始部落的事情。没有文字、没有邦国，并不妨碍部落首领对部落族人释放爱心善意。

古代人从游牧者变为农耕者之后，开始定居，氏族公社的凝聚力也大大加强——集群性加强，氏族首领的权力也大为加强。尽管，部落长老会议还属于最高权力机构，但部落首领却拥有至高无上的执行权力，包括掌控生杀的大权。有人说，氏族公社其实已经具有国家雏形，属于不是国家的国家了。在这个时期，氏族首领与氏族成员之间，实际上已经存在着类似国家的统治者与被统治者之间的关系问题了。据《史记》记载："蚩尤最为暴，莫能伐。炎帝欲侵陵诸侯，诸侯咸归轩辕。轩辕乃修德振兵，治五气，蓺五种，抚万民，度四方。"尽管后来尊黄帝为中华民族始祖，称其为中华第一帝，但却不能不承认，黄帝其实就是当时最大的一个氏族部落首领。"抚万民"，作为统治者的黄帝对待民众的态度，明显地带有"亲民"的倾向。也意味着，从黄帝时代开始，中国的君王就有了修德爱民的好传统。此后的尧舜执政时代，同样继承了黄帝以德治天下的理念和事业。虽然，关于那个时代的历史同样是因为缺少文字的记载，已经湮没不可闻，但流传下来的神话传说所勾勒出来的尧舜时代，却显示一个虽朦胧却又令后人十分向往的亲民时代、风俗淳朴的时代。不然的话，后来唐朝的大诗人杜甫为什么会有"致君尧舜上，再使风俗淳"诗句？当今伟人毛泽东怎么会写出"六亿神州尽舜尧"的诗句？

2. 夏亡之鉴：佚失邦本

如果说"民惟邦本"是大禹对子孙后代的训诫，那么，真正违背祖训的，却是夏朝的第 17 个君王桀。其荒淫残暴给邦国之"本"带来莫大的痛苦。据传，当时的臣民都指着太阳咒骂夏桀说："时日曷丧，予及汝偕亡"。意思是说，你几时灭亡，我情愿与你同归于尽。正因为夏桀的无道，使得后来商汤推翻夏朝的举动，成为顺应民心的义举。《易·革·彖辞》中有："汤武革命，顺乎天而应乎人"的名言，就反映了汤武革命属于顺应天道民心的正义之举。这里所说的"汤"，就是中国历史上第二个王朝的开拓者——商汤。商曾是夏朝的一个部落属国，因夏桀的残暴，商汤带领商部族和其他反抗夏王朝残暴统治的同盟部族，运用战争的暴力手段，一举推翻垂死腐朽的夏王朝，建立起新的统治秩序。商汤在伐夏的誓师大会上说："夏桀一直要人民负担沉重的劳役，人民的力量都用完了，他还在残酷地剥削压迫人民，人民对夏桀的统治非常不满，大家都怠于奉上，对国君的态度很不友好，甚至要与夏桀一起去死！夏国的统治已经坏到这种程度，现在我下决心要去讨伐它"。很快，汤灭夏建立了商朝，建都于亳（今山东曹县东南）。商汤首开以武力夺天下的先例，打破了"天子不可变"的铁律，使中华帝国以后的历史变得多彩多姿。同时，也从另一方面佐证了"民惟邦本"的思想真理性——谁失去"民"这个"本"，谁就会落得覆灭的下场。

汤建商朝之后，吸取夏朝教训，实行"以宽治民"的政策，注意发展农业生产，从而使商朝延续近 600 年，经历 17 代 31 帝。但其最终的覆灭，也是因为其最后一个君王商纣的无道害民所致。而周武王是打着"天命靡常，惟德是辅"旗号，向腐朽的商朝发起猛烈攻击的。取商而立周的君臣从商的覆灭得出一个经验教训：天选择敬天有德者做天子，付给他土地和人民，要天子代天保民；如果天子不能保民，天就会降灾，就会易"天命"，断绝天禄，也就是换替天子。只有敬天保民，才能使王权巩固和稳定，受天永命。为了更确切地了解民情民意，西周还建立了"采诗"制度，这也是后来"诗经"的重要来源。《尚书·召诰》为此就记有警语：古先民之王夏禹能敬德，天道从而保佑夏王朝的平安执政；桀弃禹之法所以而坠天命；殷王朝亦如夏桀背弃了天命，所以皇天不佑。西周初年的文书诰命中，就贯穿着西周贵族这种"保民"思想。如《尚书·泰誓》中说："天视自我民视，天听自我民听。"《尚书·酒诰》云："人无于水鉴，当于民鉴。"周朝欲至于万年惟王，子子孙孙须得永远保民。应该说，中国的民本思想在这个时候已经初具雏形，并成为周王治国理政的指导思想。

3. 百家合唱，民本涌潮

春秋战国时期是政治思想日趋活跃的时期——被称之为"百家争鸣"的时代，也是民本思想蔚成大观的时期。在当时"百家争鸣"的大合唱中，"民本"是其中一支格外响亮的旋律。可以说，那个时期崛起的诸子百家，有许多观点都发生着激烈冲撞，唯独在"民本"的问题上却有着惊人一致的观念。"民贵君轻""以民为本"等一系列人道的声音，被儒家、道家、墨家、法家、杂家等，从不同角度予以诠释、放大，汇成了一股激昂奔腾的民本思想大潮。

春秋时期，是诸侯国家争霸称雄的时期。面对诸子百家的积极倡导，当时但凡有远见有抱负的各国统治者，从维护统治阶级的利益出发，都不得不认真考虑"民本"的价值，并以其为基础谋求争霸称雄。各国争霸称雄的举动，导致这一时期的社会激烈动荡。而在动荡中，民众在政治生活中的地位却有了空前的提高，民本思想也随之取得了重大发展，于是，"民为神主""君为民设"演化成一种重要的社会思潮。其中影响最大的要数孔子，孔子对国家的暴力作用进行反思，提出"仁者爱人"原则，主张重教化而轻刑罚，强调"使民如承大祭"。他的博施于民的圣王观，实际是从人道主义高度，打着克己复礼的旗号，对殷周和春秋以来的重民、得民、保民、有民、爱民、成民、养民、利民、亲民、富民、裕民、便民等治国理念和执政经验进行总结和升华，并在此基础上构建起民本思想体系。

被孔子称为"真吾师"的老子，借圣人之口，对于民众的生存状态与发展趋势以及应有的标准，提出了"民自化，民自正，民自富，民自朴"四点要求，这四点要求一言以概之，就是要求民众靠自己的智慧与力量去不断进行变革，去坚持正道，去努力发展经济，去保持淳朴的民风。而作为君王，对民众的态度，则应该做到"贵以贱为本，高以下为基"。同时，要求统治者充分考虑到民众的意愿，所谓"圣人无常心，以百姓心为心"，提醒统治者"民之饥，以其上食税之多"，不要对老百姓盘剥得太多。他还警告统治者，不能把老百姓逼得太急，"民不畏死，奈何以死惧之"。

在一些研究先秦民本思想的著作里，大都推崇孔孟。其实，这一时期倡导民本最力者当属管仲。这位扶持齐桓公登上霸主宝座的贤相，不仅仅是坐而论道，而且付诸践履，形成相对完整的民本思想体系。对于管仲的治国之道，述而不作的孔子都赞叹不已地说："桓公九合诸侯，不以兵车，管仲之力也。如其仁　如其仁！"连用两个"如其仁"，可见孔子对管子的功绩和仁德的充分肯定。管子最大的"仁"，便是爱民。而爱民思想又体现"殖民、富民、教民、正民"这些方面。《管子》一书民本思想内容非常丰富，始终围绕着顺民心，应民情而展开。在政治上，崇尚德礼，爱民惠民；在经济上，提倡节约，重农富民；在法律方面，主张严格执法以安民。他的民本思想，成为后世一些君王贤臣的治国宝典。即或对今天那些在民主条件下的执政者，都有一定的启示作用。在重民方面，管子把民众分为士、农、工、商四个社会阶层，并认为"士农工商四民者，国之四民"；在爱民方面，管子又分别提出了具体行动路径，"放旧罪，修旧宗，立无后，则民殖矣。省刑罚，薄赋敛，则民富矣。乡建贤士，使教于国，则民有礼矣。出令不改，则民政矣。此爱民之道也。"也就是说，爱民，就要增殖人口，就要省刑薄敛，就要教民知书达礼，就要取信于民；在惠民方面，管子更是落在实处。在他当上宰相40天，就五次督促桓公在齐国推行九惠之教的社会福利政策，以对百姓实行教化。九惠之教的内容如下：一曰养老，二曰慈幼，三曰恤孤，四曰养疾，五曰合独，六曰问病，七曰通穷，八曰赈困，九曰接绝。这九项优惠政策，使齐国敬老爱幼的社会风尚蔚然成风。尽管后人质疑《管子》非管仲一人之力所著，但其中所载应是对管仲治国理政思想与实践的总汇。

进入战国前期，激烈的政治竞争和百花齐放的学术氛围，终将民本思想的发展推到前所未有的高度，民本思想在诸子的思想体系中也有了比较完整的阐述。无论是托管晏之名而明确概括出的法家化的"民本"提法，还是此时产生的农家"饔飧而治"的政治空想，抑或是老庄基于悲天悯人而形成的淡化政府权力的深邃思辨，以及墨子的兼相爱、交相利思想以及"节用""节葬""非攻""尚贤"等主张，都显示出民本思潮的多角度展开和全方位推进。但是，直接把民本思潮推向新高潮的，则是儒家思想的集大成者孟子。

被后人称之为"亚圣"的孟子，以道德为本位、以教化为己任，在烽烟四起的大背景下，大声疾呼，要解民于"倒悬"及"水深火热"，强调从"恒产"即产权制度入手建立社会和谐。孟子将君与民放在政治天平上权衡，将邦国与民众的关系延伸到君王与民众的关系方面，得出"民为贵，社稷次之，君为轻"的超越政治的结论。他认为，那些不施仁政的暴君不能叫"君王"，而应叫"独夫"，而"独夫"就该杀，杀了就大快人心。《孟子·梁惠王下》里有这么一段对话，就表达孟子的观点——齐宣王问曰："汤放桀，武王伐纣，有诸?"孟子对曰："于传有之。"曰："臣弑其君，可乎?"曰："贼仁者谓之'贼'，贼义者谓之'残'。残贼之人，谓之'一夫'。闻诛一夫纣矣，未闻弑君也。"与此同时，孟子还深入阐发了"忧民之忧"及"与民同乐"的思想，认为"乐民之乐者，民亦乐其乐;忧民之忧者，民亦忧其忧。乐以天下，忧以天下，然而不王者，未之有也"(《孟子·梁惠王下》)。从而使民本真正成为一种文化信念及精神境界，成为民本思潮的时代最强音。

荀子也特别强调民本思想。他的"天之生民，非为君也;天之立君，以为民也"(《荀子·大略》)，从另一个角度强调了"君轻民重"。按照荀子的观点，民众的出现不是为了拱卫君王，而君王的产生却是因为民众。正如法家思想家慎子所言，"立天子以为天下，非立天下以为天子也。立国君以为国，非立国以为君也"(《慎子·威德》)。由此可见，社会公平正义、国家公益者是目的，确立君王只是手段。从理论上把天下与天子，国家与君主区别开来。此外，荀子对君民关系作出舟水之喻："君者，舟也；庶人者，水也。水则载舟，水则覆舟"（《荀子·王制》），进一步肯定民众在国家政治统治中的作用。

正如后来人们都会探究春秋战国为什么会出现百家争鸣的局面一样，许多人也在探究这一时期汹涌而起的民本思潮的起因。其实，原因很简单。春秋战国是诸侯逐鹿的时代，周天子已经无法号令天下，任何一个诸侯国都有机会争霸称雄，也都想争霸称雄。那么，争霸称雄的本钱是什么呢？就在于富国强兵。因此，几乎所有的国家，都在寻找富国强兵的路径。而几乎所有的有识之士都认识到，富国强兵的最基本的途径，便是在"民"。所谓天时地利人和，最重要的便是人和。既要民众——人多——在冷兵器时代人多是第一因素；又要民富——富裕了的老百姓会全力保护自己的美好生活；更要民拥——得民心者得天下，失民心者失天下。这样，几乎所有的谋士都会围绕"民"字做文章，从而使得民本思想如同其他百家理论一样，在这个风云变幻的时代即蔚为大观。

4. 民本流筋：张扬、失落

从秦始皇时期开始，随着封建集权的进一步确立和强化，民本思想逐渐向集权靠拢，强化了君权，弱化了民本。这一点，早在战国后期的荀子及其法家弟子韩非初步完成了对于民本思想的理论改造之际，就已露端倪。特别经过西汉中期董仲舒独尊儒术的思想在政治中的实践，使民本思想完全与封建政治整合，民本这一先进的政治理念逐渐沦为统治者手中的权术、工具，逐渐丧失了对封建集权的制衡能力。可以毫不客气地说，自秦汉直至明末清初，民本思想没有太多的创新，倒有不少的失落。当然，这一时期的民本思想的演变也有一些亮点，例如，民本思想被确立为国家统治思想的组成部分；例如，民本思想被部分法制化等，对古代的民本思想起到了很好的传承作用。

秦朝的暴政，特别是焚书坑儒之举，使这一时期民本思想的发展，几乎可以忽略不计。当历史进入汉王朝之后，民本重新复苏，并开始新的整合。整合的结果，形成了儒家学说一家独尊的局面。自此之后，儒家学说一直成为各个朝代思想文化的主旋律。儒家学说中那些与民本相关的思想，也同样成为国家统治思想的组成部分。纵览历史，我们可以发现，秦汉以来，一些民本思想并不是作为仕官劝谏的内容流传下来的，而是以一种制度的形式保留下来的。例如，"天作君师""立君为民"等，就成为实行君主制度的主要理据；"天下归往""慈惠爱民""安民立政"等，就成为帝王尊号与谥法制度的重要理据；"天与人归""天心民欲"等，就成为君位继承制度的重要理据；"令顺民心""以民为鉴"等，就成为言路制度的主要理据；"设官为民""作民父母"等，成为官僚制度的重要理据；"有功于民""化民成俗""以为万民"等，成为国家祭祀制度的主要理据……在历代文献中，记述上述现象的史料不胜枚举。包括应答天谴的"禹汤罪己"行为，以及历代帝王检讨自我过失的程序化御用文书"罪己诏"，均以民本思想为主要理据。

封建制度的最大特点，便是集权、专制，因此，在秦汉之后民本思想的发展，皆没有超越春秋战国时期所形成的民本思想成果。不过，我们仍然可以从历史的长河中，找到一脉相承的民本思想发展路径。尤其是科举制和清官的出现，为民本思想践行带来了阵阵清风。自隋唐以来兴起的科举制，为平民的政治上升发展提供了一条新路。历代史书中所彰显的为民请命的"清官"，也是在专制高压下开出的一朵民本奇葩。翻阅中国的史书和小说、戏剧等，我们可以发现，无论是史料还是文学作品或者民间传说中，都用大量的篇幅文章来给清官立传，对他们进行歌颂。在司马迁的《史记》中，将清官称之为"循吏"，之后的《汉书》《后汉书》等许多史书中都有"循吏列传"。而在文学作品和民间传说中，清官的传说更是不计其数。比如：包拯、海瑞、于成龙等等，而且更是把包拯推崇到神的地步，说他"日判阳案，夜判阴案"。可以说，清官是封建社会中上层统治者和下层百姓对管理的共同要求。且这种清官思想已经成为一种情结，已经渗透到全体社会成员的心理深处，可以说，对清官的肯定与认同，已经成为旧时代全社会和全民的一种共同心理和共同价值取向。这种清官情结，无论是历代统治者，还是普通老百姓，他们都具有。统治者为这些人立传，视其为官吏之楷模，倍加褒扬，是希望借此偶像式宣传为其澄清吏治，维持君主专制。百姓大众对清官崇拜，则希望身边能有这样一位"青天大老爷"来给他们做主，有了清官，天大冤屈也能申解。因此，在国人理想的人格系统中，清官就格外值得推崇。似乎万民的福与祸，国家的兴与衰，都系之于那些既智慧超群，又鞠躬尽瘁、克己奉公的清官身上。

秦汉之后的民本思想还有一个亮点，就是底层民众的觉醒。往往在君王失落民本思想时，来自底层民众对民本的呼唤，成为社会最强音。历代的农民起义，喊出的口号就带有浓厚的民本思想。秦末农民起来喊出"王侯将相，宁有种乎"，集结起成千上万的渴望改变命运的农民。一介平民刘邦就在这样的口号的激励下，打败贵族出身的项羽夺取了天下。同样，宋朝农民起义的口号"均贫贱，等富贵"，在历史上第一次提出了财富上平均和政治上平等的思想。而且，在宋朝起义英雄中还流传着这样一句话，"皇帝轮流做，明年到我家"。尽管这一切是在高压中爆发出来的反抗声音，但让民本变成民众的追求，

却是民本思想的历史进步。

浏览秦汉以降民本思想的流觞，我们还可以发现这样一个规律：几乎所有的开国（兴国）帝王，都会重视民本思想。历史上的"文景之治""贞观之治""康乾盛世"等等，都与当时的君主和政治家们积极弘扬民本思想密不可分。而另一方面，几乎所有的亡国君主，其民本思想都是十分淡薄的。封建集团越集权、统治者越专制，民本失落得就越多。而每当政治黑暗、民生凋敝之时，民本思想又成为政治家、思想家们抨击暴政、主张改革的思想武器。历代王朝的兴衰正应验了春秋战国时期的一句话：得民心者得天下，失民心者失天下。

罪己诏

罪己诏是古代帝王反省罪己的御用文书。论其起源，当从禹、汤开始。此后，周成王、秦穆公、汉武帝、唐德宗、宋徽宗、清世祖，都曾经颁发过罪己诏。罪己诏大多是在阶级矛盾异常尖锐、国家处在危难之时颁发的，目的是消除民怨，笼络民心，具有较大的欺骗性。但是，其中也在一定程度上包含着帝王对自身过错和失败的反省忏悔。因此，我们还是可以从中得到一点启示——"禹、汤罪己，其兴也勃焉；桀、纣罪人，其亡也忽焉"。

二、民本：政道放大的仁爱

传统的民本思想，强调民众在社会生活和国家政治中的重要地位，揭示出民心向背与王朝兴衰的基本规律，民本主张闪耀着仁爱的光华。审视中国传统的民本思想，有四个基本方面贯穿始终，这就是：重民、爱民、惠民、顺民。

1. 重民：民贵君轻

所谓重民，就是重视与肯定民众在社会生活、国家政治中的基础性作用。重民是古代民本思想的理论基础，民本思想就是在这个基础上延伸与发展的，都是对为什么"重民"，如何"重民"的阐释。

"民惟邦本"作为古代重民思想的"元理论"，揭示了民众是立国根本的真谛，也是国家保持安宁的重要基石。商朝开明君主有鉴于前朝的教训，对民众的力量有所认识，商王盘庚说："古我前后，罔不惟民之承。"认为"惟民之承"是老祖宗传下来的传统。

显然，古人心目中的"邦本"并不是只有"民"，还有天（天帝）、君王等因素。但这些因素的权重在民本思想里发生着变化。商朝在重民的同时，更多地重神。商汤灭夏时，是借助天的意旨来动员将士的，纣王在失败时仍然认为是"天亡我商也"。周初统治者在反思商朝灭亡的教训时，认识到了民众才是决定王朝命运的关键力量。他们慨叹"天命靡常"，认为上天不完全可靠，而且天命是通过民意体现出来。只有将天命与民众结合起来，才能保证国家的安宁。为此，他们将天命与民意结合，提出了"敬天保民"。周平王东迁后，政治家、思想家们对于民众力量的认识更为清晰，天神的地位进一步下降。公元前 706 年，随国大夫季梁在与随君论述治国之道时提出："所谓道，忠于民而信于神也。……夫民，神之主也。是以圣王先成民而后致力于神"（《左传·桓公六年》），如果要给"民"与"神"对一个圣王的重要性排序的话，那么必须"先民"而"后神"。对此，虢国的大臣史嚚也作过比较，他说："国将兴，听于民；国将亡，听于神。神，聪明正直而壹者也，依人而行"（《左传·庄公三十二年》），国家兴盛决定于民而非什么"神"，因为"神"也站在民的一边。在一些好的方面，"神"也会按照人的要求来做。到春秋中后期，郑国政治家子产则进一步提出"天道远，人道迩"（《左传·昭公十八年》）的思想命题，从而揭开了先秦诸子天人关系论的序幕。

在民与君的比较中，管仲最早提出"齐国百姓，公之本也"，在把民众作为邦国之本的同时，也视为君王之本。认为"政之所兴，在顺民心；政之所废，在逆民心。"老子的名言"贵以贱为本，高以下为基"，则从哲理层面诠释了贵与贱、高与下的本末关系。"自古至于今，与民为仇者，有迟有速，而民必胜之。"从为政角度提出了重民的意义。而孟子的"民为贵，社稷次之，君为轻"更是震古烁今，直接把民众的重要性置于邦国、君王之前。此后，荀子则将民与君形象地比喻为水与舟的关系："君者，舟也；庶人者，水也。水则载舟，水则覆舟。"以之警诫：邦国之兴在民，其亡也民。较之"国将兴，听于民；国将亡，听于神"更进了一大步。而唐朝的李世民则把荀子的舟水理论运用到治国实践，并以之告诫自己的后代。此后，关于重民的思想，大多是从先秦这一时期的诸多观点生发出来的。

2. 爱民：民心作君心

如果说，治国者出于对民众力量的肯定与敬畏而主张"重民"，带一种"君本位"的政治谋略在内，那么，老子从"圣人无常心，以百姓心为心"出发的爱民说，便较具民本位意蕴。爱民是重民的最好体现，或者说，是一种自觉的重民思想。

孔子从"仁者爱人"思想出发，要求统治者"节用而爱人，使民以时"，实行仁政。孟子的爱民，则是强调与民同忧乐。墨子则站在庶众立场上，希望治国者能"与百姓均事业""共劳苦"，进而提出"兼爱"主张。清初思想家唐甄崇仰墨子的这一高远理想，劝谏当政者："君之爱民，当如心之爱身也"。为了表达爱民之心，古代一些贤明的君王，不仅把民众当成自己的子女——子民，也要求所有的官员都要做到"爱民如子"。

爱民的另一面，就是提倡在情感上与老百姓同忧同乐。孟子反对治国者"独乐"，力主"与民同乐"，做到"乐以天下，忧以天下"。唐代大诗人杜甫希望"安得广厦千万间，大庇天下寒士俱欢颜"。宋代文学家范仲淹的"先天下之忧而忧，后天下之乐而乐"则成为千古名言。清初唐甄则推尊尧舜的与民同甘苦，为民奉献精神："茅茨不翦，饭以土簋，饮以土杯。虽贵为天子，制御海内，其甘菲食，暖粗衣，就好辟恶，无异于野处也，无不与民同情也。"

中国的五千年文明史，是从黄帝时代算起的。但史书记载的第一个王朝是夏朝，距今亦有四千多年了，之前是传说中的三皇五帝时代。传说中，三皇五帝皆是仁爱之君，为民众做了许多好事。到了建立中国第一个朝代的大禹这里，大禹的业绩与精神为历代勤政爱民的政治家所效法。特别是儒家经典中，一再称颂了大禹仁德爱民、选贤举能、躬亲劳苦、鄙薄奢侈、好善言、能纳谏等优良品德。经过中华五千年文明的陶冶，大禹精神已经融化到中华民族的文化生命之中。

灭掉夏朝的商汤，也是历史上的爱民之君。据说商汤在位期间，曾遇到严重的旱灾，七年之间一滴雨水也没有，连江河都干涸了。商汤叫太史占卜，太史说："要杀人作牺牲，向上天祈祷，才会下雨。"商汤说："求雨本来就是为了人民，怎么可以杀害人民用作牺牲呢?"于是剪掉头发代替首级，把自己作为牺牲，向上天祷告求雨。商中期的盘庚也是个爱民君王，他提出"重我民，无尽刘"，即敬爱民众，奉承民意，不要随意伤害民众。据《尚书·盘庚》记载，其时商王"视民利用迁"，并向民众宣示："用奉畜汝众"，就是说迁都迁邑是为了养育你们。此后的历朝，皆出现过一些爱民的仁君，在中国历史上留下千古佳话。无独有偶，有仁君的时代，往往会有爱民的贤臣，不仅积极劝谕君王要爱民，而且自己也身体力行地爱民。

爱民是一种情怀，也是民本的最高境界。只有真心实意地爱民，才会无私地惠民，并会自觉地顺从民意，让民众得到良好地发展。从这个意义上讲，民本思想就是仁爱思想在政道上的放大。

3. 惠民：施民以德

所谓"惠民"，就是让老百姓得到好处。"惠民"，是民本思想在经济观念上的表现。《尚书》中说得好，"民无常心，惟惠之怀"。施惠于民，是最能得到民心的。惠民可从两个方面理解：亲民与新民。要亲民，使民众富足、安顿而获得必要的生存基础。"新民"，指使民众提高觉悟，实现精神、思想的更新。用现在的话说，是满足物质与精神的需求。

到殷商时期，民本思想有了具体的内容，那就是"施民以德"。盘庚迁都殷（今河南安阳市小屯村）的原因之一，就是为了让老百姓远离河患。到周朝，则进了一步，不仅强调"施民以德"，而且"敬天保民"，强调保护民众的权益。以德配天，就是要维护民众的利益。

统治者要恭行天命，尊崇天帝与祖宗的教诲，爱护天下的百姓，做有德有道之君。周武王克殷，访于箕子，请教治国之道，箕子向武王陈述治国大法，一再提到对"庶民"利益的关顾和重视："凡厥庶民，有猷有为有守，汝则念之；不协于极，不罹于咎，皇则受之。"到后来，周公进一步提出"保民"这一新的政治概念。

关于亲民，《尚书》中较早提出了"养民""康民""裕民"等举措，认为使民众得以生养、使民众获得实实在在的恩惠、让百姓富裕安康应该是国主君王治理天下的最根本追求。"康功田功""怀保小民"，这是周公对刚刚主持政事的成王的劝诫和要求，周公所要表达的意思是，统治者必须切身了解底层民众稼穑之艰难，并通过使田地有所收获、物产丰饶等方式去现实地体恤与关爱自己的民众。"惠康小民，无荒宁"，周平王在表彰晋文侯的功绩时，希望他继续泽被民众，安康其生活。"德惟善政，政在养民"。

惠民最高目标就是"裕民"，让民众过上富裕的日子。孔子以"裕民"为仁政的前提，认为"百姓足，君孰与不足？百姓不足，君孰与足"？他设计的小康社会，就是一个老百姓共同富裕的社会。孟子主张"制民之产"，使老百姓"乐岁终身饱，凶年免于死亡"。荀子提出"下富则上富"的命题，反对聚敛穷民，认为"自古及今，未有穷其下而无危者也。"《国语·楚语上》更发出"民乏财用，不亡何待"的警告。管子则说："仓廪实而知礼节，衣食足而知荣辱。"

此后，历代帝王的"民本思想"体现在他们执政时期的裕民、惠民政策里。汉高祖刘邦和后来的汉文帝、汉景帝，唐高祖李渊和他的儿子唐太宗李世民，宋太祖赵匡胤，明太祖朱元璋，以及清朝的康熙、乾隆等，他们都在取得政权定鼎天下后，无不对人民采取让步政策。不是大赦天下，就是轻徭薄赋，还耕于民，让利于民，从而赢得了社会的稳定和开明盛世的出现。

4. 顺民：不违民意

得民心者得天下。得民心的一条重要途径，就是顺从民意。"顺民"被古代贤明的为政者视为治国兴邦的不二法门。顺民，主张民意不可违，高度重视民众意愿、顺从民众意愿，即是顺天命。历史上几乎所有的改朝换代，都会打出"顺民"的旗号。商朝灭夏，就被视为顺乎天意民心；武王伐纣，也说"民之所欲，天必从之"，并强调"天视自我民视，天听自我民听"的思想。孟子将这一观念具体化，指出决策者不可妄自决断，而一定要倾听民众意见，"左右皆曰贤，未可也；诸大夫皆曰贤，未可也；国人皆曰贤，然后察之，见贤焉，然后用之"（《孟子·梁惠王下》）。黄宗羲继承先秦"从民"观，力主君臣"同议可否"，接纳"四方上书言利弊者"，使"凡事无不达"。黄宗羲的名论是"天子之所是未必是，天子之所非未必非，天子亦遂不敢自为非是，而公其非是于学校。"从而将"顺民"说推上一个新的水平。

《孝经·广致德》："非至德，其孰能顺民如此，其大者乎。"邢疏："若非至德之君，其谁能顺民心如此。"把"顺民"视为君王的至德。三国时期魏国的钟会《檄蜀文》："高祖文皇帝应天顺民，受命践祚。"把"顺民"作为帝王师出有名的理由。南朝齐国时期的《头陀寺碑文》上写道："应干动寂，顺民终始。"

以民为本，还必须取信于民。孔子的门徒子贡问政，孔子以"足食、足兵、民信"三者应之。子贡问，如果去其一，先去哪一项？孔子答曰"去兵"。若再去其一，则"去食"。去食不是就要饿死吗，孔子释曰："自古皆有死，民无信不立。"把赢得民众的信任视作比生命更重要的事。孟子更进一步总结出"得民心者得天下"的历史兴亡律，他说："桀纣之失天下也，失其民也。失其民者，失其心也，得天下有道，得其民，斯得天下矣。"因此，民本思想主张，执政者不仅要对民众有所许诺，更要致力于诺言的兑现，真正做到取信于民。

我们知道，在整个封建时期，与"民本"相对立的观点，还有"君本""官本""神本"。我们纵览历史，可以发现这样一个规律：一个朝代兴盛时期，总是"民本"思想盛行的时期，或者说，是帝王体恤黎民百姓疾苦的时期。一个朝代的没落，往往是"君本""官本"盛行时期，不仅君王不能体恤百姓疾苦，而且那些官员也是变本加厉地搜刮民脂民膏。

三、民本与民主在中国的世纪融汇

民本思想是中华民族源远流长的优秀文化传统，贯穿于中华民族几千年的文明发展史。以忠实代表人民为己任的中国共产党人，在大力推进民主政治建设所选择的一条道路，就是坚持以马克思主义为指导，立足于中国革命和建设的具体实践，从古代民本思想中吸取大量精华，融入现代的民主精神。既把"人民"作为立党之本，也作为革命之本，更当作立国之本、执政之基——新中国的全名就叫"中华人民共和国"。中国特色社会主义的民主，既使传统民本思想的优秀内涵释放出时代的光芒，又赋予马克思主义的民主思想以鲜明的中国作风和中国气派，创造了马克思主义与中国优秀传统文化相结合的光辉典范。

1. 为民宗旨，旗帜鲜明

中华人民共和国的缔造者毛泽东，在延安时期为一位普通战士张思德写了一篇题为《为人民服务》的悼词。这篇悼词开宗明义地提出："我们的共产党和共产党所领导的八路军、新四军，是革命的队伍。我们这个队伍完全是为着解放人民的，是彻底地为人民的利益工作的。"这篇经典性文章，在唯物史观的指导下，批判地吸收了中国传统民本思想以及近代中西方民主思想，把马克思主义群众观运用于中国民主革命的具体实践，形成了具有独创性的理论总结，是对马克思主义群众观及中国传统民本思想的继承和发展。之后，"为人民服务"成为了中国共产党的宗旨和使命。

我们知道，中国古代民本思想中的"以民为本"的价值目的，重在维护剥削阶级的统治地位。在"朕即国家"的古代社会，国家政权、江山社稷是和君主等同的。君主是统治者，民众是被统治的对象。因此，"民惟邦本""夫君无民，无以得其位"的民本思想从本质上讲是君主维护其统治的一种手段和工具。君主们就是通过"民贵君轻""民水君舟""民主君客""爱民如子"对民众进行道德教化，培养他们的忠君思想。"百姓危，则社稷不得独安；百姓乱，则帝王不能独理。"统治阶级为了维护国家的安定，为了达到长期统治的目的，不得不去"得民"以"治民""牧民"。一句话，"民本"是统治手段而非统治目的。而今天提出的以人为本，从人民群众的根本利益出发谋发展、促发展，不断地满足人民群众日益增长的物质文化需要，切实保障人民群众的经济、政治和文化权益，让发展的成果惠及全体人民。也就是说，人是社会发展手段也是社会发展的目的，就要以实现人的全面发展为目标。达到这个目标，就是执政者的最高宗旨和终极使命。也就是我们常说的一句话：为人民谋利益是中国共产党一切工作的出发点和落脚点。

2. 为民服务，定位公仆

传统的民本，强调统治者对民众的施恩、施惠，是以救世主的姿态高高在上地对民众的施舍。当代的民本，强调执政者的一切权力是民众赋予的，是民众选出来为大众服务的，因此必须毫无条件地服务于人民。邓小平曾有一句名言："领导就是服务。"党的领导干部要想、要干的一件事，就是服务——全心全意、完全彻底地为人民服务。

按照"领导就是服务"的定位，全体领导干部扮演的都应该是"人民公仆"这个角色。"公仆"一词很容易理解，即"公众的仆人"。这样的角色定位告诉我们：领导并非高高在上，而应该与人民群众保持平等的地位。"公仆"职能告诉我们：人民赋予的权力也只能用来为人民服务，为人民谋利益。领导干部手中的权力只是一种公仆的责任和义务，而不是向人民索取私利的资本。而且，越是困难的时候，领导干部越要关心群众，越要同群众打成一片。不仅不搞特殊化，而且同群众一块吃苦——甚至要吃苦在前。这就是说，在人民当家做主的社会里，领导干部必须放下当官做老爷的架子，在自己的岗位上勤勤恳恳、扎扎实实地为人民服务。为政清廉而又为政勤勉，才能扮演好公仆角色，才能在党和人民群众中架起一座连心桥，才能把党和国家的政策方针准确无误而又及时地送到人民群众中去，同时又把人民的疾苦、需要及时带回来，让党和国家了解人民的需要，让人民理解国家的难处。而只有通过这样的服务，才能把群众紧紧地连接在党和政府的周围，团结在自己的身边，同心协力建设现代化。

　　习近平同志曾经在山东菏泽召开的一次座谈会上给区县委书记念了一副对联，其下联是"穿百姓之衣，吃百姓之饭，莫以百姓可欺，自己也是百姓"。这副对联是330多年前，即康熙十九年由时任河南内乡县知县高以永所撰写，而今由党和国家最高领导人再次提起，足见其思想光芒的历史穿透性，并彰显其积极的现实意义。在大力倡导"以人为本"的今天，习近平同志诵读"自己也是百姓"这副对联，并非只是为了训导和教育别人，而是把自己也包含在百姓之内。设若每个省、每个市、每个县、每个乡的主政者都能自觉地认为"自己也是百姓"，那么，所有的决策、施政都会从百姓的切身利益和感受出发，就不愁没有良好的干群关系，更谈不上欺压和剥夺百姓，改革发展中的任何问题也没有什么不能解决的了。

　　将领导者定位于"人民公仆"，不能只是说说而已，必须在每个领导者心里打下深深的烙印，把公仆意识根植于心。任何时候都有一种兢兢业业的态度和如履薄冰的忧患。要时刻想：我只是人民请来的服务员，干得好，就能继续干，干不好，就会被人民"炒鱿鱼"。如果每个领导干部都有这样的意识，就不敢不把群众的呼声听进耳朵里，不敢不把群众的疾苦放在心坎上，也决计不会出现"野蛮拆迁""强行征地"等损害群众利益的行为。

　　既然领导是服务的。所以，中国共产党人，特别是党的各级领导干部，一定要通过服务来践行使命与宗旨，努力提高服务的质量，在"服务"中，自觉做到"四防"：一要防"浮"，即防止作风漂浮，不深入实际，不深入群众；二要防"粗"，即防止作风简单粗暴，独断专行，甚至作威作福、欺压百姓；三要防"骄"，即防止骄傲自满，盛气凌人，看不起群众；四要防"逸"，即防止贪图安逸享乐，不愿到艰苦环境去工作，不愿解决复杂矛盾，不愿意同群众一起艰苦奋

延伸阅读

白居易观刈麦

唐代诗人白居易，先后担任陕西周至县尉、杭州刺史、苏州刺史等地方官。他深知"嗷嗷万族中，为民最辛苦"。在陕西周至县尉任上，他亲眼目睹农民冒着酷暑炎夏割麦的辛苦以及缴纳税赋后所剩无几的悲惨生活，深感愧疚。他在《观刈麦》诗写道："今我何公德，曾不事农桑，吏禄三百石，岁晏有余粮。念此私自愧，尽日不能忘。"宋朝欧阳修有诗写道："有禄肥妻子，无恩及吏民。念彼深可愧，自问是何人？"明智的封建官吏尚能有此认识，共产党人应该有更高的境界。

斗。总之，只有在感情上同广大人民群众真正融为一体，时刻明白自己同广大人民群众的关系，时刻想着自己是人民的公仆，时刻装着人民群众的冷暖疾苦，时时处处为广大人民群众谋大事，谋难事，办实事，办好事，才是真正的以民为本。

3. 为民当家，让民做主

"当官不为民做主，不如回家卖红薯"。这是戏曲里的一句唱词，也是对古代民本思想的形象解读。在推行现代民主的进程中，有不少人认为这种解读已经过时了。认为真正的民主就是让民众当家做主。

事实上，民众有许多权利属于公众共有的，且不可分割为某个单独的主体独立行使，例如，国家主权的维护、社会安宁的维持、自然环境的保护……都不是某一两个人、一两个群体所能承担的。需要选出民众信得过的"代表"来保障这些权利。在当代中国，中国共产党就是这样的代表，就是代表最广大人民群众的根本利益而执政。

因此，现代民主和传统民本相融汇而形成的一个特色，便是既不片面地否定传统民本思想里的"为民做主"，又强调现代民主思想里的"让民做主"。要做到这样，就要严格划定"为民当家"和"让民做主"的界限，对那些民众自己管不好也无法管的事情，才由党和政府管起来；至于民众能够自己管好的事情，尽可能地让群众自己去管。例如，改革开放以来，我们实行的基层民主建设，就是把基层的事情，交给群众自己管理。

党的十一届三中全会以来推进的改革开放，从某种意义上讲，就是还权于民。就是通过改革开放，把社会变革与发展的主动权力还给人民，让人民成为自立自主的社会主人。从农村到城市的经济体制改革中，都力图给人民松绑，让人民有充分的自主权利，能够放开手脚创造自己的新生活。从最初农村土地联合承包到现在的土地流转，就是让农民真正成为土地的主人。建立社会主义市场经济机制，就是让每个人能够充分发挥自己潜能的活力机制，给每个人提供极大的自由活动的空间，有利于人民群众自主地争取自己的社会利益。

这里，应该指出的，当代对民主判定有一个误区：一些人认为西方国家的民主化程度高的理由，就是他们在选举"代表"时，有充分的民主——即让所有的民众都参与了选举投票，而不是先通过投票选出代表，再由代表选政府领导人。事实上，西方一些国家的普选，很多时候是"拼金"——靠竞选者所代表的集团（党派）筹集竞选经费来体现的，而能够提供竞选经费者，又更多的是那些有钱阶级。靠有钱阶级提供的竞选经费而选上的领导人，最后会为谁说话，其可想而知。而且，普选出来的领导也不一定就如选民所愿，都能干好事、干成事。当年的希特勒不也是普选出来的？现实中，刚选上台又被轰下台的总统也不乏其例。能说这样的民主就是先进的、现代化的民主吗？事实上，判定一个国家的现代民主化程度的高低，不能只看管理公众事务的领导人是怎么选出来的，更重要的是看这个选出来的领导是为谁说话，为谁办事，代表着谁的利益。中国现代的民主建设，恰恰是最为看重这一点。

4. 爱民与否，民心是秤

"天地之间有杆秤，那秤砣是老百姓"。党和政府的一切实践活动都关乎着人民的切身利益，哪些顺乎民心，哪些违背民心，哪是真代表，哪是假代表，人民认得最清，人民感受最深。因之，人民作出的评价也就最合乎客观标准。所以，党和政府所进行的以及即将进行的每一件事，都应该也必须由人民这个评判员去检验、评价。人民拥护、赞成与高兴的事情，我们就一往无前、义无反顾地去做，反之，则坚决不做。如果在每做一件事时，先考虑人民是否拥护、是否赞成、是否高兴，那么，就会减少工作中的许多失误，就会真正做到取信于民，在人民心目中树立起良好的形象，并把人民凝聚在一个他们所相信的党中央领导集体周围。

把人民当作评判员，并非只是让人民评判某一时期、某一环节党和政府的行为，而是既要从微观上把握人民对某件事、某个执政行为的评价，又要特别注重人民对党和政府宏观层面上的评价。因为党和政府的一切行为每时每刻都被置于人民的视野之内，所以对人民拥护与赞成的事情，党和政府不仅要努力去做，而且必须坚持做好，否则，最终也不能让人民高兴。我们要立党为公，执政为民，不是只在口头上代表人民利益，而是扎扎实实地为老百姓办好事，谋利益，才能成为老百姓认同的先进代表，才能把人民凝聚在一个他们所信任的党中央领导集体周围，才能保证党在新世纪的执政地位更加巩固。

第三章
守诚信——中国人的立身之本

　　孔子说：人无信不立。其把诚信摆在理政的首位，足见诚信在古代就已经得到高度重视。而事实上，诚信一直是中华民族文化中永不褪色的话题，是我们的祖先代代相传的行为准则，是用来衡量一个人是否贤德，是否可信的标尺。诚信深深地植根于中华民族文化之中，蕴藏在每个中国人心灵深处，既是立身之本，也是成事之基，更是维系社会和谐的道德纲绳。

一、诚信者，天下之结也

　　诚信一词，最早是由春秋五霸中齐国的宰相管仲提出的。在《管子·枢言》一篇中指出：诚信者，天下之结也。在《管子》一书中，许多地方都谈到要如何把"诚信"作为治国理政的方略。当然，对"诚信"的发明权，在学界也有过一些争议。有人认为，最先将诚、信连在一起使用的应是《逸周书》，而非《管子》。因为《逸周书》里，好几处都将诚、信连用，如"成年不尝，信诚匡助，以辅殖财"，"父子之间观其孝慈，兄弟之间观其友和，君臣之间观其忠愚，乡党之间观其信诚。"这里的"信诚"实际上表达的是"诚信"的意思。

1. 诚、信互义，表里如一

在诚、信尚未连用之前，这两个意义相近的词，但却是分别独立的两个概念。最早的诚字出现在《尚书》中："鬼神无常享，享于克诚"。此处的诚是用来表示对鬼神的虔诚态度——笃信不二。而作为德性概念的诚，则出现在《周易》中："闲邪存其诚""修辞立其诚"，这里面的诚，就具有德性含义，是真实无妄的意思，与邪相对立。在周易中，"信"同样数次出现，如《周易·系辞上》中"人之所助者，信也"，本句大意是：对人最有帮助的是守信。

《礼记·中庸》说，"诚者，自成也"。取"真实"之意。诚实真挚，心悦诚服。既表现态度诚恳，也表现内心真诚。程朱理学的代表人物之一朱熹，在对《大学》"诚意"一章作注释时，指出"诚，实也；意者，心之所发也"。意谓真心实意才能言行一致、才能出于善而又归于善。他对《中庸》的"诚者天之道也，诚之者人之道也"和《孟子》的"诚者天之道也，思诚者人之道也"注解说，"诚"即真实无妄，真实无伪，是天道之本然，也是天地自然运动变化的原动力；"思诚"或"诚之"则是人道之当然，即人通过克己自律的道德修养，从而达到天道之"诚"，上升到公正无私、真实无妄、真实无伪、真实无欺的道德境界，是做人的道理与本分。简言之，"思诚""诚之"是人们追求"诚信"的实践活动。

关于信，古人亦有许多解释。孔孟视"信"为立身之本，将其列为五伦之一。《孟子》说"有诸己之谓信。"《墨子经》说，"信，言合于意也"。《白虎通·情性》说:"信者,诚也。专一不移也。"《国语·晋语》说:"定身以行事谓之信。"《贾子道术》说"期果言当谓之信。"《礼记·经解》说:"民不求其所欲而得之谓之信",表现品格上讲究信用,操守上信守规范,行动上实践承诺。

因为诚、信表达的都是一个"真",表面的意思大致相同,因此常用来互相训释。故许慎在《说文解字》云:"诚,信也。""信,诚也。"其基本涵义都是诚实无欺,信守诺言,言行相符,表里如一。但要严格说出这两个字的差别,二者就如金币的两面:一为内在的真,一为外显的真。而从古人对诚、信的训释来看,二者虽然互义,但却是"内外有别"。在一般意义上讲,"诚"即诚实诚恳,主要指主体真诚的内在道德品质;"信"即信用信任,主要指主体内"诚"的外化,是他人对己的信任。"诚"是人本有的、内在的真实,"信"则是对外展示出来的本真。孟子所说"诚之",就是把"诚"这种本真的东西见之于实际——形之于外。人循天道本真而行动,即为人道。只有人道与天道相符,才能成为可"信"的。也就是说,效法天道、追求诚信,这是做人的道理、规律。一句话,"诚"是"内诚于心","信"则是"外信于人"。诚主内,信主外。"诚"与"信"的组合,就形成了一个内外兼备,具有丰富内涵的词汇。诚、信连用,既包含了其单独运用的意思,还使内涵更加丰富——充分体现出古人"天人合一"的哲学思想。

2. 立人立己,贵在诚信

儒家对"诚信"的内涵有着详细的解释。在传统儒家伦理中,诚信是被视为修身齐家治国平天下的重要前提和必须遵守的重要道德规范,是道德之本、行为之源。但"诚"的本源在人自身,人要获得诚信，就要"反身而诚"，对自身内在的诚进行挖掘，通过"思诚"，达到内外一致。如何挖掘内在的"诚"呢？在做人方面，就要"吾日三省吾身——为人谋而不忠乎？与朋友交而不信乎？传不习乎"？在言行方面，就要"君子不重则不威，学则不固。主忠信"；在治国方面，就要"敬事而信，节用而爱人，使民以时"……所以，《中庸》里强调："诚者，物之终始，不诚无物。"认为一切事物的存在皆依赖于"诚"，没有"诚"就失去了存在的价值。

老子的《道德经》在许多章节里都讲到诚信，例如"信者吾信之，不信者吾亦信之；德善""信言不美，美言不信""古之所谓曲则全者，岂虚言哉！诚全而归之"……将诚实守信视为人生理应追求的道德境界，更是彰显人的道德性存在不可或缺之本。诚信也是道家另一著名人物庄子著作中的重要概念。在《人世间》篇中，强调"德厚信"，在《渔父》篇中强调"真者，精诚之致也，不精不诚，不能动人"，在《徐无鬼》篇中，强调做人要"修胸中之诚，以应天地之情而勿撄"，在《庚桑楚》篇中强调"诚能碎金"。庄子把"本真"看作是精诚之极致，不精不诚，就不能感动人，从而把诚信提高到一个新的境界。

襄助齐桓公"九合诸侯，一匡天下"的管仲也"贵诚信"。在《管子》一书中，关于"诚信"的功能随处可见。他强调"非诚贾不得食于贾，非诚工不得食于工，非诚农不得食于农，非诚士不得立于朝"（《乘马》），"临事不信于民者，不可使任大官"（《权修》），"中情信诚则名誉美矣"（《管子·形势解》），"贤者诚信以仁之"（《管子·势》），"以富诚信仁义之士"，等等。把诚信理念化为政策措施和吏治方略，以及经济手段，认为社会上的士农工商，如果没有诚信就不能胜任其所担负的社会角色，甚至强调要让社会上的诚信者先富起来。之后，晏婴、孙武、孙膑、孟子、荀子等齐文化先贤一以贯之，使诚信在齐国蔚为传统。齐国人不仅有较多关于诚信的仑述，而且有很多诚信的实践。特别是作为法家集大成者的韩非，吸汲了商鞅等前期法家的诚信观念，崇尚信，宣扬信。他认为"信所以不欺其民也"，即诚实守信的君王、国家是不会欺骗群众的。而君王树立诚实守信的形象，就在于"赏罚敬信"。

在春秋战国时期，墨家曾形成与儒家分庭抗礼之势，堪称一时"显学"。墨学代表墨子有两句话特别有名，即"志不强者智不达，言不信者行不果"。这两句话，前一句强调志气不强大就不能充分发挥才智，后一句强调没有诚信就难以达到预期的效果——他们更重视诚信的实践。

总之，古代的圣贤哲人把诚信作为一种崇高的美德加以颂扬，充分显示了诚信在中国人心目中的价值和地位。

3. 忠肝义胆，诚信至境

宋明理学对诚信观念的阐发，最具新意的，便是把"信"与忠、诚、义相提并论，视作为人之道，忠信、忠诚、信义开始在现实中高频率使用。朱熹说："人道惟在忠信……人若不忠信，如木之无本，水之无源，更有甚的一身都空了。"其实，信的本义就是践行承诺，把真实的内在展示于人，强调人与人之间应该真诚相待、讲求信用。但是，忠与诚、信连在一起后，即"忠诚""忠信"，便成为中国人追求的一种高尚伟大的精神，成为诚信的至高境界。一部《二十四史》演绎了无数忠魂传奇，既是对忠诚的讴歌，也向后人展示出了做人的最高境界。《史记》评屈原以"竭忠尽智"，后人论岳飞以"精忠报国"，还有许多忠诚之士留下的与"忠"有关的成语格言，如披肝沥胆、赤胆忠心、忠贞不渝、至诚高节、肝脑涂地、碧血丹心、忠贯日月，等等，构成了中华民族大气磅礴的诚信文化。

忠，是指和特定的人与事产生关系时表现出来的一种诚，尽力帮助别人叫作"忠"。孔子把忠当作实行最高道德原则"仁"的条件。孟子也把"忠"视为重要的道德规范。同样，"忠"也是对外的"诚"。但"诚信"的对象是所有事物、所有人。而"忠"的对象，则是特定的事物、特定的人，是对特定的事物、特定的人一种全身心的信任，并愿以生命来维护的一种伟大精神。因此，有人把忠诚称之为一种"至远志向"、一种"至上大任"、一种"至刚大节"。国粹京剧里有一个剧目为《赵氏孤儿》，讲的是春秋战国时期，晋灵公武将屠岸贾仅因其与忠臣赵盾不和，嫉妒赵盾之子赵朔身为驸马，竟杀灭赵盾家300人，仅剩遗孤被程婴所救出。屠岸贾下令将全国一月至半岁的婴儿全部杀尽，以绝后患。程婴遂与老臣公孙杵臼上演"偷天换日"之计，以牺牲公孙杵臼及程婴之子为代价，成功保住赵氏最后血脉。20年后，孤儿赵武长成，程婴绘图告之国仇家恨，赵武终报前仇。忠诚是一种信念，是对信仰的尊重，是推动信仰者不断奋斗的精神动力。有人说，信仰是忠诚的灵魂，有了信仰，忠诚就有了正确的方向与目标。早在战国时代孟子就说过："生，亦我所欲也；义，亦我所欲也。二者不可得兼，舍生而取义者也。"忠诚是一种责任，这种责任驱使每一个忠诚者作出无私的奉献。有了责任感，面对任何艰难险阻都不会退避的，而会恪尽职守，殚精竭虑，把全部心思和精力用在想事业、干事业上，不为名利、地位所累。

忠诚是一种力量。中国人不仅把忠诚作为一种品质，还把忠诚视为一种道德能力，将其作为所有能力的统帅和核心。它不仅能够激励每一个人奋不顾身，也能凝聚力量、焕发活力、促进社会和谐。忠诚是国家与人民之间紧密相连的关键环节。国家是核心，人民是基础。

国家对人民负责，具体体现为诚信守诺，维护人民利益，这个国家才有凝聚力、向心力；人民对国家忠诚，具体本现为爱国主义和集体主义精神，自觉维护国家利益和社会利益。中华五十六个民族能够组成大家庭，昭示了忠诚的力量。一个缺乏忠诚的人，他的其他能力往往就失去了用武之地——没有任何一个组织愿意使用一个缺乏忠诚的人，哪怕这个人身怀绝技，都会受到社会的唾弃，例如那些汉奸、叛徒。一个人有了忠诚，也就有了信仰，就具备了大德。一个官员有了忠诚，就不会去干国家和人民反对的事情，就不会尸位素餐，而力求自己的所作所为能够上不愧怍于国家，也不愧怍于普通百姓。

一个伟大的民族，能够始终保持其生命力，必然有一个伟大的精神作支撑。这伟大的精神就是忠诚。"苟利国家生死以，岂因祸福避趋之"——能够为国家民族的整体利益，不惜牺牲自己的利益，乃至生命。这就是忠诚。中国历朝都有一批忠贞之士为国家民族竭忠尽责，鞠躬尽瘁，死而后已，其生命之光在华夏千秋史册上熠熠生辉。

二、诚信：中国人历久弥新的践行

西方思想家评论，中国的传统文化的一个鲜明特点，就是不管什么理论观点，都强调其"实用"。而用中国人的话说，就是"经世致用"，就是"文章合为时而著"。对于诚信思想，古代中国人并非只是坐而论道，更注重在实际中的践行。或者说，古代中国人把诚信作为一种行为规范和做人准则予以倡导。从古至今，流传着无数诚实守信的故事，也一直成为现代中国修身齐家治国平天下的行为标尺。

1. 诚信立身，一诺千金

古代中国人讲诚信，强调的第一点，就是言必行、行必果，答应了别人的事情，就一定要做到。《庄子·盗跖》里讲过这样一个故事：一个叫尾生的人与女子相约于桥下，女子不来，河水上涨淹没桥梁，尾生抱着梁柱继续等待，直至被水淹而死。这个故事一直为后人传诵。如《史记·苏秦列传》："信如尾生，与女子期于梁下，女子不来，水至不去，抱柱而死。"唐朝李白《长干行》诗云："常存抱柱信，岂上望夫台。"

古代人很懂得诚信的辩证。有时候，讲诚信，似乎要损害自己一些利益，其实最终获得的更多。汉代季布就是因诚信而渡过生死难关的。季布性情耿直，为人侠义好助。只要是他答应过的事情，无论有多大困难，都设法办到。《史记》评论说："得黄金百斤，不如得季布一诺。"楚汉相争时，季布是项羽的部下，曾几次献策，使刘邦的军队吃了败仗，刘邦当了皇帝后，想起这事，就气恨不已，下令通缉季布。这时敬慕季布为人的，都在暗中帮助他。不久，季布经过化装后到山东一家姓朱的人家当佣工。朱家明知他是季布，仍收留了他。后来，朱家又到洛阳去找刘邦的老朋友汝阴侯夏侯婴说情。刘邦在夏侯婴的劝说下撤销了对季布的通缉令，还封季布做了郎中，不久又改做河东太守。

《郁离子》中记载了一个因失信而丧生的故事。说的是济阳有个商人过河时船沉了，他抓住一根大麻杆大声呼救。有个渔夫闻声而致。商人急忙喊："我是济阳最大的富翁，你若能救我，给你 100 两金子。"待被救上岸后，商人却翻脸不认账了，他只给了渔夫十两金子。渔夫责怪他不守信，出尔反尔。富翁说："你一个打鱼的，一生都挣不了几个钱，突然得十两金子还不满足吗?"渔夫只得怏怏而去。不料想，后来那富翁又一次在原地翻船了。有人欲救，那个曾被他骗过的渔夫说："他就是那个说话不算数的人!"最后，商人淹死了。一个人，如果说话不算数，那么，信任他的人也就越来越少。当他失去了所有人的信任时，等待他的只能是寸步难行。

商人两次翻船而遇同一渔夫是偶然的，但商人的不得好报却是在意料之中的。我国古代是熟人社会，诚信与否的影响就更为明显。因为一个人若不守信，便会失去别人对他的信任，一旦他处于困境，便没有人再愿意出手相救。失信于人者，一旦遭难，只有坐以待毙。而与之相对应的是，如果一个人一诺千金，言必信、行必果，那么会有越来越多的人尊重他、信任他。不管他做什么，都会有人愿意帮助、愿意追随。而且，越是艰难的时候，越显出诚信的价值。

2. 诚信齐家，家和是宝

对于一个家庭来说，诚信是家和万事兴的基本保障。唐代大臣魏徵说："夫妇有恩矣，不诚则离。"只要夫妻、父子和兄弟之间以诚相待，诚实守信，就能和睦相处。若家人彼此缺乏忠诚、互不信任，家庭便会分崩离析。所以，宋朝司马光就说："善治国者，不欺其民；善齐家者，不欺其亲。"

在家庭教育中，人们津津乐道的是曾子杀猪的故事。曾子是孔子学生。有一次，曾子的妻子要上街，儿子哭闹着要跟去，妻子就哄他说："你在家等我，回来给你杀猪炖肉吃"。孩子信以为真，不再哭闹。等妻子从集市上回来，见曾子正磨刀霍霍准备杀猪，赶忙阻拦说："你真的要杀猪给他吃? 这可是一年的生活指望呢! 我只是哄哄他的。"曾子认真地说："对小孩子怎么能欺骗呢? 我们的一言一行对孩子都有影响，我们说了不算数，孩子以后就不会听我们的话了。"说完，果真把猪杀了。曾子言传身教以身作则，为后世传颂。

诚信在齐家方面的最好体现，便是孝、悌。孔子非常重视孝悌，认为孝悌是做人、做学问的根本。他教育自己的弟子说："弟子入则孝，出则悌，谨而信，泛爱众，而亲仁。行有余力，则以学文。"其弟子理解说："事父母能竭其力，事君能致其身，与朋友交言而有信，虽曰未学，吾必谓之学矣。"其实，孝悌体现的就是一个信字，一个诚字。

3. 诚信立业，财源茂盛

中国古代，商品经济并不发达，却出现了第一个"下海"的高官。这就是春秋时期越国的范蠡，他在帮助越王勾践获得霸主地位之后功成身退，带着西施，化名陶朱公，五湖四海做生意。因善经营，很快成为巨贾。《史记·货殖列传》载："候时转物，逐什一之利。居无何，则致资累巨万。"范蠡成功的秘诀之一，就是非常注意交易公平的问题。

中国古代的商品经济虽不十分发达，但"诚信为本"是中国人经商的传统美德，人们在商品交易中也强调诚信。北宋著名史学家司马光晚年生活不太宽裕，让管家把自己曾经骑过的一匹高头大马牵到集市去卖掉，这匹马毛色纯正漂亮，高大有力，性情温顺，只可惜有肺病。司马光对管家说："这匹马夏季有肺病，这一定要告诉买主。"管家笑了笑，在买主看马的时候也只是随意说了说。但买主知道是司马光骑过的马，毫不还价，并约定第二天如数带钱来牵马。管家回府后，兴奋地将情况报告了司马光。司马光听说病马卖了50缗，觉得卖贵了。要管家第二天再对买主说清楚，并重新议价，只收30缗。

延伸阅读

古代的信义之交

在古代，最被推崇的信义之交，是春秋时期的"管鲍之交"。"管"即管仲，字夷吾；"鲍"即鲍叔牙，字宣子。两人自幼时以贫贱结交。后来鲍叔牙投到齐桓公门下得到重用，便举荐管仲担任首相，官位在自己之上。两人同心辅政，始终如一。管仲当兵打仗几次当逃兵，别人说管仲贪生怕死，鲍叔牙却不认为管仲害怕战死，而是害怕死后家里老母亲无人照管；管仲曾多次做官，多次被国君辞退，鲍叔牙不认为他没有才能，却认为管仲没有遇到时机；管仲贫穷时和富裕的鲍叔牙一起做生意，分钱财，自己多拿，鲍叔牙不认为其贪财，却说管仲家里贫穷。对此种种，管仲感慨万端地说："生我者父母，知我者鲍子也。"

同样，"桃园三结义"的故事，也是为古今所仿效的。特别是关云长的信义更为千古推崇。在小说《三国演义》中，作为一个文武双全的大将，人们关注的并不是其战争中的功劳，而是关注其千里走单骑、华容道放曹操所表现的信义。特别是徐州兵败与刘备失散后，他带着皇嫂寄住曹操处，所经受的金钱、美女、权力的诱惑之大、之多，为常人所难抵挡。尽管曹操三日一小宴、五日一大宴地款待，上马金、下马银地奖赏，还拜将封侯，但他却"身在曹营心在汉"，当听到兄弟刘备的消息之后，毅然挂印封金离去。因此，后人因其忠义而将其神化，建祠塑像供奉。

管家说："哪有人像你这样的呀？我们卖马怎能把人家看不出的毛病说出来！"司马光可不认同管家这种看法，对他说："一匹马多少钱事小，对人不讲真话，坏了做人的名声事大。我们做人必须得要诚信，要是我们失去了诚信，损失将更大。"管家听后惭愧极了，并如实向买马人说明此马有病，并一再说司马相公特意关照不能让买主吃亏上当。集市上知道此事的人都称颂司马光为人诚实。

到明清时代，中国的商品经济逐渐发展起来，那些做大做强的经商者，其生意兴隆的最重要原因，就是以诚待人，童叟无欺。有人探讨古代的晋商为什么能把生意做得那么大？其成功的秘诀就是讲诚守信，把"名"看得比"利"更重。他们深深懂得：有了顾客的信任和口碑，顾客就会源源不断，哪有不赚钱的道理。这就是短期的厚利经营和长期的薄利生财的区别。晋商中最有名的是乔致庸。他们家的老字号"达顺昌"在包头有一个山西陈醋坊，一直深得顾客信赖。有一天，乔致庸在大街上听到有人说："乔家陈醋比原来的差远了。原来放几滴就够了，现在放几勺还不行！"乔东家马上到醋坊的酿窖去查看，果然发现有掺杂使假的行为，他查明了是掌柜命令伙计把没有卖完的过期陈醋倒进了新酿的醋中，从而导致品质下降。乔东家立即开除了掌柜，倒掉了掺假的陈醋，还贴出告示，让所有购买了乔家陈醋变质的顾客来退换，并加倍赔偿顾客损失。他的这一举动，不仅赢得了顾客的信任，还警示了同行商人中的不轨行为，同时给店里的伙计也上了一堂深刻的如何做人、经商的教育课，为"达顺昌"的百年老字号恢复了名誉，真可谓"一举三得"。

4. 诚信理政，国泰民安

对于一个国家、一个社会而言，诚信可说是立国之本。国家的主体是人民，国家的主权也归于人民。中国自古就有"民惟邦本，本固邦宁""得民心者得天下，失民心者失天下"的明训，这些话至今仍然是至理名言。但国家的领导者依靠什么去团结人民呢？靠的是明智的政策和精神信念，"诚信"就是取信于民、团结人民的人文精神和道德信念。孔子在足食、足兵、民信三者中，宁肯去兵、去食，也要坚持保留民信。正如王安石所言："自古驱民在信诚，一言为重百金轻。"

战国时期，秦国商鞅就深谙统治者要立信于民的真谛。商鞅是战国时期著名的改革家，在推进秦朝统一当时七国的进程中，实施了一系列变法。为让百姓相信改革是动真格的，商鞅在变法前做了个出人意料的举动。他下令在秦国都城南门外立一根 3 丈长的木头，并当众许下诺言：谁把木头搬到北门，赏 10 金。人们不相信有这等天降馅饼的好事，看热闹的人多，搬那根木头的没有一个。随后，商鞅把赏金提高到 50 金。重赏之下有勇夫，一男子抱着试一试的想法，把木头扛到了北门，商鞅立即兑现了赏金。商鞅这一举动，使人们感到他是个说话算数的人。随后，商鞅颁布的新法也获得了人们的信任，并很快在秦国推广。新法使秦国渐渐强盛，并最终统一了中国。

在商鞅"立木为信"的地方，400 年以前，却曾发生过一场令人啼笑皆非的"烽火戏诸侯"的闹剧。史载，西周传到周幽王时候，有人献了一个漂亮女子褒姒给幽王，成为幽王的宠妃。但褒姒是个冷美

延伸阅读

诚信状元

宋仁宗时期元宪八年，皇上依例在金銮殿接见全国科考的前三甲，当宣布状元、榜眼、探花的名字之后，榜眼和探花都赶紧跪下磕头谢恩，而状元王拱辰却没有谢恩，反而说："陛下，小生不配当状元，请您把状元判给别人。"皇上询问原因，王拱辰回答说："陛下，我也是十年寒窗苦读，做梦都想中状元。可是这次考试的题目不久前我刚好做过，所以被选上状元是侥幸。如果我默不做声当上了状元，我就是个不诚实的人。从小到大我都没有说过谎、做过假。我不想为了当状元，就败坏自己的节操。"皇上特别赏识王拱辰的诚实，认定他将来一定会成为国家的栋梁之材，于是就说："此前做过考题，是因为你勤奋，况且从你的文章里可以看出，你表达的是自己的真实想法，理应选为状元。再说，你敢于说真话，能够诚信做人，这才是一个堂堂状元应该具有的品质，你的诚实比你的才华更可贵。"就这样，王拱辰成为历史上有名的诚信状元。他在朝中做官五十五年，以自己诚信正直的品格和惊人的才华，受到百姓和官员们的尊敬。

人，幽王为博取她的一笑，听了佞臣出的歪点，在都城附近20多座烽火台上点起烽火让褒姒观赏。可是，烽火是边关报警的信号，只有在外敌入侵需召诸侯来救援的时候才能点燃。结果诸侯们见到烽火，率领兵将们匆匆赶到，弄明白这是君王为博王后一笑的花招后又愤然离去。褒姒看到平日威仪赫赫的诸侯们手足无措的样子，终于开心一笑。五年后，西戎大举攻周，幽王烽火再燃而诸侯未到——谁也不愿再上第二次当了。结果幽王被逼自刎而褒姒也被俘虏。

一个"立木取信"，一诺千金；一个"烽火戏诸侯"，玩"狼来了"的游戏。结果前者变法成功，国强势壮；后者自取其辱，身死国亡。可见，"诚信"对一个国家的兴衰存亡都起着非常重要的作用。

三、诚信思想的现代走向

一个伟大的民族，首先必须具有伟大的精神、优秀的品质，然后才谈得上伟大复兴。应该说，这伟大的精神、优秀的品质，诚信是其中之一。诚信作为中华传统文化中的精粹，在当代中国得到进一步的重视，随处都可以听到对诚信的呼唤。但是，诚信的缺失，已经成为当今社会的一个重大忧患。

1. 诚信缺失，时代之忧

诚信是中华民族的优良品质，但在现代社会里，诚信却仿佛成了稀缺资源。诚信危机像一把达摩克利斯利剑悬在全社会头顶。虽然，社会经济高速发展，创造了前所未有的财富，然而人们却因诚信缺失带来的忧虑与日俱增。许多时候，人与人之间失去了基本的信任，没有了人情味，没有了同情心，甚至连老人跌倒扶不扶都成为社会讨论的话题，到处充斥"诚信危机""诚信缺失"的惊呼。

市场中假冒伪劣、坑蒙拐骗的事例屡见不鲜。一方面虚假广告让人眼花缭乱；另一方面制假售假层出不穷。"问题食品"侵犯的不仅仅是消费者的正当权益，甚至威胁到了消费者的生命：毒大米、毒蔬菜、瘦肉精、泔水油、黑心月饼等。在商品流通中，坑蒙拐骗行为成了一些人发财致富的"法宝"，票据市场的失信和欺诈已经使票据成为资金风险的承载体和聚焦点，而利用合同进行诈骗已经成为市场经济的一大毒瘤，还有各种企业之间的三角债、经营者之间的拖欠赖账、偷税漏税、走私骗汇等。在证券市场上，各种形式的造假也时常出现，编造报表、虚增利润、隐瞒重大事项、伪造银行对账单等各种形式的财务造假，令人触目惊心。而以维护市场公平正义为主旨的一些中介机构，如会计审计、评估监理、服务咨询等领域，除了服务质量低下外，也常常违反独立、公正、诚实的职业道德。这些现象严重扰乱市场经济发展的正常秩序。

市场诚信危机发生的同时，政府公信力也在下滑。一些干部不重视思想道德的修养和实践，思想作风、工作作风、领导作风、生活作风和学风等方面还存在一些亟待解决的问题。如对理想信念、对党的路线方针政策口是心非，阳奉阴违，说一套、做一套，台上一套、台下一套，当面一套、背后一套，对上一套、对下一套，对人一套、对己一套；弄虚作假，有假年龄、假学历、假文凭、假职称、假经验、假典型、假审计、假评估、假承诺，欺上瞒下，追逐名利；不顾百姓利益搞"政绩"，破坏资源搞"政绩"，投机取巧搞"政绩"；做表面文章，不讲实效，在评比达标升级、述职总结考核、招商引资立项、学习考察调研等方面，都搞形式主义。一味地跟风赶浪，使有些工作"认认真真走过场"。

此外，在对诚信缺失痛心疾首的文化、学术界，一些自诩"众人皆浊我独清"的文人那里，却也罹患了学术腐败的瘟疫。有一位法律教授称，学术腐败已经蔓延到多数的学术领域，几乎中国所有高校都有学者涉嫌学术造假或腐败。有论文造假、学历造假、发明专利造假、海外创业经历造假……而对这些造假行为，并不都是痛之切、恨之深，许多时候，还帮助遮掩，间接地对学术造假起了推波助澜的作用。

2. 诚信回归，时代呼唤

相较古代，现代人更需要诚信。因为，在自给自足的农耕时代，生产生活需求不高，很多时候可以做到"万事不求人"，或者"少求人"。加上交通不便，人们活动空间狭窄，某种意义上讲，还是一个"自然人"，社会关系简单。而且，相互打交道的都是就近的亲族、乡邻，是熟人社会——彼此都信得过，失信的成本太高。因此，诚信虽重要，却不是人们需要关注的大问题。进入现代社会之后，每个人都成了名副其实的"社会人"。随着社会生产的分工越来越细，产业链和流水线把更多的人联系到一起了，人与人之间的依赖性越来越强。任何一个人想独立于社会，过"鸡犬相闻，老死不相往来"的生活，已经很难很难。过去一个种地的农民可以无须参与市场交换而自行解决生产生活的大部分资料，现在，一个种地的农民没有外界的生产资料供给，根本种不成田，种子、农药、化肥……无一不从外面购来，甚至那些种稻谷玉米的农户，自己吃的粮食还要从商店里买加工好了的。在人与人交往越来越密切频繁的情况下，诚信问题涉及人们生产生活，乃至生存的方方面面，成了影响生产生活质量的最重要的因素。随着诚信危机的逼近，人们对诚信的呼唤越来越急迫。

现代社会正处于市场经济时代，而诚信则是市场经济的生命。市场经济是一种竞争性经济，竞争不仅是物质技术的竞争，商品质量的竞争，人才资源的竞争，更是企业形象与信誉的竞争。对一个有信誉的市场经济主体而言，诚信就是品牌、是金钱、是资本，诚信就是竞争中克敌制胜的重要法宝。历代商家，恪守不渝的信条是"诚招天下客""誉从信中来"。在现代，诚信更是企业最宝贵的无形资产，是塑造企业形象和赢得企业信誉的基石，是企业的命根子。在市场中，那些"百年老店"、那些大而强的现代企业，都十分注意企业的形象与声望，深知形象和声望都源于诚信，企业利润和发展也都源于诚信。信誉好，产品价格就高且市场份额就大——现在人们宁愿多花钱也要买真品；信誉好的企业，经营中缺钱可借或贷到钱——银行不担心贷款变成呆账、死账；有信誉的小企业也可以和大企业竞争，甚至和国际上的大财团抗衡。如果失去诚信，不管多大多强的企业，最终都必然被市场所淘汰。可以说，市场中最能感受到诚信危机带来的切肤之痛，也是最渴求诚信的。

中国自古就有"得民心者得天下，失民心者失天下"的明训，这些话至今仍然是至理名言。正如前面所引用的孔子语录"民无信不立"所表达的观点。如果一个国家对老百姓不讲诚信，就必然得不到老百姓的支持；只有对老百姓讲诚信，才能够树立起自己的威信。荀子也认为，政令取信于民则国家强大，政令失信于民则国家衰弱，因此治国从政当以建立信德为主旨和根本。可以这样说，对一个国家和政府来说，"诚实守信"是"国格"的体现；对国内，它是人民拥护政府、支持政府、赞成政府的一个重要的支撑；对国际，它是显示国家地位和国家尊严的象征，是国家自立自强于世界民族之林的重要力量，也是良好"国际形象"和"国际信誉"的标志。

3. 诚信社会，合力打造

尽管当前诚信缺失、诚信危机的状况令人担忧，但也应该看到，社会诚信并不会每况愈下，时时处处都在发生一些诚信闪光点，照亮着诚信建设的道路。新华时政曾发表一组"草根的诚信故事"，有"'诚信棒棒'苦寻货主万元货物完璧归赵"的故事，有"'诚信老爹'替儿还债，八旬老人感动乡邻"的故事，有"'诚信销售员'不拿别人东西，哪怕是 500 万"……这些故事告诉我们，中国人的诚信还有希望，中国的诚信建设正朝着好的方向发展着。当然，要让诚信真正回归，还应当着力抓住四个方面：

第一，弘扬正能量，塑造诚信公民。在西方，只要有一张信用卡，就可以任意消费。所以，有人开玩笑说，信用卡让西方偷钱包的小偷失业了。信用卡也有金卡、银卡、普通卡之类的，卡的颜色不同，其允许预支额度也有很大的差别。从某种意义上讲，不同信用卡规定的不同支付额度，也是社会对一个人经济方面信用度的基本认定。现代社会是一个信用社会，诚信则是全球通用的信用卡。诚信社会的基础是全社会公民，建设诚信社会，就要塑造以诚信为基本素质的道德公民。公允地讲，改革开放以来，全社会对诚信建设所做的努力，几乎为所有传统德目之最。也是中国历史上对诚信呼唤得最为迫切、实践得最为扎实的时期。中共中央印发的《公民道德建设实施纲要》中明确提出了"诚信"这一公民道德基本规范。"诚信"这一基本道德规范的提出，既弘扬了中华民族传统美德，又顺应了时代发展潮流，反映了在新的历史条件下建立正常社会经济秩序的道德要求。而党的十八大报告中，则把"诚信"列入社会主义核心价值观，作为当代中国人所认同的重要的价值准则之一而大力倡导。同时，通过舆论媒介的引导和监督，激励先进、倡导诚信、鞭挞落后、揭露黑假，并建立健全诚信教育宣传体系，打造全民诚信意识。要建立诚实守信的社会文化环境，应着手编制针对不同的社会群体的宣传材料，可利用学校、企业、社区以及行业协会等组织广泛开展行之有效的诚信道德培养和教育，让诚信在每个公民心中扎根，最终内化为自身的基本素质。

第二，建设诚信市场。众所周知，市场经济必须以诚信为保障，否则会蜕变成吞噬人、财、物的怪兽。而在诚信问题已经严重干扰市场秩序的情况下，市场对诚信体系建设的要求也越来越高、越来越迫切。培育诚信市场，必须在科学借鉴吸收成熟市场经济国家的成功经验基础上，探索符合中国实际的诚信制度建设之路。一是在尚未建立整个社会信用大体系之前，先建立起市场经济信用体系，重点是市场社会信用联合征信系统，整合分散在各行各业的信用记录，对企业和个人进行信用评级，把评级结果运用到经济活动中，加大失信曝光力度，通过各类媒体，及时把各种破坏诚信的行为进行曝光，使失信者在市场成为过街老鼠。二是经常性开展"诚信企业""诚信单位""诚用地区"评选活动，激励市场主体自觉地诚信经营，优化市场环境。三是对市场失信行为加大惩罚力度。许多国家规定，有不良信用记录的单位和个人，将受到贷款、就业等多方面的限制。四是在完善相应的市场经营制度的基础上，把诚信建设纳入法制轨道。五是以诚信监督为落脚点，建立诚信监管机构。建立诚信监管机构一方面对个人和单位的信用情况进行检查监督，一方面接受违反诚信的举报、查处工作。目的在于使违反诚信的人和事有人查、有人管，受害人的冤屈有处诉、损失有处找，保护受害人的利益。

第三，打造诚信政府，建设一支诚信公仆队伍。现代政府是社会管理者。与古代管理国家的君王大臣不一样，现代政府管理社会不是靠权威，而是靠服务。古代官员的诚信，突出体现在对君王的忠诚上。而现代政府官员的诚信，主要体现在为人民服务上。诚如一代伟人毛泽东所言，我们的一切工作干部，不论职位高低，都是人民勤务员。用现代的话讲，就是公务员，即人民公仆。打造信用政府，就要打造一支忠诚守信的公务员队伍。公务员是政府人员构成中的主体，他们的诚信程度如何，对政府信用程度起着举足轻重的作用。其一言一行，应当也必须切实体现最广大人民的根本利益。对上级、对下级、对老百姓都要"诚实守信"，说老实话，办老实事。建设诚信政府，要求公务员以诚信待民，以自己对诚信的践行，增强公众的认同感，赢得公众的支持和信任，并使公众从公务员真诚的为人民谋利益的行为中受到感召，自觉效法，从而形成以诚信为本、操守为重的良好社会风尚。

第四，构建社会信用体系，让失信者寸步难行。当然，在那种信息闭塞的时代，对守信与失信的行为难以征信，这种说法也就只能停留在口头上，或者象征性地选一二典型以"杀鸡儆猴"，难以建立刚性的他律机制来制衡不诚信的行为。当代，在科学技术的支撑下，特别是在互联网普及的基础上，建立完善的社会信用制度体系则完全可行。我们发现，一些被公众关注的人物——包括有不良行为者，一些人通过"人肉搜索"，甚至可以将其言行追溯到出生后每个时间段，找出其还是婴幼儿时期做的糗事。借助"互联网+"，可以建立起一个功能强大的社会信用体系，为社会公民、市场主体的信用状况记载和查询提供一个基础平台，那些失信者的行为会一一记录在案，为信用体系实施者惩罚失信者提供准确的依据。2015 年，我国开始分级建立游客旅游不文明档案，制定并实施《游客旅游不文明记录管理办

诚信老爹

吴乃宜，男，84岁，浙江苍南县霞关镇三澳村村民。2006年，台风"桑美"夺走吴乃宜的3个儿子，留下60多万债务，他承诺"人走账不灭"，7年多来，他每天喝稀饭，编渔网，勒紧腰带已经还掉40多万元。被人们誉为"诚信老爹"。

吴乃宜老人的感人事迹引起了《钱江晚报》、新华社、中央电视台等多家媒体和社会各界的关注，同时还在网络上广为流传。据了解，中央电视台除了在《新闻联播》节目播出老人的事迹之外，还在随后播出的《今日说法》中，针对老人为子偿债的行为作了专题节目，从法律角度阐释了老人没有替子还清债务的法定义务，肯定了老人善良、诚信、坚持的可贵精神。2012年9月，吴乃宜入选"中国好人榜"，2013年7月入选第四届全国道德模范评选候选人；2013年12月感动中国2013年度人物候选人。2014年1月，吴乃宜因患晚期尿毒症去世，临终嘱咐子女："要孝敬妈妈，小辈都要诚信做人，要凭良心做事，谢谢所有好心人。"

法》，航空公司、旅行社、旅游饭店等联动，形成游客旅游不文明信息通报、追责机制。可以预料，信用体系的建立，将有力推进社会诚信建设。当然，互联网只是工具，更重要的是在社会各组织（阶层）之间、社会各组织内部建立健全分工合作、公平竞争、分配公正的机制，以形成完整的信用体系和征信系统。有了这样的系统，就能让失信者在公众面前无所遁形。当然，在信用体系中还要强化失信惩戒机制，加大失信行为的成本，使每个社会成员和市场主体都充分意识到诚信的实际价值及其对自己的现实利益，明确认识到失信行为要付出的代价。而且，这个失信惩戒机制，不仅只是硬性的制度规定，还要有刚性的法律法规做支撑，能够为制裁严重的失信行为提供法律依据，从而使全社会每个人的诚实守信行为都有章可循、有法可依。

第四章
崇正义——中国人的无私之善

中国传统的"义"是一个内涵非常丰富、复杂的概念。在中国人心目中，一切正当合理的事情、言论、举动皆是"义"，一切对真善美的追求皆是"义"，一切对假恶丑的鞭挞皆是"义"，一切对社会公平公正的坚持皆是"义"，一切对社会不公不平的反对皆是"义"。"义"的评判可以小到对亲朋好友，以及对一般普通人的仁爱与相助，大到对国家、对整个社会的责任担当。一言以蔽之，社会上所有遵天道、孚人道的事物、言行都是"义"。中国传统的"义"涵盖了现代"正义"观念的所有内容。

一、正义之说源远流长

中国文字有一个世界所有文字都没有的特色：表意。即"望文生义"——看见文字，就能想到其表达的意思。如果要新造一个词语，则可以通过意思相同、相近的字词组合。许多时候，寻找字词的意蕴，就可以根据组合的字词的意思中去寻找。其他国家的文字则是表音的，其文字所表达的意思需要另外表达，新生的词语亦靠音节的组合而形成。

基于此，我们在探讨中国古人的正义观念时，不妨先将正义分开解析。

1."说文"之解，正、义意长

《说文》对这"正义"二字的解释分别是："正，是也。从止，一以止。凡正之属皆从正。"后人的解读是："正"由一、止组成。"一"为天下统一，"止"则指战争停止于天下统一之时，故后引申为"天下统一""天下统一的标准"之义。"义"的繁体字"義"，"会意，从我，从羊"，是上下结构，上面一个羊字，下面一个我字。"羊"表祭牲，"我"是兵器，又表仪仗，而仪仗是高举的旗帜，二者合起来的意思，是为了我信仰的旗帜而牺牲，就是"义"。老祖宗造出的这两个字可谓意味深长。

"正"字的来源最早可以追溯到甲骨文，即殷商时代。在甲骨文中，上面的一个小方框代表了古代的城郭，下面的"止"字代表脚，再引申一下，即许多人的脚步走向一个城郭，意谓军队出征某个地方。所以"正"的最初的意思是"征""出征"。随着时间的演变，汉字造得越来越多，"正"渐渐丧失了"征"的本意，而演变为如今"方正""正义"等。而后造出的"征"字，完全取代"正"的最初意思。人们对"正"字的使用，主要是其引申义了。例如，"名不正言不顺"（《论语·子路》）这句话里，就表示合乎公理的、有道理的意思；"古书之正"（唐·韩愈《朱文公校昌黎先生集》）这句话里，就表示合乎标准的，地道的，规范的意思；"平心持正"（《汉书·李广苏建传》）这句话里，就表示不偏斜、正直的意思；"终日射候，不出正兮"（《诗·齐风·猗嗟》）这句话里，就表示核心的、第一的、非附加的意思。还有，"正"作为动词出现时，就具有"使之标准、使之规范"的意思，例如，"就有道而正焉"（《论语·学而》）。基于这诸多义项，"正"字，也就以正确、纯正、正当、端正、正治、匡正、矫正等意，出现在后来一些人的文章、言论里。当古人将"正"字与"义"结合之后，"正"字引申出来的各种意义，也都迭加到"正义"一词中，以进一步强调"义"的正当、合理。

再说"义"。"义"是按照会意法造出来的一个字，即将原来造的两个字合并起来，同时囊括合并字的意思，使新字的内涵更加丰富。其上部分的羊字，甲骨文"羴"，同"祥"，为祭祀占卜显示的吉兆；其下部分的"我"，是一种带利齿的戌，代表征战。造字本义是指出征前的隆重仪式，通过祭祀占卜预测战争凶吉，如果神灵显示吉兆，则表明战争是仁道、公正的，神灵护佑的仁道之战，也是吉兆之战。同时，因为"义"字上半部是大祭的牺牲——羊，下半部是至尊的"我"，从而使这个字具有神圣的威严，并引申为天下合宜之理，是扬善惩恶的天意。此后，进一步引申为公认的道德、真理，公认的文字内涵。事实上，在古代，"义"还真是一个有亲和力的好字，社会上几乎所有的表示公正公平、责任担当的善行、好事，都会以"义"冠之，等于获得了最高评价。如仁义、礼义、信义、情义、忠义、仗义、义气、义务、义举、义赈、义捐、义诊，就连那些打死都不离开主人、任何时候都维护主人的狗也被称为"义犬"。

综上所引述，中国古人在创造正、义两个字的时候，赋予其丰富的内涵和大量的正能量。从而也为后来二者的结合，留下了更为丰富的内涵拓展空间。

2."四维"之列，"义"薄云天

《管子·牧民》："国有四维……一曰礼，二曰义，三曰廉，四曰耻。""四维不张，国乃灭亡"。这里把"义"抬高到维系国之存亡的纲绳方面，成为治国之要。

中国有一句成语：义薄云天。语出《宋书·谢灵运传论》，"屈平、宋玉，导清源于前，贾谊、相如，振芳尘于后，英辞润金石，高义薄云天。"这里是说屈原等人的正义之气直上云端。后来，人们以之形容某个人为正义而奋斗的精神极其崇高。借此成语形容中华传统文化中"义"的涵义，以及"义"在社会生活中的地位，是再恰当不过的。

"义"在儒家学说里，有很高的地位。《论语》多次出现"义"，并以之作为君子与小人的重大区别，所谓"君子喻于义，小人喻于利。"并认为只有义才是君子的行为方式。在孔子确定的"仁、义、礼"的道德系统中，义居中协调——义是仁的外显，礼则是义外显的形式。"行礼知义"、视义知仁。

董仲舒说："义之法在正我，不在正人。"（《春秋繁露·仁义法》）即所谓道义的法则，在于端正自己，而不是端正别人。在董仲舒看来，儒家的仁是为了安人的，所以，对别人要讲仁；而义是正我的，是用道义来正自己。陆九渊认为："君子义以为质，得义则重，失义则轻，由义为荣，背义为辱。"（《与郭邦逸》）要求人们的一切行为举止，都应以道义为准。符合道义的事一定要去做，这是做人的光荣；而背信弃义的事一定不要去做，因为这是做人的耻辱。

在中华传统文化中，义不仅仅是古人非常重视的一种道德修养和人格境界，更是一种行为准则。我们如果从字面上研究"五常"，还会发现这一个秘密。"仁义礼智信"这五个人生应常备的品质中，除了"智"属于知识层面的，是道德的基础——"人不学，不知义"，另外四项皆属于伦理道德层面，在这个层面上，仁、礼、信皆属相对独立的德目——古人很少将其连在一起用，唯独"义"，却经常与其他德目连在一起使用，如仁义、礼义、信义。这说明，所有的道德范畴都可以纳入义的内涵。或者说，义是贯穿于所有道德范畴，且普遍运用的一个行为标准。一个人是否仁爱，是否有礼，是否诚信，都可以通过其义行进行评判。也就是说，只有符合"义"的标准的仁、礼、信，才是真正的仁、礼、信。

3. 言不及义，难矣哉

坦率地讲，中国古人典籍中可查的"正义"出处，并不多见。正、义的第一次连用，出现在稍晚的《荀子·儒效》里，其中有这样一句话，"不学问，无正义，以富利为隆，是俗人者也"。到汉代的时候，司马迁《史记·游侠列传》里"今游侠，其行虽不轨於正义，然其言必信，其行必果。"这里的"正义"似乎扩展到社会统一的规制。东汉王符的《潜夫论·潜叹》中说："是以范武归晋而国奸逃，华元反朝而鱼氏亡。故正义之士与邪枉之人不两立之。"这里正义的含义与现代人的理解基本接近。《韩诗外传》卷五："耳不闻学，行无正义。"同样也有了这个意思。

正因为正义在古代典籍中不多见，故有人认为，正义的概念是舶来品，是从西方引进来的现代观念。此大谬也！

从前面对传统文化中"义"的探讨中，我们应该有一个大致的比较，基本上可以明确"义"与"正义"内涵有许多相重合的地方。且不说古代一些著作间或提及的"正义"，已经早就有了"公道正直"的含义，古代中国人所用的"义"的本义，及其引申义，不仅囊括了

延伸阅读

孟子舍生取义

孟子说："仁，人心也；义，人路也。"（《孟子·告子上》）认为义是人类实现自我价值的必由之路。他说："大人者，言不必信，行不必果，惟义所在。"（《孟子·离娄上》）把"义"作为做人必须最后保留的底线。为了义甚至可以付出自己的生命。"生，亦我所欲也；义，亦我所欲也，二者不可得兼，舍生而取义者也。"现实生活中，人们经常会遇到这样的两难选择，就像鱼和熊掌都是自己想要的，但是在只能择其之一的情况下，就要权衡利弊得失。古人认为，虽然生命可贵，但是维护道义更为重要。为了维护道义，不惜牺牲自己的生命，这才是仁义之士。在人生的选择题中，"义"成了孟子的最佳选择。

现代正义观所有的内容，且其涵盖面更加广阔。古代的"义"，作为行为的准则，它贯穿于几乎所有人与物，以及一切能够表达大多数美好愿望的事物中。正如一些中华传统文化的研究者所认定的，古汉语中的单字"义"，大体可以等同于现代汉语的"正义"。事实上，古代与"义"组合的那些词，都隐含有"正义"的意蕴，甚至还要宽泛许多。例如，义师可称正义之师，义士可称正义之士，义举可称正义之举。

而且，根据中国的词语结构类型来看，"正义"属合成词的一种

（两个或两个以上语素构成的词），是合成词中的偏正结构类型。其中"正"是修饰的，属于偏，"义"属被修饰者，属于正。几千年来，"正义"在各种典籍中出现频率并不多，但"义"却是随处可见，就因为一个"义"字已经说尽了"正义"所有事。所以，孔子感慨地说："言不及义……难矣哉"（《论语》），他认为，要想在说话中不提到"义"，是一件很难的事情。

为了进一步辨析义与正义的关系。我们不妨把现代"正义"的范畴与古代"义"的范畴作一个比较。

从广义上讲，正义的内涵就是合规，公平、公正、合法，合理、合情。所谓合规即合乎自然，合乎规律，顺天而行，此乃顺天之正义；所谓公平、公正、合法，就是指在权力、财富、名义等方面，社会对待各阶层、各阶层成员有一套相对公平、公正的分配机制，并能在法定条件下推行和实施；所谓合理、合情就是指国家、阶级或集团及个人的言行合乎社会及其成员的伦理原则和情感原则。大凡这三大类均可称之为正义。

西方实现公平正义的途径就是法律，就是要求人们的行为合规。在古代中国，实现公平却有多条途径，除了法律之外，还有礼俗、教育、舆论等，在民间就有这样一句俗语，法律不外乎人情。意谓为了情义，似乎可以让法律网开一面。当然，古人的义，最为注重的，便是符合社会规范——包括法制在内的社会规范。孔子说："君子义以为质，礼以行之，孙（逊）以出之，信以成之"（《论语·卫灵公》）。礼之所以可贵，也就在于体现了义的原则，失掉了义，礼就形同虚设，毫无意义了。《礼记·礼运》引孔子言曰："礼之所尊，尊其义也。失其义，陈其数（仪节），祝史之事也。故其数可陈也，其义难知也。知其义而敬守之，天子之所以治天下也。"礼是什么？礼是社会规范，也是义的形式，义是礼的灵魂，礼是在义的原则下制定出来的，从而成为伸张正义的最好路径。

现代正义强调社会公平。在传统文化中，公平与正义是关系最密切的一组。或者说，能够保证社会公平，就是践行了正义。在传统社会里，那些劫富济贫、快意恩仇的侠义之士，往往被视为正义的使者。历史上那些农民起义，往往都是打着"均贫贱，等富贵"的旗号，甚至认为应该"皇帝轮流做"。《史记·陈涉世家》中一句"王侯将相，宁有种乎"的质疑，就反映古代中国人对"天生平等"的追求。当然，对下层百姓追求的正义，会有来自两个层面截然相对的看法，作为官方层面，会觉得那些游侠"不轨正义"；作为老百姓而言，则认为他们是伸张正义。

在现代正义观里，正义表现在对利的追求中的公平。市场经济就是追求利益最大化的经济制度，而实现利益最大化的前提就是公平正义。在中国古代，公平正义就是经商者的金科玉律。"买卖公平，童叟无欺"，这是几乎每个生意人都要打的广告。而这一点，早在春秋时期的"义利之争"中就已经被阐发得十分明确。孔子说：见利思义（《论语·宪问》）。又说：见得思义（《论语·季氏》）。利益是人希望获得的，但是不能见利忘义。见到可以得到的，要想一想是否符合道义。这是取之有道，见利不忘义的大道理。孔子的学生子路曾救起一个落水者，这个人送给他一头牛表示感谢，子路很爽快地接受了。孔子知道后很高兴，说从此以后鲁国必定会有人去抢救落水的人。当然，孔子更注重的是义，他甚至把义、利作为君子与小人的分水岭：君子喻于义，小人喻于利。不义而富且贵，于我如浮云。

在现代正义观里，战争尽管被视为不人道的人类行为，但是，对无法避免的战争，则一定会用正义与非正义进行评判。古代中国，守国土、抗侵略、伐无道的战争皆视为正义的战争，其军队亦被称为正义之师。而对于失道者的最终灭亡，人们会毫不客气地送他一句话——"多行不义必自毙"（《左传·隐公元年》），告诫那些不义者：一个人行不义之事或许会一时侥幸得逞，但是如果不义之事做得太多，最后一定会遭到惩罚。

当然，我们也得承认中国古代的义与现代正义、与西方的正义有所差异。其中最大的差异，便是现代正义有比较明确的指向，而中国传统的正义观，其含义比较宽泛，只要是好的事物，都可纳入正义范畴。例如，在中国传统社会里，行侠仗义似乎成了一些人的处世方式与生活目标，往往受到社会大众崇敬。在现代社会里，那种快意恩仇的行为方式，很多时候却有悖于法律——而法律却是现代伸张正义的最佳途径。在传统的正义价值标准向现代正义价值标准转换的过程中，我们应该把握住这一点。

二、正义，历代国人的共同价值追求

中华民族，悠悠五千年，从古至今，从帝王到百姓，崇尚和践行正义价值观的历史源远流长。历朝历代中华儿女，正义之举不胜枚举，正义之士目不暇接，正义精神熠熠生辉，共同演绎了中华民族正义之举的恢弘华章，谱写了中华民族荡气回肠的光辉诗篇，形成了华夏文化激浊扬清、祛邪扶正的根本特色。

1. 上古传说，颂扬正义

远古洪荒时期，是中华传统正义价值观的萌芽与初成时期。"三皇五帝"的正义之举、无私之事渊源久远，铭记在中华历史的长河中，铭刻在历代中华儿女的心坎上。远古的神话传说虽没有正史记载，但透露出一个信息：中国人的老祖宗是讲正义的，他们留下的正义价值观，是华夏子孙最为宝贵的精神遗产。

"三皇五帝"其人其事虽有多种版本，但大同小异，万变不离其宗，主要人物、事件与时间基本没变，这些人物与事件所蕴含的正义与无私精神始终未变。燧人氏钻木取火，教人们学会了取火、用火、保存火，使人类由完全生食发展到熟食阶段，显著提升了人类的身体素质和寿命，诚为人类造福，乃上善之举，大正之举。伏羲氏发明了捕鱼网、打猎陷阱，还自创了原始烹调，尤其是发明了充满智慧的八卦，让后来人可以借此推演世界空间时间各类事物关系及变化。在中国古代神话传说中，神农氏是作为农业和医药始祖出现的。他为救济人类，不但亲自爬山越岭采集草药，还亲身试服以鉴别药剂性能，即便是毒药也义无反顾，传说就有他"日遇七十毒"的经历。黄帝，怀抱匡扶正义之心，率领部落，勇于与强悍、怪异的蚩尤部落大战而取胜，展现了大勇大谋、正义立天的气概和格局；对于自己战胜的对手，不是驱逐杀戮，而是互包互融，最后成一家之亲，展示了无所不容的博大胸怀。

"五帝"之中尧舜禅让的故事，更是体现了大正大义。传说黄帝以后，先后出了三个很出名的部落联盟首领，名叫尧、舜和禹。尧年纪老了，想找一个继承人。有一次，他召集四方部落首领来商议。尧说出他的打算后，有人推荐他的儿子丹朱继位，被尧严肃地拒绝了；后来尧又拒绝了管水利的共工继位的建议。最后，大家一致推举，并经过尧多方面考察后，确定让舜继其位。舜帝之后，也没有传位给儿子，而是传给了治水有功的大禹。禹即位后，建立了夏朝。由于他起自民间，具有浓厚的民本思想。他时时巡访各地，了解民情，查访贤能之士。把钟、鼓、磬、铎分别挂于厅前，并发出告示：教我以道者击鼓，谕我以义者击钟，告我以事者振铎，对我述说困难者击磬，有告状者摇铎。

其实，无须讲神话，考察原始社会部落或氏族公社，就可发现远古时代已生萌芽的正义价值观。均分、公平、平等、公开等正义要素在原始氏族公社皆初见端倪。在原始初民那里，均分是财产分配的唯一方式，可谓形式上的绝对正义。至于公平，这是指原始社会时期在物质财富分配上要体现公平原则，任何人都无权多占、多吃、多得、多要氏族或部落的物质财富。同样，所有原始部落成员在议事、决事、处事方面本质上也是平等的，部落首领与普通部落成员之间没有高低贵贱之分，部落首领与普通部落成员之间没有亲疏，部落核心聚居地与其他聚居地成员之间没有远近之分。早期，这种"平等"甚至没有性别之分，直到以后出现的母系、父系社会，才有了性别上的不平等。"公开"指原始社会时期，氏族或部落在议事、决事、处事方面在程序、方式、结果告知及其他细节方面均应在全氏族或全部落成员面前公开，不得隐瞒或仅在少数人范围公开。

2. 二十五史，昭彰正义

在中国古代，最能够忠实记载历史的，是朝廷里的史官——太史公。中国的史官有一个最优良的传统，就是不畏强暴，坚持秉笔直书。《左传·襄公二十五年》载：齐国大臣崔杼杀了与自己妻子通奸的国君庄公,当时的太史如实在竹简上书曰："崔杼弑其君"。崔杼发怒，杀了太史。太史的两个弟弟仍然如实记载，都被崔杼杀了。崔杼

延伸阅读

共工怒触不周山

在远古传说中，共工怒触不周山的故事也是十分感人的。共工氏与颛顼帝同时代，为部落领袖，对农耕，尤其是对水利很重视，发明筑堤蓄水办法。共工有个儿子叫后土，对农业很精通。后土考察部落土地后，地势太高的田地浇水费力，地势太低容易被淹，非常不利于农业生产。故共工氏制订土地整理计划，挖高垫低，既可扩大耕种面积又利于水利灌溉。然而，颛顼却不赞成共工氏的做法。于是，颛顼与共工氏之间发生了一场十分激烈的斗争。颛顼利用鬼神的说法，煽动部落民众，叫他们不要相信共工氏，认为平整土地，会触怒鬼神，引来灾难。共工氏坚信自己的主张，为了天下人民，决心不惜牺牲自己，为真理殉职。他来到不周山（今昆仑山），驾起飞龙，来到半空，猛地一下撞向不周山。霎时间，一声震天巨响，不周山被拦腰撞断，整个山体轰隆隆地崩塌下来，天地为之巨变——"天倾西北，故日月星辰移焉；地不满东南，故水潦尘埃归焉"。共工氏英勇牺牲。共工氏追求正义和真理、勇于献身的精神流传至今。共和国缔造者之一毛泽东在其诗词中就曾引用了这个典故——"同心干，不周山下红旗乱"。

对继续执简直书的太史公最后一个弟弟说，"你三个哥哥都死了，你难道不怕死吗？还是按我的要求：把庄公之死写成暴病而亡吧。"太史弟弟正色回答："据事直书，是史官的职责，失职求生，不如去死。你做的这件事，迟早会被大家知道的，我即使不写，也掩盖不了你的罪责，反而成为千古笑柄。"崔杼无话可说，只得放了他。太史弟弟走出来，正遇到南史公执简而来，南史公以为他也被杀了，是来继续实写这事的——真可谓"前仆后继"。由此，我们考察古代中国人的正义之举，是可以从文字记载的历史中获得较为真实的材料。

就中国可考的历史而言，从公元前 2070 年夏朝建立开始，中国进入奴隶制阶级社会，其后由秦统一六国而进入封建社会。历经十余个朝代，留下了二十五部史书，记录下不同历史时期中国人践行正义的光辉事迹。

《史记》是中国历史上第一部纪传体通史，作者司马迁即使经受了人生中最大的屈辱，仍然秉持着史官的客观立场，对历史上的人物作出评价。例如，尽管项羽是一个失败的英雄，且是他所在的汉朝的对立面，在《史记》中，仍然给了项羽帝王的地位，将其纳入"本纪"系列（在《史记》中，本纪是记载帝王的）。例如，秦末农民起义的领袖陈胜吴广，按传统的观点，他们是犯上作乱的草寇，是不能纳入正史的，但在《史记》中却纳入"世家"系列（在《史记》中，"世家"是记录诸侯的传记），并借着陈胜的口喊出了社会平等的口号——"王侯将相，宁有种乎"。司马迁在《史记》中首创了"列传"这种记录重要人物的体裁，他在《史记》索引中提出："列传者，谓列叙人臣事迹，令可传于后世。"在列传中专写了一篇《游侠列传》，记述了汉代著名侠士朱家、剧孟和郭解的史实。尽管司马迁认为游侠的一些行为"不轨正义"——与传统的正义观有冲突。但在实事求是地分析不同类型的侠客的过程中，充分地肯定了"布衣之侠""乡曲之侠""闾巷之侠"，赞扬了他们"其言必信，其行必果，已诺必诚，不爱其躯，赴士之厄困……不矜其能，不伐其德"等的正义之举。例如，"列传"中记载的朱家，原是鲁国人，是与汉高祖同一时代的人。虽然鲁国人都因孔子而爱儒学，而朱家却因侠士而闻名。他所藏匿和救活的豪杰有几百个，其余被救的普通人说也说不完。但他始终不夸耀自己的才能，不求施恩回报。对自己曾经给予过救助的那些人，他唯恐再见到。因广为接济，朱家的家中没有剩余的钱财，衣服破得连完整的花纹都没有，每顿饭只吃一样菜，乘坐的不过是个牛拉的车子。他一心救援别人的危难，超过为自己办私事。他曾经暗中使季布将军摆脱了被杀的厄运，待到季布成为将军，地位尊贵时，他却终身不肯与季布相见。

《史记》之后，历朝史书里，几乎都继承了《史记》的传统，对那些正义之士、正义之举，都忠实地记载下来。一些历史人物，尽管官职不是最高，功劳不是最大，却能在青史上千秋流传。例如，二十五史中记载了历史最为著名的两大"青天"，一是宋朝的"包青天"，一是明朝的"海青天"。他们就堪称正义的化身。

《宋史·包拯传》中记载：包拯在朝廷为人刚强坚毅，跟人交往不随意附和，不以巧言令色取悦人。虽然地位高贵，但衣服、器物、食物跟当百姓时一样。他曾经说："后代子孙当官从政，假若贪赃枉法，不得放回老家，死了不得葬入家族墓地。假若不听从我的意志，就不是我的子孙。"

在《明史·海瑞传》中记载：明世宗不理改务，专心斋戒修道。各地高官争着贡献有祥瑞征兆的物品。朝廷大臣中没有敢说时政的人，海瑞独自上疏。嘉靖皇帝读了海瑞的奏章，十分愤怒，下令把他逮起来。宦官说他上疏时，知道冒犯皇上该死，买了一口棺材，和妻子诀别，在朝廷听候治罪，是不会逃跑的。皇帝听了默默无言，反复读了海瑞的奏章，为之感动叹息。海瑞向来憎恨大户兼并土地，极力打击豪强势力，安抚穷弱百姓。他推行政令雷厉风行，所属官吏战战兢兢，奉行不悖。

除了二十五史之外，还有一部编年史《资治通鉴》，亦堪称集中国古代正义之大全。作者司马光"专取关国家盛衰，系生民休戚，善可为法，恶可为戒"，将一些重大史事特意抽取出来详述，以达到"鉴前世之兴衰，考当今之得失，嘉善矜恶，取是舍非"。《资治通鉴》自成书以来，历代帝王将相、文人骚客、各界要人争读不止。点评批注《资治通鉴》的帝王、贤臣、鸿儒及现代的政治家、思想家、学者数不胜数。毛泽东就自称曾十七次批注过《资治通鉴》，并评价说"每读都获益匪浅。一部难得的好书……充满了辩证法"。

历史长河大浪淘沙。多少帝王将相，权倾一时，能让后人记起的并没有多少，那些正义之士却在史册上熠熠生辉，其正义之光始终照耀着中国人的前路，也成为文人墨客的最佳创作题材。

3. 一曲《正气》，千古回荡

明朝宰相文天祥在广东海丰兵败被俘，狱中三年，受尽各种威逼利诱，但始终坚贞不屈，写下了与《过零丁洋》一样名垂千古的《正气歌》。开篇写道："天地有正气，杂然赋流形。下则为河岳，上则为日星。于人曰浩然，沛乎塞苍冥。"诗里所说的浩然正气，就是古代中国人所追求的正义之气。《正气歌》所列举的那些"时穷节乃现，一一垂丹青"的名人及其可歌可泣的事迹——"在齐太史简，在晋董狐笔。在秦张良椎，在汉苏武节。为严将军头，为嵇侍中血。为张睢阳齿，为颜常山舌。或为辽东帽，清操厉冰雪。或为出师表，鬼神泣壮烈。或为渡江楫，慷慨吞胡羯。或为击贼笏，逆竖头破裂。"都是在不同情境下显示了浩然正气的义士。

　　"太史简"与"董狐笔"，分别指春秋战国时期齐国与晋国坚持正义秉笔直书的太史官；"张良椎"是五代在韩国为相的张良，安排大力士持椎袭击出巡的秦始皇的事情；"苏武节"是指汉武帝时出使匈奴的苏武，拒绝投降，被流放到北海（今西伯利亚贝加尔湖）边牧羊十九年，始终坚贞不屈；"严将军头"是指三国时期宁当断头将军也不投降的严颜将军；"嵇侍中血"，是指晋惠帝时做侍中（官名）的嵇绍在皇室内乱，用身体和鲜血保卫君王的事情；"张睢阳齿""颜常山舌"是指唐朝安禄山叛乱时，两个被叛军俘虏的大臣宁死不屈讨逆的事情；"辽东帽"指东汉末年的管宁不慕权利而隐居在野，严守清廉节操、安贫讲学的高洁品质而闻名于世；"出师表"则是三国时期诸葛亮出师伐魏之前上表给蜀汉后主，表明自己为统一事业奋斗到底的决心，"鞠躬尽瘁，死而后已"的名言，据说让鬼神也被感动得流泪；"渡江楫"，指东晋爱国志士祖逖率兵北伐，渡长江时敲着船桨发誓北定中原的故事；"击贼笏"，指唐德宗时，朱泚谋反，召段秀实议事，段秀实不肯同流合污，以笏猛击朱泚的头……

　　《正气歌》里列举的这些典型，是日日夜夜激励着文天祥在狱中坚守清节的精神支撑。事实上这些义士及其义举，在中国的历史长河中，只是几朵美丽的浪花。在中国分分合合的朝代里，每逢外敌入侵，总有人挺身而出，保家卫国，甚至不惜与敌人血战到底，同归于尽。最为著名的有西汉时期驱除匈奴的霍去病、卫青，有击退突厥的唐朝诸将；有忠君报国、勇于抗击金兵的岳飞，有中日甲午

正义是文学作品的永恒主题

在许多文学作品里有着无数伸张正义的典型。人们所熟知的《水浒传》《三国演义》《西游记》《封神演义》《隋唐演义》等小说，匡扶正义皆为其中的主旨。武侠小说《三侠五义》，讲述了北宋包公在侠义之士帮助下审奇案、平冤狱、除暴安良、秉公执法的故事。而著名的"三言二拍"：《喻世明言》《警世通言》《醒世恒言》，及《初刻拍案惊奇》和《二刻拍案惊奇》，也有不少匡扶正义的故事。即使到清朝出现《聊斋》这样的志异小说，里面也有一些有情有义的妖狐鬼怪。

海战以身殉国的"致远"号管带邓世昌，等等。这些满腔热血、一身正气，以生命和鲜血践行正义价值观的典范，把中国的历史映照得灿烂辉煌。

三、养浩然之气，让现代社会充满正能量

中华民族的正义价值观的萌生、发展有悠久的历史和鲜明的特点。在不同的历史发展阶段，中华正义价值观既具有稳定延续的共性，也具有鲜明时代特点的个性。在不同时代和社会，其内容和形式

是不同的，是不断向前发展和升华的。中国人追求正义之路，走到当下，该是一条什么道路呢？

1. 社会主义核心价值观，刷新传统正义价值观

社会主义社会是人类发展史上一个崭新的社会形态。社会主义社会应该有不同于其他社会的价值观，这个价值观就是社会主义核心价值观。社会主义核心价值观不是凭空而生的一种价值观，是在继承和弘扬中华传统价值观，并吸收其他文明和现代文明价值观的基础上提炼出来的，是对中华传统价值观的发展、提升、创新和完善，是当代中国各族人民共同认同遵循的"最大公约数"，具有先进性、时代性、创新性和综合性。

这一价值观有三个层面："富强、民主、文明、和谐"，是国家层面的价值目标；"自由、平等、公正、法治"，是社会层面的价值取向；"爱国、敬业、诚信、友善"，是公民个人层面的价值准则。而三个层面阐述的内容，正是正义价值观的基本内涵，所宣扬和贯穿的是一腔之正气，所倡导和力行的是正义之德行，所激发和弘扬的是纯正之能量。社会主义核心价值观就是从三个层面对正义进行界定，是国家建设、社会管理和个人行为的总体指南。

"富强、民主、文明、和谐"，既是我国社会主义现代化国家的建设目标，也是在社会主义核心价值观中居于最高层次，具有统领作用的价值目标。"富强"即国富民强，是中华民族梦寐以求的美好夙愿和国家繁荣昌盛、人民幸福安康的物质基础。"民主"是人类社会的美好诉求。我们追求的民主是人民民主，其实质和核心是人民当家做主，是社会主义生命力和人民美好幸福生活的政治保障。"文明"是社会进步的重要标志，是对民族的、科学的、大众文化的概括，是实

现中华民族伟大复兴的重要支撑。"和谐"集中体现了学有所教、劳有所得、病有所医、老有所养、住有所居的生动局面,是经济社会和谐稳定、持续健康发展的重要保证。

"自由、平等、公正、法治",是对美好社会的生动表述,反映了中国特色社会主义社会的基本属性,是中国共产党矢志不渝、长期实践的核心价值理念。"自由"指人的意志自由、存在和发展的自由,也是马克思主义追求的社会价值目标。"平等"指公民在法律面前一律平等,尊重和保障人权,人人依法享有平等参与、平等发展的权利。"公正"即社会公平和正义,"法治"是治国理政的基本方式和民主政治依法治国的基本要求,是维护和保障公民根本利益,实现自由平等和公平正义的制度保证。

"爱国、敬业、诚信、友善",是公民基本道德规范,也是评价公民道德行为的价值标准。"爱国"是基于个人对祖国所形成的深厚情感,也是调节个人与祖国关系的行为准则,在现阶段,爱国同社会主义紧密结合在一起,要求人们以振兴中华为己任,促进民族团结、维护祖国统一、自觉报效祖国。"敬业"是公民职业道德和职业精神的体现,就是忠于职守,勤奋务实,任劳任怨。"诚信"即诚实守信,是社会主义道德建设的重点内容,强调诚实劳动、信守承诺、诚恳待人。"友善"强调公民之间应互相尊重、互相关心、互相帮助,和睦友好,努力形成社会主义的新型人际关系。

总之,社会主义核心价值观三个层面、24个字的具体表述和含义,其精神实质都直接或间接与中国传统正义价值观相连、相通、相融,处处闪耀着正义价值观思想的光辉,而且层次更加明晰,内涵更加丰富,系统更加完善,是对传统正义价值观的继承、发展、创新、完善。

2. 正义之光，照进中国梦

当代中国正在进行一项伟大的正义事业——实现中华民族的伟大复兴。这是民族之梦、国家之梦，归根到底也是每个中国人的梦，这个梦正在逐步走向现实。

中国梦，也是复兴之梦，要重振华夏民族的昔日辉煌，和平崛起于世界先进民族之林。这个梦，是核心价值观所昭示的目标：富强、民主、文明、和谐。我们知道，一个国家的发展，很大程度上取决于核心价值观的引领。发展中的中国更需强大的价值观支撑。因此，要实现中国梦，就要大力培育和践行社会主义核心价值观。以核心价值观强化国人的精气神，凝聚国人的心与智，激发国人的正能量，充分发挥核心价值观对于实现中华民族伟大复兴中国梦的激励功能和效应。

在追逐中国梦的道路上，需要创造一个公平正义的发展空间，创造一个人人愿意为梦想而努力、人人有机会成就梦想的舞台。在这个舞台上，每一个人都能享有权利公平、机会公平、规则公平，所有公民都按照宪法和法律的规定平等地行使权利和履行义务，不能被排除在法律所赋予的权利之外。也就是说，一切权利主体享有相同或相等的权利，没有凌驾于法律之上或超然于法律之外的任何特权。机会公平，要求人人享有发展进步的机会、获得同等待遇，共同享有人生出彩的机会，共同享有梦想成真的机会。这个机会不因为家庭背景和社会地位的高低而有差别。规则公平，要求所有人在同一个规则内活动——规则面前人人平等。规则包括了所有的法律、政策、制度、规定等，任何人都必须按照规则行事，没有例外。在当今社会，公平是正义的题中应有之义。要让中国梦照进每个中国人的现实，公平正义是首要条件。有权利公平，梦想才能起飞；有机会公平，为梦想奋斗才有动力；有规则公平，梦想的目标就不会再遥远。

中国梦，是每一个中国人梦想的迭加，也是每一个中国人自身价值的最大化实现。但是，作为个人层面的中国梦，同样需要正义的行为去努力实现。每个人的幸福富裕，不是靠不义手段来实现的，不是靠坑蒙拐骗所获得，而是通过创业、敬业——通过扎扎实实的劳动获得。诚如孔子所言，"君子爱财，取之有道"。经过数十年的改革开放实践，国人的物质财富获得快速增长，我国整体上已经处在中等发达国家水平线上。与此同时，人们的精神领域也发生了巨大变化，思想上呈现多元多样多变的特点，迫切需要国家在整个社会层面倡导、培育新的核心价值观，逐步树立良好的社会风尚，养成公民良好的社会意识和思想，建成"自由、平等、公正、法治"的社会，培养"爱国、敬业、诚信、友善"的社会公民，为实现中国梦奠定坚实的基础。

3. 养浩然之气，让现代社会充满正能量

崇尚正义，从来就是中国人的无私之举。在五千年的发展历史中，正是因为始终不渝地倡导、培育、践行正义价值观，才有了中国历史上许许多多的昌盛之世、中兴之世、仁政之世、太平之世，才有了连续不断、光耀千秋的雄君、贤君、明君、仁君，以及匡扶社稷、治理国家、忠心不二的能臣、贤臣、忠臣，和舍身求道的能工巧匠和科学大家，更有不畏强暴、舍命亮剑的侠义之士……古人能够做到舍生取义——为维护正义而甘愿付出宝贵的生命——就在于心中有一股浩然正气，有一种正义感。对照古人的义薄云天，现实中见义不为或不敢为的情况时而可见。因此，弘扬中华民族崇尚正义的优良传统，要做的第一件事，就是培养国人的正义感。一个人有了正义感，胸中

有了正能量，所作所为也就必然具有正能量。

　　培养当代中国人的正义感，首先必须明辨正义与非正义的界限。如前所言，正义观有着鲜明的时代特点，不同历史时期、不同社会阶层，其正义观有许多差异。打抱不平、快意恩仇，在古代社会里往往被视为伸张正义，在今天则可能因为行为过激而被视为非正义，甚至是违法犯罪。在当代，遵纪守法、尊老爱幼、文明礼貌、救死扶伤、扶贫济困、抢险救灾等行为都是有正义感的表现。培养适应时代要求的正义感，就要明辨现实中的是是非非，明了当代社会的法律与道德规范，养成自觉遵守各项社会制度和规则的良好习惯，在法律的范围内实施正义之举，而不使自己的义行逾越法律与道德的红线。

　　培养当代中国人的正义感，要创造能够激发正义感的社会氛围。这样的社会氛围靠制度、规范、舆论、榜样来打造。其中制度保障是最终能否发挥人的正义感、实现正义社会的关键。美国学者罗尔斯认为，对制度的道德评价和选择应当优先于对个人的道德评价和选择，社会成员的正义感在制度范围内的各种力量中具有一种根本性的作用，由正义感调节的社会才能是一个和谐、稳定的社会。在制度建设中，不应只是注重对非正义的惩罚，更应该注重对正义之举的激励。通过激励机制鼓励人们践行正义，就能确保行义之人不吃亏，就能让正义之举大行其道。此外，舆论的正面导向和榜样的正确引领作用巨大。近年来，一些地方设立见义勇为基金、举行道德模范评选活动，并经常性地通过媒体褒扬见义勇为、抨击不义之举，对社会上激浊扬清起到了较好的作用。

　　培养当代中国人的正义感，领导干部要发挥带头作用。季康子问政于孔子，孔子对曰：政者，正也。子帅以正，孰敢不正？也就是说，领导者作为带头人，一举一动都受到社会关注，其行为往往是

延伸阅读

凡人善举的"正能量"

在日常生活中，总有一些凡人善举令人感动，常有一些"平民英雄"让人肃然起敬，激励着人们保留本真善念，张扬道德正气。近年来，海南百姓身边的凡人善举层出不穷。从拾金不昧的报刊亭摊主符东影、面馆小老板马牙古拜，到痛失亲人、捐献爱心款项助学的农村妇女符霞、利友香；从抗风救灾殉职的抄表员庄华吉、环卫工人邓育军，到恪尽职守、勇斗歹徒的英雄保安伍思东、王才发，从见义勇为的海军战士孙旭光，到舍己救人的牙医吕海鹰、大学生方盛虎、社会青年符传道，以及百姓自主推荐的"感动人物""最美故事"等，时常成为媒体竞相报道的热点、网络持续讨论的话题、街坊广泛传诵的故事，成为人们心头的一团团暖流、城乡文明的一道道风景、社会发展的一股股正能量。

"下效"的标杆。领导干部践行的正义是最高境界的大义，要有"四气"：坚持理想信念、毫不动摇的志气；诚实守信、大义凛然的豪气；敢于实践、善于创新的勇气；忠于职守、执政为民的正气。如果领导干部都能养成"四气"，就能主动地维护公平、主持公正；就会自觉地维护公理，不徇私情；就会坚决地拒绝利诱，不畏强暴；就能坚持刚正不阿，嫉恶如仇，从而引领社会培育正气、引导群众崇尚正义。

第五章
尚和合——中国人的和谐之美

　　中国人自古以来崇尚"和合"。"和合"首先是一种理念，一种哲学观点。作为古代哲学和伦理思想，它的含义有两种：其一，指和睦同心之意，引申指异性之结合。《周礼·地官·媒氏》说："使媒求妇，和合二姓。"后世衍生为"和合二圣"（亦称"和合二仙"），被看作是家庭和睦与婚姻和美之神。其二，指事物的各种因素和各种关系的和谐统一。而在社会生活中，"和合"是指一种和谐、平衡、美好的状态，是人类社会追求的目标和理想，被认为是中国文化生命的完美体现形式。今天，我们不仅要运用"和合"的理念、方法、思维方式来处理社会经济发展和国际争端中的诸多问题，还要努力创建一个"以和为贵""美美与共"和谐社会与和谐世界，向全世界展现中国人的和谐之美。

一、和睦相处，精诚合作的历史解读

"和合"一词有着悠久的历史，饱含丰富的文化内涵。最早出自《国语·郑语》："商契能和合五教，以保于百姓者也。"这里的"五教"是伦理中的五个维度："父义、母慈、兄友、弟恭、子孝。"因此，"和合"的最初含义是指协调各种关系、各种规范和治理国家的方式。"和合"在中国的文化传统中有着十分丰富的阐释，《国语》《左传》都曾提到过"和合"的思想；《周易》讲阴阳和合；《诗经》讲"和羹"；孔子讲"中庸"、讲"和为贵"；老子讲"知和曰常"；《太平经》讲"和合阴阳"；佛教讲"因缘和合"；汉唐人讲"天人合一"、明代人讲"体用一源""知行合一"，等等。

1. 阴阳相和，生生不息

崇尚和谐是中国文化的一大特色，关于和合的思想，在《周易》中表现得非常突出，体现为"太和""一阴一阳之谓道"的论述。

根据《国语》记载，西周末年，史伯已提出"夫和实生物，同则不继。以他平他谓之和，故能丰长而物归之；若以同裨同，尽乃弃矣"。可见"和"与"同"是两个不同的概念，"以他平他"，是以相异和相关为前提，相异的事物相互协调并进，就能发展；"以同裨同"，则是以相同的事物叠加，其结果只能窒息生机。在史伯看来，"和"与"同"是不一样的，"和"是不同事物不同元素的相互激荡与融合，表现为差异性的统一。而"同"是完全相同的事物的重合，是排除差异性的同一。因此"和"可以说显得生机勃勃，同则显得死气沉沉。"和"是一种思维方式，能够创造出一个多姿多彩的世界。

春秋时期,《左传》记载了晏婴与齐景公的一段关于"和与同异"的对话,再次阐明了和谐的思想。晏婴说:"先三之济五味,和五声,以平其心,成其政也。声亦如味,一气、二体、三类、四物、五声、六律、七音、八风、九歌,以相成也。清浊、小大、短长、疾徐、哀乐、刚柔、迟速、高下、出入、周疏、以相济也。君子听之,以平其心。"晏婴认为君王之道要懂得"和",正如五味调和、五声和谐,自然万物都是体现出相反相济、相异相成的道理。君主治国只有懂得这样的道理,方保政治清平、社会和谐。

和合的观念,在《周易》中得到了极大的发扬。《周易》讲太和,就是追求一种最高的和谐的理想状态。它讲"圣人感人心而天下和平",又讲"履,和之至也,履和而至,履以和行",都是在强调"和"对于世界万物和世界秩序的价值意义。《周易》认为,"一阴一阳之谓道",八卦构造的二元和合体系,足以模拟天地万物变化之道。例如有天有地,就成为宇宙;有男有女、有等级、有不同民族,就成为社会;有白昼有黑夜,才成为一天。这些都可以看作阴阳之道,阴阳总是相互联结,相互渗透,你中有我,我中有你,和谐发展。一句话,由于阴阳交融,才有万物同生。

在哲学上,儒家既主张事物的两极区分,更主张两极的和合,认为"致中和",就可以出现"天地位焉,万物育焉"景象。这样的认识逐渐发展出"天人合一"的思想。《论语》讲"叩其两端"而"用其中";《孟子》更是着力讲"尽心知天"的"天人合一"。《荀子》在认识论上提出"和两一"说,认为"心"有同时兼知事物两面的作用,也有专一的一面,所以不要因为对"彼一"的认识而妨碍了对"此一"的体察,做到了这一点,也就达到了"壹",即实现了"和两一"的二元和合。到了汉代,董仲舒在汉初的特定环境下,建立了一套"物必有合""天人感应"的宇宙、政治、伦理思想体系。董仲舒借当时的阴阳五行学说发挥了《春秋》的"天人感应"思想。他认为，宇宙由木、火、土、金、水五种不同的属性组成。此五种不同的属性相生相胜，构成一种合理的宇宙关系。如木生火，火生土，土生金，金生水，水生木，反过来看则是水胜火，火胜金，金胜木，木胜土，土胜水。五行相生是一种生成关系。宇宙按照这种五行相生相胜的关系生成变化，因而成为一个可理解的合理的宇宙，构成一种宇宙的和谐关系。尽管董仲舒的观点还带有明显的神学痕迹，但他的学说所体现的整体性思维为和谐思想的形成和深化起了推波助澜的作用。

明确提出"天人合一"四个字以阐释中国人和谐思想的是宋代理学家张载。他说"儒者则因明致诚，因诚致明，故天人合一，致学而可以成圣，得天而未始遗人"。在张载所著的《西铭》中，他以形象的语言宣示天人合一的原则："乾称父，坤称母；予兹藐焉，乃浑然中处。故天地之塞，吾其体；天地之帅，吾其性。民吾同胞，物吾与也。"这是说，天地犹如父母，人与万物都是天地所生，都是由气所构成的，气的本性也就是人与万物的本性，人民都是我的兄弟，万物都是我的朋友。张载在《横渠四论》中又说："为天地立心，为生民立命，为往圣继绝学，为万世开太平。""太平""大同"等观念，是周公、孔子以来的社会政治理想。到了北宋，以范仲淹、李觏等人为代表的政治家、思想家提出了"致太平"的主张。张载的思想更加深邃，他的目光不局限于当下的"太平"秩序，而是以更深远的视野展望"万世"的"太平"基业问题，这是他的不同凡响之处。

"和"的思想，是佛教跟儒道两家，乃至与诸子百家思想理论的共性之一，甚至可以说是整个中国文化里面一个共性的东西。道家的和谐观是要在"万类霜天竞自由"的境界中实现人与世界的和谐共荣。道家认为，世间物象皆是对立的两极，然而穷其本源，又都出于"一"，他们重视在和合中的区分，重视两极事物向本初的复归，要求人们从事物的负面去把握二元和合。而佛经里面的"和谐"就是"圆融无碍"。"圆"为无缺之象，周遍具足、圆满完整之意；"融"则为"融通"。《华严经》用了另外一个比喻来描述这种"和谐"，那就是"海印三昧"，《宗镜录》对"海印三昧"的解释是："大海澄渟，湛然不动。万象皆现，如印印物。"

总之，无论儒教、佛教还是道教，都包含了丰富的"和"的精神，包含了兼容并包、共生共存、相继相承，也就是相互补充，达到一种平衡和谐。

2. 礼用贵和，家国安泰

《周易》中所讲的"太和"到了孔子这里，发展为"君子和而不同""和为贵"等观点，集中体现了中国人的和谐观。《论语·学而》篇有云：有子曰："礼之用，和为贵。先王之道，斯为美。小大由之，有所不行。知和而和，不以礼节之，亦不可行也。"尽管"和为贵"是由孔子的学生有若说出来的，但实际上也表达了孔子的意见。

"礼之用，和为贵"，指以礼仪规范、名分制度治国处事，处理人与人之间的各种关系应以和谐为最高原则。这里的辩证含义在于，凡事只知用礼，不知用"和"加以调节，那是行不通的。相反，如果凡事只强调和谐，而不知以礼来加以节制，也是行不通的。礼与和，在处理行政事务和人际关系上，是既相互对立又相互依存的两个方面，二者相反相成，相资相济，不可偏废，方能达到社会安定、和谐有序的最佳状态。

对"和"的涵义，《礼记·中庸》作了这样的解释："喜怒哀乐之未发谓之中，发而皆中节谓之和。"所谓"中节"，就是适度、恰当的意思。《论语》还说："夫仁者，己欲立而立人，己欲达而达人"，"己所不欲，勿施于人"，这实际上就是"和"的原则，也是处理人与人、家庭与家庭、国与国、人与自然关系的准则。而从墨子提出的"若使天下兼相爱，国与国不相攻，家与家不相乱，盗贼无有……若此则天下治"可以看出，强调以和为贵的中国战略文化，自古追求的便是以耕读传家自豪、以穷兵黩武为戒。

3. 身心相和，知行合一

明武宗正德三年（1508年），理学集大成者王阳明在贵阳文明书院讲学，首次提出知行合一说。所谓"知行合一"，不是一般的认识和实践的关系。"知"，主要指人的道德意识和思想意念；"行"，主要指人的道德践履和实际行动。知行关系，也就是道德意识和道德践履的关系，也包括一些思想意念和实际行动的关系。"知行合一"体现了宋明理学对天理的把握，对天人之际的探究，对体用的认知，对本体与功夫的理解，具有明显的整体性思维的特点。

事实上，无论程朱的"体用一源""理一分殊"，还是陆王的"心即理""心外无理""心外无物""知行合一"都打上了儒学"和合"理论的烙印。如果说"天人合一"的思想主要讨论人道与天道的和谐，那么，同样是中华传统文化中的"知行合一"思想就更注重对人生思想与行动和谐问题的思考。王阳明认为，知是行的本体，行是知的功夫。知是行之始，行是知之成。他说："若会得时，只说一个知，已自有行在，只说一个行，已自有知在。古人所以既说一个知，又说一个行者，只为世间有一种人，懵懵懂懂的任意去做，全不解思维省察，也只是个冥行妄作，所以必说个知，方才行得是；又有一种人，

延伸阅读

"和合学"的倡立

中国当代学者张立文主张将"和合"作为一门单独学科来研究。他通过对和合五义以及它们之间的相互关系的阐释，构想并提出了和合学八类新科学分类系统，并确定研究对象、范围、方法、规范。他认为，人类进入 21 世纪，面临着人与自然的冲突而造成生态危机，人与社会的冲突而产生人文危机，人与人的冲突而构成道德危机，人与心灵的冲突而产生精神危机，文明之间的冲突而造成价值危机。而中国古代的和合思想中蕴含的"和生、和处、和立、和达、和爱"五大原理，恰是化解这五大冲突和危机的妙方。

茫茫荡荡，悬空去思索，全不肯着实躬行，也只是个揣摩影响，所以必说一个行，方才知得真。"从知行合一说出发，王阳明特别批判了"行而不知"与"知而不行"这两种知、行分离的现象，并认为这种知、行分离，必将导致一事无成。强调"知""行"不可分离的关系，行不能无主意，故行不离知；知不能无手段，故知不离行。2014年 3 月 25 日，习近平总书记在法国《费加罗报》发表题为《特殊的朋友 共赢的伙伴》的署名文章，他说："中国人讲'知行合一'，法国人讲'打铁方能成铁匠'都强调要把思想转化为行动。"

二、中国人与万物世界的良性互动

由上论述可知，"和"是"天人合一"的外化，与世界和平、国家安定、个体和谐息息相关。如果说和谐精神体现了中国人与万物世界的良性互动，那么"和谐之美"就是中华思想文化和中国传统美学的最高境界，它集中地体现为自然和谐、艺术和谐、社会和谐、身心和谐。

1. 人与自然，和光同尘

人们常说，儒家重礼乐，道家贵自然。换句话说，儒家讲社会和谐，道家讲自然和谐。老子云"道法自然"，"道"与"自然"是同一的、和谐的。"自然"具有"道"的品格，"道"的本性是自然。老子指出："祸莫大于不知足，咎莫大于欲得。"主张通过"和光"以达到"玄同"的境界，即不张扬、不自满、不贪婪，通过创造开放心态以达到和谐境界，才会"生而不有，为而不恃，功成不居"。这也是老子将天之道贯穿于人之道的要求和体现。通过"和光同尘"，与世无争，融于自然，从而达到"贵以身为天下"，把个人融于天下人之中而实现人我和谐。

在探讨人与自然和谐的途径方面，庄子提出"心斋""坐忘"以达到"乐物之通"的和谐状态。所谓"心斋"，就是要排除心中的杂念，使心志专一，然后就能虚以待物。所谓"坐忘"就是凝神静坐以忘心，要求人豁达大度、宽容、淡泊。以此悟"道"，人的面前就会展现一个新的世界、得到充分的和谐。庄子力求以宽容大度的心态回归和谐，告诫人们在日常生活中应以开阔的视野和宽广的胸怀来审视人类在自然界中的位置和个人的私利，要知足常乐以消除焦虑。

2. 艺术和谐，浑然天成

和谐是中国文化的理想追求，因此它也鲜明地表现在各种艺术形式中。中国的绘画、建筑、文学，无不在空间、时间的二维中体现出整体的和谐。古人画一幅画，先看画幅大小，作一整体安排，为了适合这一整体和谐往往令部分变形。阎立本的《历代帝王图》中帝王占正中位置，如《晋武帝》，帝王形象很大，两侍从分立两旁，形象很小，头比帝王矮，脚跟又比帝王脚跟位置高，帝王双手向前摊开，分别由两侍从扶着。从透视的原理看，根本扶不着，但中国画更需要从整体看。该画作为不朽名作，在于突出了帝王的威严，画面的整体构图非常和谐。中国文化的和谐首先强调的是整体和谐。

同样，中国的建筑无一不表现为一种群体性，它不以个体的高大完美为目的，而以群体的宏伟壮观为气度。就像五行图和八卦图的运行，始终保持一种群体性——一种空间丰富的整体性，一种丰富多彩的整体和谐性。如北京的天坛，它始建于明永乐十八年（1420 年），是明清帝王祭天的祭坛。但它又不仅仅是一座祭天的神坛，它具有一种独特的意境，给人的感受像读一首哲理诗，也像欣赏一幅写意画。它的意境不仅停留在一般人的情趣上，而且体现在天地间，崇高、祥和、清朗，体现中国古代对宇宙的思考、想象、情感、感受和艺术美的享受。天坛建筑处处展示中国古代特有的寓意、象征的艺术表现手法。圜丘的尺度和构件的数量集中并反复使用"九"这个数字，以象征"天"和强调与"天"的联系。天坛祈年殿以圆形、蓝色象征天，殿内大柱及开间又分别寓意一年的四季、二十四节气、十二个月和一天的十二个时辰（古代一天分十二时辰，每时辰合两小时）以及象征天上的星座——恒星等。

在文学上，林语堂先生曾说"陶渊明是中国最伟大的诗人和中国文化上最和谐的产物"。陶渊明其人、其诗最突出的特点是"和谐"。人如其诗，诗如其人，这个中国文学传统上最和谐最完美的人物，是中国诗歌史上真正达到"自我实现"境界的诗人。他现存的130多篇诗文，真实地反映了他达到"自我实现"之境界所经历过的那一个复杂的、艰难的、曲折的过程。陶渊明笔下的田园已不再是独立存在的客观对象，更多的是主观化、情感化的人化自然，是诗人释放自然天性的心灵栖息地。梁启超说："他（陶渊明）最能领略自然之美，最能感觉人生的妙味。""方宅十余亩，草屋八九间。榆柳荫后檐，桃李罗堂前。暧暧远人村，依依墟里烟。狗吠深巷中，鸡鸣桑树颠。"（《归园田居》其一）朴素美丽的乡村景致，单纯欢快的农家生活和农耕之事无一不流露出诗人那份恬静的心境和感受。他的诗文达到了"真"的极高境界，是人与诗的高度和谐。陈后山说："渊明不为诗，写其胸中之妙耳。"（《后山诗话》）元遗山云："一语天然万古新，豪华落尽见真淳。"研读陶渊明的诗，我们可以体悟到，一个伟大的灵魂，如何从种种矛盾失望的寂寞悲苦中，以其自力更生，终于挣扎解脱出来而做到转悲苦为欢愉、化矛盾为圆融的一段可贵经历。这其间，有仁者的深悲，有智者的妙悟。

庄子还提出"大美"和"贵真"等重要的审美范畴，推崇"无为天成"的美学观。在庄子看来，自然、天真就是美的最高标准和尺度。历代书论在进行书法品评时就把"自然"作为最高艺术品位，书法贵天成自然，贵在写出真性情。盛唐草书家，宋代苏、黄、米，晚明徐渭等，莫不是真性情的抒发。这些书者不受外物干扰，实现对主体的超越，以虚静空明的心怀去观照艺术形象之本源，达到人与"道"的融合协调，这种境界即庄子所说的"心斋"和"坐忘"。可以说，中国独特的书法艺术正是体现了中华传统文化的自然和谐之美。

3. 社会和谐，各得其所

中华传统文化讲"贵和"，以和为贵，不仅自然万物"贵和"，社会更要讲"和"，"礼之用，和为贵"就是从社会层面讲"和"是"礼"的价值取向，"礼"的功能和作用在于能使社会不同等级各得其所、各安其位，只有这样，才能"和在其中"，社会才能达到有序和谐。在中国历史上，历代帝王的年号中有 49 个带有"和"字的年号，如"太和""大和""义和""元和""永和""元和""延和""建和""和平""咸和"等，这一方面反映了"和"是执政者所追求的价值目标，一方面也说明"贵和"作为传统社会的核心价值观的重要地位。"和"不仅是制度伦理、政治伦理，当然也是处理人际关系的基本原则——"君子和而不同"，"和而不同"的思想也包括宽容，对不同文化的包容态度，如处理儒家与佛教、道教的关系，实现儒释道的文化合流。从现代意义来讲，"和而不同"还包括吸取人类所创造的优秀的文化成果。2014 年 3 月 27 日，习近平总书记在联合国教科文组织总部的演讲中指出："对待不同文明，我们需要比天空更宽阔的胸怀。""我们应该从不同文明中寻求智慧、汲取营养，为人们提供精神支撑和心灵慰藉，携手解决人类共同面临的各种挑战。"需要指出的是，传统文化所说的"和"或"和而不同"，是指社会中各等级之和，也就是"各安其位""各得其所"。这里的"位"和"得"，本质上是保障等级特权的"位"和"得"。在历史发展中，只有铲除特权，实现权利平等、社会公正，才能有真正的人与人之间的社会和谐。落到全面建成小康社会的实际来说，我们要继承和弘扬传统文化中的"贵和"价值观和思想，就必须努力实现包括分配公平、司法公平的社会公平正义，坚决反对特权和"官本位"文化，将"和"建立在人与人权利平等、人格平等的基础上。

4. 身心和谐，止于至善

现代社会，由于种种内外的压力，特别是人们无止境地追求感官之享受，致使身心失调，人格分裂。由于心理的不平衡引起精神失常、酗酒、杀人、自杀等等，造成了自我身心的扭曲，已经成为一种社会病，严重影响了社会的安宁，其原因在于这些人失去了自我身心内外的和谐。从中华传统文化看，古人早有类似的忧虑。孔子说："德之不修，学之不讲，闻义而不能徙，知不善而不能改，是吾忧也。"这段话从反面告诉我们的做人的道理是：要"修德""讲学""改过""向善"。孔子深知"修德"并不容易，那就必须有崇高的理想，有关怀人类社会福祉的胸襟。"讲学"（讲究学问）也不容易，它不但要求自己提高智慧，而且要担当起对社会进行人文教化的责任。而要担当这样的责任，"改过"也是需要勇气的，而改过向善做到"日日新，又日新"，则是更难了。所以古人把"修身"当作人生第一门功课。

《大学》对"修身齐家治国平天下"作了这样的解读：上自国家元首，下至平民百姓，人人都要以修养品性为根本。先要修养品性，品性修养后才能管理好家庭和家族；管理好家庭和家族后才能治理好国家；治理好国家后天下才能太平。这个顺序不能颠倒，特别是其根本不能丢失。若这个顺序颠倒了，或者根本被丢失了，家庭、家族、国家、天下要治理好是不可能的。

一个对社会有责任担当的人，首先就得修身，使自己身心和谐，内外调适，并达到最佳状态。而只有身心和谐，才能一步一步达到"至善"境界，从而实现人生大目标。

三、"和为贵"思想的现代实践

社会主义中国，是具有五千年历史的古老中国的当代存在。中国是一个古老的国家，可当代中国是不同于传统中国的社会主义形态下的新的中国。中国共产党所担负的历史使命，就是中华民族的伟大复兴。它既包括创立社会主义新中国的民族复兴，也包括中华民族的文化复兴。这条路历经 90 多年的摸索，在艰难曲折中跋涉前行。在复兴中华民族文化的道路上，有许多宝贵的创新，其中，对"和为贵"的现代实践就是一项重要的创新之举。

当前人类社会存在的重大问题归纳起来有三大方面：一是人与自然的关系问题；二是人与人之间的问题，这包括个人与个人，个人与群体（社会），国家与国家、民族与民族之间的问题；三是个人自我身心内外的问题。也就是说，当前人类社会存在的最大问题就是人和自然的矛盾、人和人的矛盾、人自我身心内外的矛盾。这些矛盾如何解决？我国传统的"天人合一""人我合一""身心合一"也许可以提供某些有意义的思想借鉴。

1. 人与自然，和谐共荣

近两三百年，在工业化、现代化进程中人对自然的利用和征服，虽然对改善人类生活条件起着巨大的作用，但同时也由于对自然资源的无情破坏、过量和无序开发，严重破坏了人类赖以生存的自然环境。这种情况的发生，不能不说和西方哲学传统的"天人二分"观有关系。西方文化传统曾长期把精神和物质的关系看成各自独立、互不相干的外在关系，其思维模式以"心""物"为独立二元，为了"人"

的需要可以不考虑"自然";对"自然"的征服也不必考虑"人"的生存条件。然而中国儒家的思维模式与之有着根本的不同,儒家认为研究"天"(天道),不能不牵涉到"人"(人道);同样研究"人",也不能不牵涉"天"。当今,面对人口膨胀、资源紧张、生态危机、环境污染和气候变暖等"全球困境"和现代危机,坚持和发展马克思主义自然观,有助于正确认识自然以及人与自然的关系,有助于化解人与自然的深刻矛盾,努力追求和实现人与自然的和谐发展。

自从人类诞生以来,人类对自然界的改造无疑是巨大而深刻的。但是,面对如此的历史境遇和时代危机,人们也必须清醒地看到,人类对于自然界的破坏作用也是同样巨大的,而且这种人为的破坏作用在危及整个自然界的同时,也最终反过来危及人类自身。越来越多的人开始认识到:人们必须对人类在自然界中的活动和人与自然的关系进行重新审视;人们必须从自然观的高度对造成人与自然关系恶化的原因做出深刻反思。1992年,来自69个国家的1700位科学家——这其中包括99位诺贝尔奖获得者——联名发出了一份警告:"人类与自然界正处于一种冲突之中。"

因此,人们开始尝试重建生态伦理,改善人与自然的关系,从人要做自然的主人转变到人要做自然的朋友,建立包括人、社会与自然在内的大生态圈,并努力实现大生态圈的良性循环。在中国,解决了温饱问题之后,积极寻找人与自然和谐发展的正确方向与合理路径,把生态文明纳入社会诸文明系列,着力推进。中共十八大创造性地提出了经济建设、政治建设、文化建设、社会建设、生态文明建设"五位一体"总布局,增加了生态文明建设,强调为人民创造良好的生产生活环境,着力推进现代化进程中人与自然和谐共生,努力使中国的现代化走上可持续发展道路。这正是建设和谐社会的应有之意,也是中华传统文化在社会主义现代化建设中创造性转化，从"三位一体""四位一体"到"五位一体"，为和谐发展的内涵赋予了广阔的新意。

2. 人与社会，和谐相处

社会和谐包括三个方面，即人与自然的和谐、人与社会的和谐、人与人的和谐。其中，人与社会的和谐是社会和谐的核心，这是因为人不但具有自然属性，还具有社会属性，既是独立的自我，但同时又是社会的一分子。所以人与自然的和谐、人与人的和谐都必须建立在人与社会和谐的基础之上。社会道德要求个体利益服从整体利益，在人与社会的关系中，个体利益服从整体利益起着主导作用；但在某些情况下，整体利益对个体利益也要做出妥协和让步。因为，和谐作为一种关系，是有两面性的，必须从两方面来看问题，从两方面共同建立和谐。人与社会在利益目标追求上是一致的，在一个各方面利益关系能够得到有效协调的社会里，人与社会应该是和谐的。因此，正确处理各种社会关系，要合理借鉴中华传统文化中的和合思想。

人与社会的和谐推动社会发展，只有处理好人与社会的关系即个体利益与整体利益的关系，才能使社会各项事业协调发展。

当前，随着社会利益关系、组织形式等的多样化，在社会整体和谐稳定的同时，不同个体、群体、阶层之间也存在一定差异和矛盾，人们的价值观也不可避免地出现多样化态势，由价值观不同所引发的冲突对社会和谐稳定构成挑战。只有按照和合思想，以理性、辩证的态度对待这些差异和矛盾，既不回避和掩饰，也不夸大和激化，而是努力以沟通和协商的方式加以解决，并且以包容态度对待多样化价值观，承认价值观的多样性，追求多种价值观的平衡与协调、从而缓解以至消除不同个体、社会群体之间的隔阂和冲突。在尊重和包容多样化价值观的同时，在差异中求共识、在多样中立主导，培育和弘扬社会主义核心价值观，以社会主义核心价值观引领多样化价值观的和谐发展，使我们每一个公民都具有平等的人格、权利和机会，共享社会发展的成果。

人与社会的和谐还必须有相应的制度保证。只有制度才是社会公平正义的根本保证，才能使和合思想有效地贯通于人的一切关系之中。毕竟一个和谐社会必然是一个有序的社会，人与人、人与社会之间的关系是以社会秩序为保障的。维护社会有序正常的发展有两种途径：一是法律制度，二是道德力量。民主和法治既是现代政治文明的主要标志，也是和谐社会的首要特征。因此，当前中国在确定公民道德准则的基础上，进一步提出全面推进依法治国，逐步建立公平合理的社会利益分配机制，真正使改革和发展的丰硕成果惠及全体人民，从而实现人民共同富裕、共同享有的社会发展目标。

3. 国强不霸，和谐共赢

"和"的精神是在中华传统文化长期浸润下形成并内化的产物。中国古代修筑长城是为了防御，郑和舰队七下西洋没有占领一寸土地。近代百年的屈辱一方面固然激起中华民族反抗外侮、实现国家独立和民族解放的强烈愿望，另一方面反而促使中国人民从近代以后遭受战乱和贫穷的惨痛经历中，深感和平之珍贵、发展之迫切，深信只有和平才能实现人民安居乐业，只有发展才能实现人民丰衣足食。习近平强调说，中华民族历来是爱好和平的民族，一直追求和传承和平、和睦、和谐的坚定理念。中华民族的血液中没有侵略他人、称霸世界的基因，中国人民不接受"国强必霸"的逻辑，愿意同世界各国人民和睦相处、和谐发展，共谋和平、共护和平、共享和平。

事实上，不同的民族和国家应该也可以通过文化的交往与对话，并在对话（商谈）和讨论中取得某种"共识"。这是一个由"不同"到某种意义上的相互"认同"的过程。这种相互"认同"不是一方消灭另一方，也不是一方"同化"另一方，而是在两种不同文化中寻找交汇点，并在此基础上推动双方文化的发展。这正是"和"的作用。不同民族和不同国家之间由于地理的、历史的和某些偶然的原因，形成了不同的文化传统，人类文化也因此而丰富多彩，在人类历史的长河中形成了互补和互动的格局。文化上的不同可能引起冲突，甚至战争，但并不能认为"不同"就一定会引起冲突和战争。因此，我们必须努力追求在不同文化之间通过对话，用"和合"思想弥合分歧，实现和谐相处。进入 21 世纪，在全球经济一体化的进程中，各国在加强和改进国际文化交流与合作上越来越形成这样一种共识：增强各国人民对和谐世界的理解和企盼，增强各国在构建国际经济新秩序中的责任感和角色感，使国际文化合作的经济效用得到充分的发挥。通过构建和谐世界，可以使国际经济合作更加持久、稳定；通过开展国际经济合作，可以实现各国和谐共处与国际经济新秩序的加速构建，国际文化交流和合作是形成这种共识的重要途径，构成国际经济合作的新动力，同时也搭建了化解冲突的桥梁。

2013 年 9 月和 10 月，中国国家主席习近平分别提出建设"丝绸之路经济带"和"21 世纪海上丝绸之路"的构想。这一构想的提出也体现了中华传统文化中的和合思想，无论是经济带还是丝绸之路，都涉及多个国家多个民族，因此推动"一带一路"建设的关键在于共建和共赢。自古以来，丝绸之路就不仅仅是一条商贸之路，而是负载了欧亚大陆之间民族交流交往的文化蕴涵。驼铃声声，马蹄阵阵，数千年来这条道路沿线聚集了众多人口，承载着中国人民与沿线各国人

东方海上丝绸之路

"海上丝绸之路"（也称海上丝路）是古代中国与世界其他地区进行经济文化交流的海上通道的统称。学界一般将其划分为两条线路："南海丝路"与"东方海上丝路"。但人们在谈到海上丝绸之路时，多想到的是"南海丝路"，很少提及"东海丝路"，实际上东方海上丝绸之路有着悠久的历史。

早在春秋时期，齐桓公在管仲的辅佐下，大力发展与邻国及周边地区的贸易，开辟了从山东半岛沿海起航，东通朝鲜半岛的"海上丝绸之路"，开创了政府倡导和组织海外贸易的先河。

至秦代，徐福之行拓展了东方海上丝绸之路。《史记》记载，徐福两次率大规模船队东渡，不仅带了许多童男童女，还有大量的水手和勤杂人员及管理看护人员，包括懂各种技艺的工匠和五谷种子等等。

汉代至隋唐时期，中、韩、日海上航路从山东半岛的登州（州治今蓬莱市）出海，经庙岛群岛，到辽东半岛后，再"循海岸水行"沿海岸线南下至朝鲜南部沿海，过日本对马岛，至日本九州的海上航路。从唐初开始，随着航海技术的提高，东方海上丝绸之路又增加了从山东半岛及江浙沿海一带横渡黄海直达朝鲜半岛南部或日本的航路。盛唐时期，东亚诸国纷纷派遣朝贡使团，实际上也是贸易使团，使得唐代的东方海上丝绸之路更为繁荣。

北宋至明清时期，由于受到战事和海禁的影响，东方海上丝绸之路的民间海上贸易受到严重干扰和阻塞。但官方的朝贡贸易和海上往来依然繁荣。

民的文化交往，形成了独特的丝绸之路精神。丝绸之路精神倡导包容互鉴，尊重文明的多样性，鼓励各种文明相互交流，倡导各种文明相互包容，实现欧亚多样文明和谐共存，业已成为上合组织和欧亚各国人民的共同价值追求。各国、各民族文明的多样性，是人类社会的基本特征，也是人类文明进步的动力。只有在文明多样性问题上取得共识，做到包容互鉴，才能为和平共处奠定基础。

中国提出"一带一路"建设倡议，是以相互尊重、合作共赢为核心的新安全观、新合作观、新发展观的具体实践，将为丝绸之路精神的弘扬和传承提供新的载体和纽带，使古老的丝绸之路焕发出新的生机和活力。共建"一带一路"，将从"五通"（政策沟通、道路联通、贸易畅通、货币流通、民心相通）做起，使欧亚国家的经济联系更加紧密、相互合作更加深入、发展空间更加广阔。只要在充分照顾各方利益和关切基础上寻求在贸易和投资领域更广泛的合作，充分发挥各国的合作潜力，实现优势互补，就一定能够实现共同发展繁荣。2014年6月28日，习近平出席和平共处五项原则发表60周年纪念大会，并发表演讲，他精辟指出："天空足够大，地球足够大，世界足够大，容得下各国共同发展繁荣。一些国家越来越富裕，另一些国家长期贫穷落后，这样的局面是不可持续的。水涨船高，小河有水大河满，大家发展才能发展大家。"各国在谋求自身发展时，应该积极促进其他国家共同发展，让发展成果更多更好惠及各国人民。

第六章
求大同——中国人的理想之境

　　人类自其诞生伊始，从打制石器到浇铸铜器，从田猎森林到克隆生物，从扬帆大海到追梦太空，从柏拉图的理想国到马克思的共产主义……无时无刻怀抱着梦想，无时无刻在憧憬着未来，无时无刻为了理想信念而进行着艰苦卓绝的探索。理想，既是一个人人生追求的圆满，也是在滚滚历史车轮下社会发展的愿景。数千年前中国古人所勾画出来的"大同"社会，正是当时的人们关于理想社会的最为朴素的畅想。千百年以来，中华民族对于这个理想社会的追求从未停止，只不过是在不同的历史时期，展现出来的图景大同小异。"大同"社会体现了历朝历代千千万万华夏子孙的共同梦想，成为人们为了民族振兴和国家富强而奋斗的不竭动力源泉。

一、圣哲的大同之梦

　　在《礼记·礼运篇》中描绘了两种社会状况。其一"大同"："大道之行也，天下为公。选贤与能，讲信修睦。故人不独亲其亲，不独子其子；使老有所终，壮有所用，幼有所长，矜（通'鳏'）寡孤独废疾者，皆有所养。男有分，女有归。货恶其弃于地也，不必藏于己；力恶其不出于身也，不必为己。是故谋闭而不兴，盗窃乱贼而不作，故外户不闭，是谓大同。"其二"小康"："今大道既隐，天下为家。各亲其亲，各子其子。货力为己。大人世及以为礼，城郭沟池以为固，礼义以为纪；以正君臣，以笃父子，以睦兄弟，以和夫妇，以设制度，以立田里，以贤勇知，以功为己。"从中可见，"大同"是"小康"的升级版，是更理想、更高层级的社会形态。在孔子看来，禹、汤、文、武、成王、周公所统治的时代，算是"小康"，而大同社会在很久以前尧舜禹的上古时代存在过，但已经远远离去。因此，大同社会既是思想家想象中远去的理想王国的背影，也是憧憬中的未来理想社会的蓝图。大同社会是最高的理想境界，那里没有战乱纷争，没有森严等级，没有饥饿贫穷，人们共同劳作，共享成果；而小康社会则处于较为朴素的层次，需要礼仪等级制度来维持秩序、保护和平。可见，大同社会是超越了小康的理想境界。但是，分析我们当前追求的全面小康社会的标准就会发现，当前要实现的全面小康社会并非孔子描述的小康社会，而是更具有大同社会的特征。或者说，在国家民族统一之际，我们的祖先和我们这一代，在追求小康的同时，也在追求大道之行的天下大同。

1. 天下为公，选贤与能

"天下为公"这四个字在近现代以来广为人知，这离不开民主革命的伟大先行者孙中山先生的着力阐明与身体力行。然而，孙中山所理解和向往的"天下为公"与古人那里的"天下为公"是不同的。

古人所谓的"天下为公"是什么意思呢？东汉郑玄的注释是："公犹共也：禅位授圣，不家之。"唐代的孔颖达解释说："天下为公，谓天子位也。为公，谓揖让而授圣德，不私传子孙。"按照这种思路来理解，所谓"天下为公"是指象征着国家权力的君王为天下所有人所共有，应该选择具有贤能之人来管理国家，即像尧将王位禅让给舜，舜又将王位禅让给禹，不能私传子孙。这与小康社会的"天下为家"，即禹将君主之位私传给启、文王传位给武王有着根本性质的不同。

尧舜时代的具体景象到底是什么样子，在孔子的时代以及在我们现在时代，都已经是不得而知。尧舜时代的"大同"很可能只是先秦思想家们的一种理想描绘，带有"乌托邦"的假想性质；但是他们关于"大同"社会的设想又不仅仅是回顾以往，而是将理想寄希望于未来。《诗经》就大胆地幻想了"乐土""乐国""乐郊"的美好世界。在"乐国"里，不存在剥削，更没有不劳而食的"硕鼠"。

古人向往的"天下为公"时代，国家权力是天下所有人共同拥有，君王之位禅让给最有能力和德行的人，同时还"选贤与能"，选拔和任用贤能之人来治理国家。在孔子看来，选任贤能之人是国家治理、天下太平的关键所在。他在论述君王治理国家时强调："为政以德，譬如北辰，居其所而众星拱之。"意思就是说应用道德和德行来教化治理政事，就像是北极星一样，自己居于一定的位置，而群星都会环绕在它的周围。这里孔子所举很可能就是周代的君王治理国家的例子，应该说是"小康"社会的"天下为家"。但是"为政以德"仍然与"选贤与能"一样，是通向大同社会的"天下为公"的国家治理理念。这也说明"小康"与"大同"有着密切的联系，"小康"是通向"大同"的必然途径。

中国共产党从成立之日起就公开表明，除了工人阶级和最广大人民群众的利益，没有自己特殊的利益。其为人民服务，当好人民的勤务员的宗旨，实际上就是奉行"天下为公"，而非"天下为家"。

2. 天下皆亲，爱无差等

在国家治理的政治理念上，"大同"意味着"天下为公"和"选贤与能"，在道德境界的追求上则是仁爱与平等。在"小康"社会，或者是在礼崩乐坏的时代，人们或许并没有"仁爱"之心，仅仅是爱惜自己的亲人、孩子。但是在理想的"大同"社会中却是充满了"仁爱"：人们不仅仅是把自己的亲人当作亲人，也不仅仅是把自己的儿子当作儿子来对待，就像孟子所说的"老吾老以及人之老，幼吾幼以及人之幼"，对待他人的老人就像对待自己的老人一样，对待别人的小孩就像对待自己的小孩一样。正是人与人之间的仁爱，老人得以善终，壮年能够有用武之地，孩子能够顺利成长，鳏寡老人、失去父母的孩子以及残疾生病的人都能得到妥善的赡养。

仁爱既然是人自身的本质属性，在"小康"社会为什么会"各亲其亲，各子其子"，"货力为己"，"以功为己"呢？孟子的"四端"说试图对此作出合理的解释。孟子说："恻隐之心，仁之端也；羞恶之心，义之端也；辞让之心，礼之端也；是非之心，智之端也。"恻隐之心、羞恶之心、辞让之心、是非之心，这"四心"分别是仁、义、礼、智的萌芽，这四种情感经过精心养护，成长起来就是仁、义、礼、智，所以叫"四端"。由此看来，"仁爱"也是由其萌芽成长而来。没有"仁爱"之心，只不过是人自己没有精心养护使其成长以至于被蒙蔽了。在"大同"与"小康"社会，"人不独亲其亲，不独子其子"与"各亲其亲，各子其子"的差异，就是因为"仁爱"之心被蒙蔽了，把"仁爱"的萌芽丢弃掉了而不自知。正因为如此，从"小康"走向

"大同"，是"仁爱"的普遍回归。这一方面需要人们自己主动把曾经丢弃的"仁爱"寻找回来，就像道德的自我修养，需要不断提升自我的德行和境界；另一方面则是由"为己"转向不仅仅是"为了自己"，还要把别人的亲人、别人的孩子当作自己的亲人和孩子一样来对待。

仁爱与平等是密不可分的，正是因为有仁爱之心，所以才能够将他人的亲人、孩子像自己的亲人、孩子一样对待，所以才能够"老有所终，壮有所用，幼有所长，矜寡孤独废疾者，皆有所养"。正是因为人与人之间都是平等的，所以消除了社会上的自私与自利：人们虽然憎恨财物被丢弃在地上，却不一定自己私藏；人们都愿意竭尽全力地奉献出自己的力量，却不是为了自己的私利。

当然，这里的平等并不是绝对的平等，实际上也没有绝对的平等，就像"大同"并非是完全的"等同"。仁爱也不是绝对的、"没有差等"的爱，"老吾老以及人之老，幼吾幼以及人之幼"，但亲疏终究有别，所以也就没有绝对的一致和绝对的平等。人与人之间不仅有男与女的差别，老、壮、幼以及矜寡孤独废疾的区别，就是在国家治理上还要"选贤与能"，即有贤与非贤、能与非能的差别，他们之间亦非平等的关系。

但是归根结底，古代思想家所设想的"大同"社会，在道德境界上强调仁爱与平等，强调人要爱人，每个人都有自己的尊严，人与人作为人是平等的，所以"老有所终，壮有所用，幼有所长，矜寡孤独废疾者，皆有所养"的理想社会才值得人们永续向往。党的十八大报告中提出的解决好人民最关心最直接最现实的利益问题，在学有所教、劳有所得、病有所医、老有所养、住有所居上持续取得新进展，努力让人民过上更好的生活，就不仅仅是一种理想，还是正在实现的目标！或许，现实离理想还有差距，但是我们已经看到了远方的桅杆尖了。

3. 天下和谐，讲信修睦

中国古人所构想的"大同"社会强调"讲信修睦"，是诚信和谐的理想社会。在这里，诚信与和谐，可以说是因与果的辩证关系：人与人之间的诚信促进了社会和谐，社会关系的和谐又巩固了人们之间的诚信守诺。

所谓诚信，就是"内诚于心，外信于人"，只有自己内心诚信，才能相信别人和获取别人的信任。而向内"诚其心"可以说是作为人最为根本的道德底蕴，这也是人与人之间、国家与国家之间讲究信用的基础。正因为如此，在中国儒家思想中，特别强调"修身齐家治国平天下"，而"正其心"与"诚其意"正是其中的关键环节。

国家、社会的和谐究其根源是人心的和谐，包括仁爱之心、平等之心、诚信之心等等。根植于人心的和谐才能促成社会的和谐。在周武文王的统治之下看似和谐稳定，秩序井然，但是这并非是"大同"，而是在礼义制度的规范之下，以礼义制度的外在束缚来摆正君臣关系、修睦兄弟关系。在大同社会却是因为人心的和谐，不需要外在的礼义制度来规范，即可获得内心的宁静，促进社会的和谐。

对"大同"社会"讲信修睦"的向往，正是对先秦时期人心败坏、朝秦暮楚，国与国之间相互倾轧、恃强凌弱的曲折反映。在那个时代，有人为了追求荣华富贵，可以吮痈舐痔；弱小国家为了一时苟安，亦是朝秦暮楚、左右周旋。人与人、国与国之间毫无诚信和信任，自然难以和睦为邻。而"大同"社会所展现的国与国之间讲信修睦、诚信和谐的关系，与老子所描绘的"小国寡民"的"理想国"有着异曲同工之妙："邻国相望，鸡犬之声相闻，民至老死不相往来。"

这里的"往来"可以理解为战争或摩擦，可以相互听到鸡叫狗吠、相隔非常近的两个国家（或是村庄），人们从出生到老死都不曾发生过战争和摩擦。

总而言之，"大同"社会所展现出来的是政治昌明、道德高尚、人心和谐、社会稳定的理想画卷。这一理想社会图景，可以说是中国古代思想家对已经远去的原始共产主义社会的经过美化的回忆，更是对于未来的人人平等、充满仁爱、诚信和谐、没有战争的理想社会的憧憬与构想。

二、中国人追求大同的历史轨迹

"大同"社会作为中国古人所提出的一种理想社会的图景，在宗法制社会、封建社会根本没有它得以实现的土壤，"大同"的理想只能停留在幻想的蓝图上。尽管如此，千百年来仍有人为此付出艰辛努力：他们或是根据自己的理解，重新诠释、补缀"大同"社会的梦想；或是与现实社会作不屈的抗争，朝着理想图景义无反顾地前进；或是将"大同"作为一面旗帜，把它当作改朝换代的一种工具……回顾历史，在他们之中，有思想家，有革命家，有政治家，有充满诗意的艺术家，甚至也有目不识丁的普通百姓，他们无一不是从"大同"中获得灵感、凝聚共识、汲取力量，至今仍能给予我们重要的启示，指引我们踏上梦想的征程。

1. 尚贤尚同，追求平等

"大同"这一概念虽然出自儒家经典著作《礼记》，但并不仅仅是儒家一家的思想，而是融汇了道家老子的"小国寡民"思想、墨家墨子的"尚同"与"尚贤"思想以及农家的"并耕而食"思想等等。特别是墨子的"尚同"思想，提出要"选天下之贤可者，立以为天子"，选择贤能的人担任"三公""正长"等。由于是从上至下选择贤能之人，"天下之百姓皆上同于天子"，自下至上都能保持意见的统一，天下和国家由此得到统一和谐和治理。墨子还预设了一个绝对正确的"天"。如果天子与天不相一致，会有灾害降临下来，以此作为惩罚。

"大同"的社会梦想自其产生，便引起人们的关注，把它作为理想社会的蓝图。究其原因，其中一个重要因素是在阶级社会，阶级不平等、权贵的压迫、贫富不均等等，迫使人们向往没有压迫、没有等级区分的和谐大同的社会。东晋陶渊明在《桃花源记》中就描述了一个与世隔绝的桃源世界，这里"阡陌交通，鸡犬相闻"，人们安居乐业、怡然自乐。但是由于现实中很难真正存在一个完全与外界隔离开来的理想世界，所以陶渊明的"桃花源"也只能是文人理想化的空想。

及至清代后期，洪秀全领导农民起义，将西方基督教思想与中国传统的"大同"思想相结合，颁布《天朝田亩制度》，根据"凡天下田，天下人同耕"的原则，提出要建立"有田同耕，有饭同食，有衣同穿，有钱同使，无处不均匀，无人不饱暖"的"太平天国"理想王国。共同的理想社会愿景凝聚了广大农民的力量，起义以破竹之势取得阶段性的胜利。但是由于农民起义领导者认识的阶级局限性，并没能正确认识到历史向前发展的真正动力源泉；同时农民起义还受到封建阶级和当时国外资产阶级势力的疯狂反扑，起义很快失败，"无处不均匀，无人不饱暖"的理想蓝图也沦为一纸空文，"大同"社会又一次落空。

2. 大同维新，承绪"礼运"

"大同"在近代以来引起人们的广泛关注，与清代末期维新革命推动者康有为的宣传不无关系。康有为作为一名政治家，目睹清政府的腐朽无能和当时中国社会的落后面貌，主张效仿西方资产阶级民主制度，推行维新，实行君主立宪，改革政治教育制度，发展工农商业。虽然其主导的戊戌变法以"六君子"遇害、维新变法失败而告终，但是这场政治改良运动在客观上促进了思想启蒙和解放，推动了中国近代社会的思想和文化进步。

康有为的《大同书》核心思想与《礼运篇》并无二致，都是将仁爱、平等以及理想的大同世界作为论述的核心，只不过是康有为论述得更加细致具体。他说："博爱之谓仁"，与孔子、孟子等人关于"仁"的论述也是极为相似。康有为同样强调平等的重要性，认为"始于男女平等，终于终生平等"，"人人相亲，人人平等，天下为公，是为大同"。康有为毕竟是在封建社会开始土崩瓦解、西方民主思想以及平等博爱观念开始传入中国的时代，在他的身上，有着深刻的中国儒家思想传统，同时也清晰地感受西方近现代文明的洗礼。

康有为所谓的"大同"世界，就是破除了"九界"的理想社会。"九界"就是：一曰国界，分疆土、部落也；二曰级界，分贵、贱、清、浊也；三曰种界，分黄、白、棕、黑也；四曰形界，分男、女也；五曰家界，私父子、夫妇、兄弟之亲也；六曰业界，私农、工、商之产也；七曰乱界，有不平、不通、不同、不公之法也；八曰类界，有人与鸟、兽、虫、鱼之别也；九曰苦界，以苦生苦，传种无穷无尽，不可思议。康有为进而提出："救苦之道，即在破除九界而已"，就是追求人类、种族、男女平等，以仁爱平等之心泛爱众生，消除国与国之划分区别，消除贫苦、致力和平，等等。这种"去九界"其实是一种超越现实的理想境界。

3. 天下为公，落脚"三民"

有人统计了一下，孙中山生平最爱写的是"天下为公"，一生写过 32 件这类作品，送给好友、部下、革命人士，以互相激励。在天下为公的思想推动下，他创立三民主义、五权宪法，发动武装斗争，十次起义十次失败，仍毫不气馁，愈挫愈勇。

孙中山钟情于"天下为公"的理想社会，认为"天下为公"和世界大同是"无穷之希望，最伟大之理想"。"天下为公"的"公"，在孙中山这里，有了更为丰富的内涵。他在《三民主义》的演讲中说："我们三民主义的意思，就是民有、民治、民享。这个民有、民治、民享的意思，就是国家是人民所共有，政治是人民所共管，利益是人民所共享。照这样的说法，人民对于国家，不只是共产，一切事权都是要共的，这才是真正的民生主义，就是孔子所希望的大同世界。"他还说："民生主义就是社会主义，又名共产主义，即大同主义。"从这里也可以看出，孙中山的"大同主义"，与洪秀全的"太平天国"和康有为的"大同"世界并不一样，它虽然仍然有着空想的性质，但是在三民主义的基础之上的，以中国古代的"大同"理想为基础，广泛吸收西方的民主、人权以及社会主义等理论学说。在孙中山看来，"三民主义"是通向"天下为公"的途径，因此他号召四万万中国人"万众一心，急起直追，以我五千年文明优秀之民族，应世界之潮流，而建设一政治上最修明，人民最安乐之国家"。而为了实现这一"天下为公"理想，孙中山自己也奋斗了终生。

三、大同思想的当代演绎

"大同"理想描绘的社会图景，千百年来一直激励着中华民族不懈追求与奋斗。然而，到了近代，中国沦为半殖民地半封建社会，"大同"理想似乎渐行渐远，而救亡图存、振兴中华，则成为全民族最直接最紧迫的时代课题和历史使命。无数仁人志士为中华崛起前赴后继、赴汤蹈火。特别是在中国共产党的领导下，中国人民浴血奋战、励精图治，不仅建立起人民"共同拥有国家权力，共同治理国家政事，共同享有国家利益"的社会主义社会，而且把国家建设成为比以往任何时候都更有条件、更加接近实现民族伟大复兴的目标。

站在新的历史起点上，习近平同志提出了实现中华民族伟大复兴的中国梦。中国梦追求的目标是国家富强、民族振兴、人民幸福，实现的途径是和平崛起，即坚持走和平发展、合作共赢的道路，继续推进中国特色社会主义，全面建成小康社会，进而实现中华民族伟大复兴。中国梦既继承了中华民族数千年来追求理想社会的合理内核，又为实现这一理想提供了科学路径和不竭动力，比虚无缥缈的乌托邦更真切、更现实、更丰富，从而使"大同理想"逐步变得日益真实。

1."两个一百年"与中国梦

对于一个现代国家而言，其发展进步的重要标准包括了政治民主、经济发达、文明进步等等。改革开放 30 多年来，中国发展的成就不仅仅体现在经济建设方面，而且实现了的政治、社会、文化等各个方面的全面发展。特别是党的十八大提出了"两个一百年"奋斗目标：在中国共产党成立 100 年时全面建成小康社会；在新中国成立100年时建成富强民主文明和谐的社会主义现代化国家。将"两个一百年"奋斗目标作为实现中国梦的具有内容，把中国古人的"大同"理想转变为全国人民共同奋斗的具体实践。

在基本建成小康社会的基础上，中国共产党又首次提出"全面建成小康社会"，将全面实现"人民富裕"的阳光照射到全体人民和每一个角落。"全面建成"不仅意味着经济、政治、文化、社会、生态文明全面发展，打造国家富强的盛世，而且将经济社会发展改革成果真正惠及全国十多亿人口，建成全体人民富足的乐园。这是为实现社会主义现代化建设宏伟目标和中华民族伟大复兴奠定了坚实基础的小康社会。"建成富强、民主、文明、和谐的社会主义现代化国家"，将为中华民族伟大复兴中国梦的实现奠定更加坚实的基础。

中国梦不仅展示了中国人民谋求发展、实现中华民族伟大复兴的梦想，而且还是关于如何实现中华民族伟大复兴的战略思想。习近平同志强调指出，中国梦归根到底是人民的梦，必须紧紧依靠人民来实现，必须不断为人民造福。所以说，中国梦是全体中国人民共同的梦想，是中华儿女渴望走向国家富强、民族复兴、人民富裕的强国复兴之梦。人民群众是推动历史不断向前发展的根本动力源泉，中国梦的实现也需要中国人民的共同努力。国家权力是全体人民所共有，人民共同治理自己的国家，人民为了共同的梦想，凝聚力量，共同奋斗。

2. 人生出彩，梦想成真

习近平同志曾在不同场合多次引用《道德经》中的一句话："治大国若烹小鲜。"这句话比喻治理国家就像烹制美味的小菜一样，一"大"一"小"，形象地揭示治理国家与烹制菜肴的共通性。魏代思想家王弼即认为："治大国若烹小鲜，不挠也，躁而多害，静则全真。故其国弥大，而其主弥静，然后乃能广得众心矣。"就是说治理国家应该像烹制小鱼一样，不要经常去翻动、搅动，而治理大国，也是不要经常地扰民，这样才能广泛地获得人民的支持，国家也因此得到很好的治理。

习近平同志多次引用这句话，显然有着更深层次的用意。2014年4月，他在会见德国总理默克尔时，谈到了"治大国若烹小鲜"，习近平同志紧接着说："再大的成就除以13亿人都会变得很小，再小的问题乘以13亿人都会变得很大。中国这条大船不能犯颠覆性错误。"这里表明，在中国这个拥有13亿人口的大国，要照顾到每一个地区每一个个体，这就是治大国的最大挑战。不仅制定政策时要小心谨慎，不能瞎折腾。而且要让每个人的富裕程度达到发达国家的水平，要解决好每个个体的困难，在这些方面，治理大国比治理小国的难度要大得多。面对这样的挑战，习总书记充满信心。他认为，要治理好中国，不仅仅只是不扰民，而且要让人民生活得更好、更出彩。对此，他进一步指出："生活在我们伟大祖国和伟大时代的中国人民，共同享有人生出彩的机会，共同享有梦想成真的机会，共同享有同祖国和时代一起成长与进步的机会。"

人民共同享有人生出彩和梦想成真的机会，共同享有同祖国和时代一起成长与进步的机会，其实就是人民群众作为社会主义的建设者，也是劳动成果的享有者。在理想户的"大同"社会，其中一个重要标志就是劳动者共同享有劳动成果。让人民共同享有人生出彩和梦想成真的机会，特别是当前我们还处于社会主义初级阶段，物质资料还没有丰富到可以按需分配的时候，使"共同享有"变为现实，就必须保证平等地享有"机会"。对此，习近平同志在2015年的元旦贺词中郑重提出："我国人民生活总体越来越好，但我们时刻都要想着那些生活中还有难处的群众。我们要满腔热情做好民生工作，特别是要做好扶贫开发和基本生活保障工作，让农村贫困人口、城市困难群众等所有需要帮助的人们都能生活得到保障、心灵充满温暖。"这正是"大同"理想的"老有所终，壮有所用，幼有所长，鳏寡孤独废疾者皆有所养"的生动诠释，而我们日益完善社会保障制度体系，为这些理想的实现提供了真实的制度保障。

3. 命运共同体，大国担当

当前世界多极化、经济全球化、社会信息化深入发展，推动世界从割裂状态走向整体性发展。不同制度、不同文化、不同发展阶段的世界各国在呈现出前所未有的相互依存、利益交融的同时，恐怖主义、自然灾害、金融风险以及能源安全等不和谐因素也正在更深的程度上影响着世界各国。在这些世界性的问题面前，世界各国成了一个"命运共同体"——都要面对这些世界性问题，并且需要协同合作去解决这些问题。

党的十八大报告中首倡人类命运共同体意识，指出"在追求本国利益时兼顾他国合理关切，在谋求本国发展中促进各国共同发展，建立更加平等均衡的新型全球发展伙伴关系，同舟共济，权责共担，增进人类共同利益"。总体而言，它是一种以应对人类共同挑战为目的的利益观、发展观和新共生观，包含相互依存的国际权利观、共同利益观、可持续发展观、全球治理观、新安全观，其核心是如何实现合作共赢。十八大以来，习近平同志又先后倡议构筑"中非命运共同体"及"中国—东盟命运共同体"。

命运共同体是一种愿景和期许，是不断充实和平共生的内涵和完善共生观念，并走向和谐共生的高阶段发展。这是中国从世界大国迈向世界强国过程中的主动担当。中华民族在实现伟大复兴的过程中始终有心向天下的胸怀和"协和万邦"的精神，充分体现了传统和合文化的内生动力。命运共同体充分体现了中国立足世界、构建大同世界的美好愿景，体现出将中国人民的利益同世界各国人民的共同利益结合起来，扩大各方利益汇合点的战略构想。从这个角度而言，命运共同体是中国向人类文明提出的一个道德价值观，是照应和谐共生的终极关怀。2012 年 12 月，习近平同在华工作的外国专家代表座谈时指出，我们的事业是同世界各国合作共赢的事业。国际社会日益成为一个你中有我、我中有你的命运共同体。面对世界经济的复杂形势和全球性问题，任何国家都不可能独善其身、一枝独秀，这就要求各国同舟共济、和衷共济，在追求本国利益时兼顾他国合理关切，在谋求本国发展中促进各国共同发展，建立更加平等均衡的新型全球发展伙伴关系，增进人类共同利益，共同建设一个更加美好的地球家园。而党的十八届五中全会审议通过的"十三五"时期规划建议，就强调"坚持开放发展，必须顺应我国经济深度融入世界经济的趋势，奉行互利共赢的开放战略，发展更高层次的开放型经济，积极参与全球经济治理和公共产品供给，提高我国在全球经济治理中的制度性话语权，构建广泛的利益共同体"。

命运共同体既面对共同的危机，也共同面对机遇。正如习近平同志所言，中国的和平发展道路能不能走得通，很大程度上要看我们能不能把世界的机遇转变为中国的机遇，把中国的机遇转变为世界的机遇，在中国与世界各国良性互动、互利共赢中开拓前进。中国人为实现中华民族伟大复兴的中国梦，在谋求自身快速发展、谋求本国利益的同时，也一定会兼顾他国的合理利益诉求，不断深化与他国之间

互信互利，追求合作共赢，展示现代中国的大国担当。诚如新加坡

构建新型国际关系的中国方略

中国国家主席习近平于 2015 年 9 月 28 日在联合国总部发表了题为《携手构建合作共赢新伙伴　同心打造人类命运共同体》的重要讲话。习近平以符合时代潮流的大视野审视世界、亚洲和中国，呼吁各国携手迈向命运共同体、开创世界新的未来，进而推动建设人类命运共同体，实现国家之间相互尊重、平等对待、和平发展和共同繁荣。

在讲话中，习近平明确提出要积极构建新型国际关系，建立平等相待、互商互谅的伙伴关系。要坚持多边主义，不搞单边主义。要倡导以对话解决争端、以协商化解分歧。要在国际和区域层面建设全球伙伴关系，走出一条"对话而不对抗，结伴而不结盟"的国与国交往新路。大国之间相处，要不冲突、不对抗、相互尊重、合作共赢。大国与小国相处，要平等相待，践行正确义利观，义利相兼，义重于利。这是习近平总揽世界大势提出的一个重要理念，既是对联合国宪章宗旨原则的继承和弘扬，也是对传统国际关系理论的超越和创新，必将对未来国际关系的发展产生重要和深远的影响。

首任总理李光耀在其所著《李光耀观天下》中所指出的：“一种看法是，中国会静悄悄地变得强大，扩大影响力，不会欺负人。另一种看法是，中国会显示力量，威逼所有人”，“我认为他们会选择第一种做法，但同时也会显示力量”。

中国提出“命运共同体”及积极主动参与到国际事务中去，实证了李光耀的预测。也把中国人千百年来倡导的“大同”思想演绎到国家战略和外交政策当中，是着眼于新的历史使命和时代要求，对中国优秀传统文化创造性转化和创新性发展的生动典范。

结　语
天下治，文化兴

　　英国历史学家汤因比曾说："避免人类自杀之路，在这点上现在各民族中具有最充分准备的，是两千年来培育了独特思维方法的中华民族。"这种"独特思维方法"，来自中华民族几千年创造与传承下来的优秀文化传统。几千年，中华民族文化屡经磨难，而总能如凤凰涅槃，浴火重生，绽放出更加绚丽的生命之光，导引着中华民族一代代子孙自强不息地前行。而几千年中华传统文化跌宕起伏的命运则告诉我们：传统文化是民族的根，是民族的魂。决不能弃如敝屣，只有坚守传承。

一、"国学热"的三次浪潮

　　经历了 20 世纪大半时间内对于中华传统文化的批判否定，伴随着改革开放带来的文化复兴，20 世纪 90 年代中期迎来了新中国的第一波"国学热"。这一时期，中国的综合国力有了显著的提高，人民的生活水平有了根本的改变，祖国的统一大业也有了丰硕的成果：香港、澳门顺利回归。在 20 世纪 90 年代中期发生了台海危机，台湾问题成为焦点。寻找一种共同拥有的价值观念，成为两岸积极探讨的一件事情。中华传统文化是连接港澳台与中国大陆的最好的纽带，国学能够唤起全世界华人、华侨同胞们的民族归属感。于是，在海内外专家学者的推动下，掀起了新中国成立之后第一波"国学热"。虽然，这一波"国学热"无论从规模还是从性质上，都还只是中华传统文化"一阳来复"的初始，但也标志着中国人对中华传统文化有了批判之后的新认同，是中华传统文化在新中国的破冰之旅。而在这一波浪潮中形成了"新儒家"。

进入新世纪之后，中国文化又迎来新一波的"国学热"。一些学者如于丹、易中天、王立群等，从励志角度通俗化地解读国学经典，让国学经典走下高雅的殿堂，从而引起整个社会对传统文化经典的重新认识。读经典、解经典，甚至成了布衣草根的雅好——有一名保安在北大演讲自己的《论语》心得。尽管有人评论这一波"国学热"充满着骚动与喧嚣，认为有媒体和市场炒作的色彩，但不可否认的是，这一波将传统经典通俗化的"国学热"，进一步增加了国人的对传统文化的认同感，提升了国人对传统文化的亲近感，更是不可避免地对国人的道德产生影响，使"修身""齐家"等观念在现代社会更加深入人心。专家分析，新世纪国学热兴起和持续的根本原因，在于中国现代化进程快速和成功的发展，及其所引致的国民文化心理的改变。在现代化进程驶入快速发展的轨道、经济发展取得成功之后，国民的文化自信便会逐渐恢复，文化认同也随之增强。而这一波"国学热"激发了国人对传统文化的自信，同时对于增强民族凝聚力乃至国家软实力的建设都发挥了新的作用。在这一波"国学热"浪潮里，中国文化走向世界，向国际展示其魅力。从全球首家孔子学院 2004 年在韩国首尔正式设立，截至 2015 年底，中国已在 134 个国家和地区建立了 500 所孔子学院和 1000 个孔子课堂，学员总数达 190 万人。

随着中国建设全面小康的进程进入倒计时之际，民族复兴的中国梦也逐步照进现实。"国学热"的第三次浪潮应运而来。相比前两波，这一波"国学热"似乎来得更为猛烈，更为全面，更为深入，更为持久。因为，推动这一波"国学热"的力量来自顶层。十八大之后，党和国家的主要领导习近平同志，在许多重要场合倡导优秀传统文化。特别是社会主义核心价值观提出之后，更是呼吁全社会从传统核心价值观中探寻当代核心价值观的根与魂。并且，他几次在中央政治局集体学习会上提出国家文化软实力，并认为核心价值观是文化软实力的灵魂、文化软实力建设的重点。这是决定文化性质和方向的最深层次要素。一个国家的文化软实力，从根本上说，取决于其核心价值观的生命力、凝聚力、感召力。为此，他号召："要切实把社会主义核心价值观贯穿于社会生活方方面面。要通过教育引导、舆论宣传、文化熏陶、实践养成、制度保障等，使社会主义核心价值观内化为人们的精神追求，外化为人们的自觉行动。要利用各种时机和场合，形成有利于培育和弘扬社会主义核心价值观的生活情景和社会氛围，使核心价值观的影响像空气一样无所不在、无时不有。"而要做到这一点，必须让全社会都明确社会主义核心价值观内涵，明确社会主义核心价值是中华优秀文化传统与时代精神有机融合的产物，从而对社会主义核心价值观产生文化认同，文化自信，并在践行社会主义核心价值观的过程中，将其创造性地转化为当代文化软实力，实现文化自强。换言之，改革开放推动中国走向大治。而走向大治的文化标志，就是从全社会对传统文化的认同走向自信，并走向文化自强。

二、"国学热"带来的启示

从"文化认同—文化自信—文化自强"这三次"国学热"浪潮所留下来的轨迹，可以看出中华民族文化复兴的前兆。而文化复兴又预示着民族复兴。分析改革开放以来"国学热"的三次浪潮，再回顾中国历史上文化兴勃的一些场景，我们会发现，中华民族文化的命运与国家民族的命运息息相关。天下大治，国家安定，既是国家和人民之福，也是民族文化发展的契机。天下大乱，国家动荡，不仅是国家和人民的悲剧，也是民族文化的悲剧。尤其以儒、佛、道为主干的国学，更是历史变化的风向标。天下治，国学兴，天下乱，国学衰。

说到这里，我们发现，人民群众创造了优秀传统文化，而优秀传统文化的传承，则与统治阶级的态度密切相关。例如，儒学产生之时，并不见容于当时的统治者，甚至在秦朝一统时还有过"焚书坑儒"的悲剧。但在汉代，因为当政者的认同，儒学更获得独尊的地位。其他各个朝代，几乎每一个立朝守成的君王，都是身体力行地倡导与践行儒学，而国学昌运之日，必然是国家昌盛之时，——国学与国运密切相关，互为因果。不然的话，当年的赵普凭什么能说出"半部论语治天下"的豪言？如习近平总书记所言，中华优秀传统文化是我们最深厚的文化软实力。而今正逢天下大治盛世，当代共产党人要守住千辛万苦创下的基业，必然以优秀民族文化传统为根、为魂，以之凝聚全民族力量，实现文化强国的复兴之梦。

当代的"国学热"昭示着中华民族自我意识的觉醒，体现了中华民族自尊与自信的高扬，开启着中华民族文化的自觉，这对于中华民族传统文化复兴与自强，有着重要意义。而随着中国的进一步强大和文化自信的进一步增强，我们预料，当前的国学热还会有一个更高的高潮。我们应该像"弄潮儿"那样，勇敢地在涛头屹立，"手把红旗旗不湿"。

三、寻找优秀的"文化酵母"

优秀文化传统是一种文化基因，这是我们在本书中反复阐述的一个观点。我们认为，一个民族只要不消亡，其文化基因总会或隐或现地显示在这个民族的下一代身上，即使后代想要抹去也不可能。甚至发现它无时无处不显示出来，并影响着人们的言行。本书就是研讨中华民族的文化基因是如何存在当代中国人的核心价值观里，并影响当代人的言行的。但是，当完成这部与《中国人的精气神——社会主义核心价值观国民读本》相连的姊妹篇之后，觉得我们并没有完成这个使命，细细罗致，似乎还有许多属于中华民族优秀文化传统而没有收纳悉尽者，即便把姊妹篇变成三部曲，甚至更多，也难以完成这个使命。

完卷后，翻阅桌上堆积如山的资料，突然发现，历史上有那么多国学经典及对国学经典解读的著作，以及现今还在陆续发表的与之相关的著作，似乎都可以引申出更多新的思想观念。由此，一个新的概念跃进灵感——文化传统不仅是文化基因，还应该更像酿酒所必需的酵母——"文化酵母"。基因是具有遗传效应的 DNA 片段，支持着生命体的基本构造和性能。但是，当一个具有某一相同基因的生命种群消亡了，基因也会随之消亡。而酵母则不然，只要酵母还在，即使这个对象消亡了，酵母也可以在任何时候任何地方，只要有适宜的环境条件诱发，就会产生新的反应，从而兰发出新的物种。文化传统正如酵母，不管文化传统的创造者是否已经消亡，它都会在遇到适宜的环境条件而变得活跃起来。古希腊人早已消亡，但其民族文化却至今影响着世人。孔子离开我们两千多年了，在中国，他的思想可以像基因一样在中华民族传承千秋万代。而在世界其他民族，则具有酵母一样的作用，同样具有广泛影响。今天在世界各地兴办的孔子学院，不就是中华民族的文化酵母在世界各地发酵的结果吗？

我们认为，文化传统不仅如文化基因出现在该民族的身上，而且更像是一种"文化酵母"蕴藏在所有的文化遗产里，不会因族群与个人的消亡而消亡，却可以在任何民族那里发酵。当然，"酵母"有优质的，也有劣质的，优质的酵母可以酿出香醇的美酒，劣质的酵母只能酿出酸涩的苦酒。文化传统亦如此，将优秀的传统推陈出新，就能创新出富有时代精神的先进文化，而放任腐朽的文化传统泛滥，则会变异出恶之花。因此，我们对传统文化的传承，就当"取其精华，剔其糟粕"，寻找出优质的文化酵母，让其在时代精神的催发下，形成新的优秀的民族文化传统。

仁爱、民本、诚信、正义、和谐、大同等思想，就是中华传统文化的优质酵母，也是形成当代核心价值观的酵母。我们团体集体研究的成果《中国人的精气神——社会主义核心价值观国民读本》和《中国人的根与魂——中华优秀传统文化通识》，就是希望催发这些文化酵母，以酝酿出更醇的时代所喜爱的文化美酒。

后　记

　　我们党历来高度重视弘扬中华优秀传统文化。党的十八大以来，习近平总书记就传承中华优秀传统文化、培育社会主义核心价值观作出一系列重要指示。他指出，中华传统文化博大精深，学习和掌握其中的各种思想精华，对树立正确的世界观、人生观、价值观很有益处。为帮助读者朋友学习理解中华优秀传统文化，进一步增强文化自信和价值观自信，我们在《中国人的精气神——社会主义核心价值观国民读本》的基础上，深化研究，编撰了《中国人的根与魂——中华优秀传统文化通识》。

　　本书围绕习近平总书记关于"讲清楚中华传统文化的历史渊源、发展脉络、基本走向，讲清楚中华文化的独特创造、价值理念、鲜明特色"的论述，力求"深入挖掘和阐发中华优秀传统文化讲仁爱、重民本、守诚信、崇正义、尚和合、求大同的时代价值"，旨在推动优秀传统文化走进现代生活，成为涵养社会主义核心价值观的重要源泉，成为经济社会发展的强大动力。书稿继续秉持可读性、知识性、思想性相统一的风格，通过古往今来脍炙人口的经典学说、史籍、诗句、故事等，深刻阐释中华优秀传统文化的丰富内涵。同时，紧密联系现实生活叙事说理，阐释缜密，列举贴切，语言直白，充分突出时代特色和实践要求。本书不仅是全体国民深入了解中华优秀传统文化的通识读物，更可为莘莘学子提供重要选修教材和中小学生的课外读物。

参与本书撰写人员有（以姓氏笔画为序）：王延辉、王瑾锐、王恒扬、江彩云、刘兴林、刘伟、刘荆洪、刘焕明、刘振荣、刘望道、任俊华、成秋英、李一鸣、宋可玉、佘三元、肖军、杨显、陆明、郑力乔、范晓明、娄瑞雪、徐立新、傅治平等。全书由傅治平、陆明统稿。这里，特别感谢人民出版社的领导及政治编辑一部的编辑，为本书的尽快出版付出了辛勤的劳动。

受水平和资料所限，虽经努力，本书仍不免有谬误之处，尚祈读者与专家指正。

编 者

2016 年 6 月 20 日

组　　稿：张振明

责任编辑：余　平　郑　治

封面设计：马淑玲

图书在版编目（CIP）数据

中国人的根与魂：中华优秀传统文化通识／许俊　主编. —北京：
人民出版社，2016.9
ISBN 978－7－01－016583－7

I. ①中…　II. ①许…　III. ①中华文化－学习参考资料　IV. ① K203

中国版本图书馆 CIP 数据核字（2016）第 189456 号

中国人的根与魂
ZHONGGUOREN DE GEN YU HUN
——中华优秀传统文化通识

许　俊　主编

人民出版社 出版发行

（100706　北京市东城区隆福寺街 99 号）

北京中科印刷有限公司印刷　新华书店经销

2016 年 9 月第 1 版　2016 年 9 月北京第 1 次印刷
开本：710 毫米 ×1000 毫米 1/16　印张：20
字数：240 千字　印数：00,001－10,000 册

ISBN 978－7－01－016583－7　定价：49.00 元

邮购地址 100706　北京市东城区隆福寺街 99 号
人民东方图书销售中心　电话（010）65250042　65289539